Amsterdamse stede

IMPACT

Urban planning in Amsterdam after 1986

IMPACT

Amsterdamse stedebouw na 1986

Urban planning in Amsterdam after 1986

Marlies Buurman, Maarten Kloos (red./eds)

ARCAM/Architectura & Natura Press, 2005

Inhoud Contents

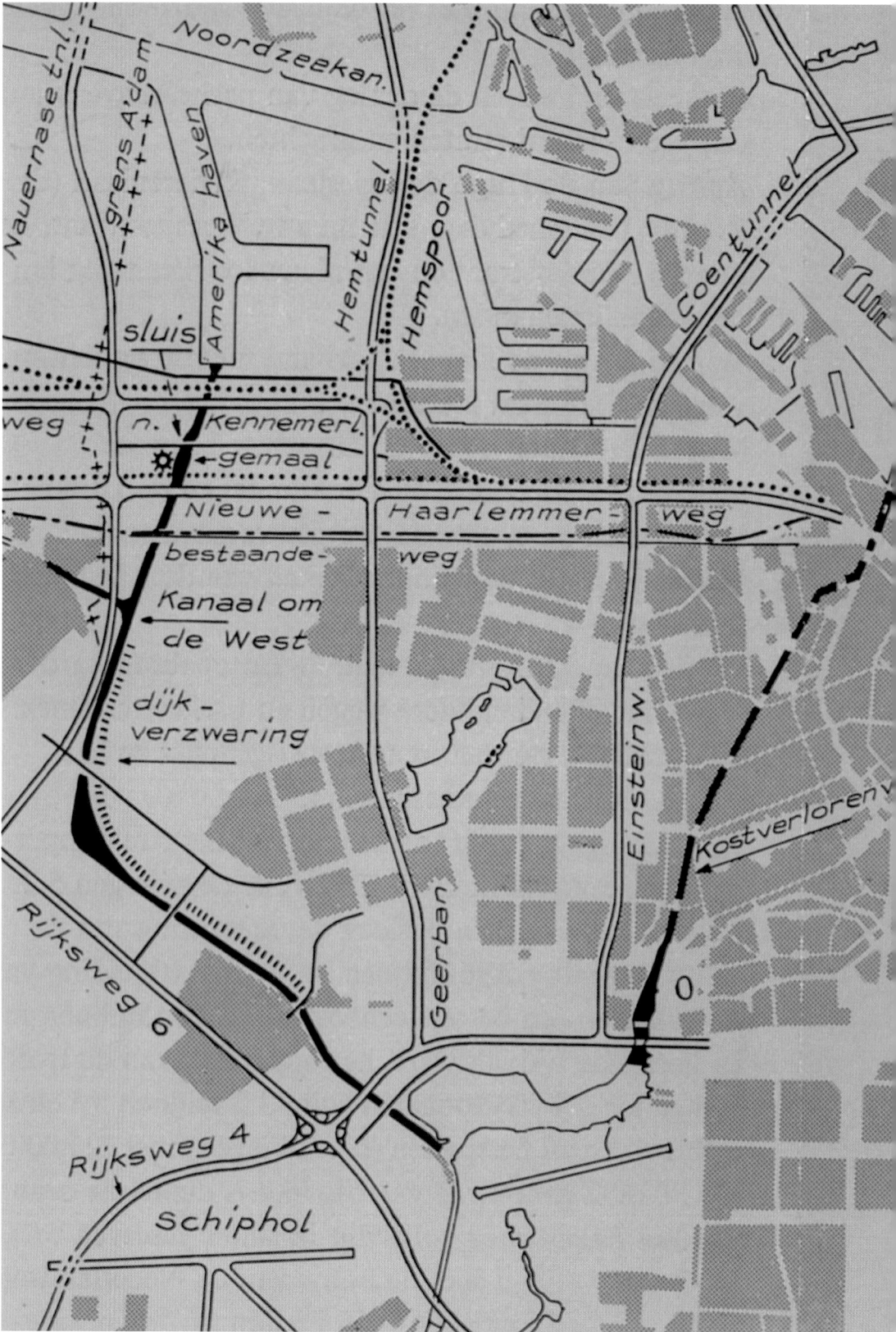

Voorwoord
Maarten Kloos
Preface

'Kanaal om de West',
uit: J.J. van der Velde,
*Stadsontwikkeling van
Amsterdam 1939-1967*,
Amsterdam, 1968.

'Canal around the West',
from: J.J. van der Velde,
*Stadsontwikkeling van
Amsterdam 1939-1967*,
Amsterdam, 1968.

Westelijke Tuinsteden,
eind jaren vijftig.

Garden Suburbs 'Westelijke
Tuinsteden', end of the
fifties.

Als beelden ooit in één klap duidelijk hebben kunnen maken wat zoiets als stedebouwkundige *impact* is, dan zijn het de illustraties die aan dit voorwoord voorafgaan.

Het kaartje, uit 1967, is een van de meest interessante stadsplattegronden van Amsterdam die er bestaan. Het is opgenomen in het boek *Stadsontwikkeling van Amsterdam 1939-1967* van J.J. van der Velde (1968) om te tonen dat het idee heeft bestaan om ten westen van de Westelijke Tuinsteden de loop van de ringvaart van de Haarlemmermeer zodanig aan te passen dat een 'Kanaal om de West' zou ontstaan (daarmee zou dan een directe verbinding zijn bewerkstelligd tussen de waterwegen ten zuiden van Amsterdam en de huidige Amerika Haven). Fascinerend is het echter vooral vanwege de voorgestelde wegenstructuur. Deze is voor een deel uitgevoerd zoals aangegeven (we kennen de 'Rijksweg 4' onder de naam 'A4' en we leven al geruime tijd met de Einsteinweg en de Coentunnel). Voor een deel zal hij nog uitgevoerd worden, want in de geschetste verbinding tussen 'Rijksweg 6' en 'Nieuwe Haarlemmerweg' is de toekomstige Westrandweg (A5) te herkennen. En dan zijn er de intrigerende elementen die er nooit zullen komen: de twee verbindingen tussen de gebieden ten zuiden van Amsterdam en ten noorden van het Noordzeekanaal, via de Geerban en autotunnels bij Nauerna en de Hembrug.

Was het geschetste systeem gerealiseerd, dan was de situatie aan de westkant van Amsterdam vandaag de dag heel anders geweest dan zij nu is. Economisch gezien veel beter, want er zou een goede verbinding zijn geweest tussen Schiphol en het Westelijk Havengebied en het regionale woon-werkverkeer zou meer ruimte hebben gehad. Maar daartegenover staat dat een doorgaande Geerban een aanslag zou zijn geweest op het woonklimaat in de Westelijke Tuinsteden, omdat hij in feite een dramatische tweedeling van de tuinsteden zou hebben betekend.

De luchtfoto, gemaakt aan het eind van de jaren vijftig, toont ongeveer hetzelfde gebied op een heel andere manier en dwingt als het ware tot een veel genuanceerder reactie. Onderop de foto zijn spannende historische referenties als de buurt rond het Mercatorplein en het stadsdeel Bos en Lommer zichtbaar. Aan de rand van dat laatste is nog alle gelegenheid om de Hoofdweg en de toekomstige Einsteinweg op elkaar aan te sluiten zoals dat in het Algemeen Uitbreidingsplan van 1935 werd voorgesteld. Maar de lezer weet dat dat niet is gebeurd en dat onderlangs de duidelijk herkenbare kerk de 'Kolenkit' een zesbaans snelweg is komen te liggen die jaren later het in dit boek beschreven overbruggingsproject wenselijk maakte. Bovenin de foto kan de Geerban nog zonder problemen worden gerealiseerd.

Nog eens stilstaan bij zo'n kaart en zo'n foto is zinvol omdat het filosoferen over in het verleden gemaakte plannen die voor een deel anders uitgepakt hebben, respectievelijk over situaties in eerdere groeistadia, bij uitstek het middel is om inzicht te krijgen in wat stedebouwkundig denken kan betekenen. Dit denken vereist het talent om te kunnen vooruitzien en toekomstige mogelijkheden te kunnen inschatten, respectievelijk bepaalde ontwikkelingen te kunnen aannemen om planmatig erop in te spelen. En daarom doet iedereen die betrokken is bij plannen voor de toekomst er goed aan om kennis te nemen van wat in het verleden ten aanzien van het heden is verondersteld: welke problemen ooit werden voorzien, welke oplossingen werden aangedragen, hoe de plannen in de loop der jaren evolueerden en waarom sommige plannen werden verworpen en door andere vervangen.

If images have ever been able to make clear at a glance what an urbanistic impact is, then it is the illustrations that precede this foreword.

The map, produced in 1967, is one of the most interesting maps of Amsterdam in existence. It was included in the book *Stadsontwikkeling van Amsterdam 1939-1967* by J.J. van der Velde (1968) in order to show that there had once been a plan to alter the course of the Haarlemmermeer ring canal, to the west of the Westelijke Tuinsteden, so that it would give rise to a 'Canal around the West' (thereby creating a direct connection between the waterways to the south of Amsterdam and what is now Amerika Haven). However, this map is fascinating chiefly because of the projected road system.

This road system has been partially realized ('Rijksweg 4' is known today as the 'A4' and Einsteinweg and the Coentunnel have existed for some considerable time). Part of it has yet to be realized, because the future West-randweg (A5) can be discerned in the connection between 'Rijksweg 6' and 'Nieuwe Haarlemmerweg'. And then there are the intriguing elements which will never be realized: the two connections between the areas to the south of Amsterdam and to the north of the North Sea Canal, via Geerban and road tunnels near Nauerna and the bridge Hembrug.

If this road system had been realized as shown on the map, then the situation on the west side of Amsterdam would have been very different from what it is today. Economically, it would have been considerably better, because there would have been a good connection between the airport Schiphol and the dock area Westelijk Havengebied and there would have been more space for the region's commuter traffic. On the other hand, however, if Geerban had been a route for through traffic this would have had a detrimental impact on the living environment in the Westelijke Tuinsteden, because it would have meant a dramatic division of these garden suburbs.

The aerial photograph, taken in the late fifties, shows approximately the same area in a very different way and it elicits, as it were, a far more nuanced reaction. At the bottom of the photograph, exciting historical references such as the area around Mercatorplein and the district of Bos en Lommer are visible. On the edge of the latter area there is still every opportunity to link Hoofdweg and the future Einsteinweg, as had been proposed in the General Extension Plan of 1935. However, the reader knows that this did not happen and that below the clearly recognizable church the 'Kolenkit' (the 'coal-scuttle') a six-lane motorway was constructed, which years later made the bridging project described in this book desirable. At the top of the photo-graph, Geerban can be realized without any difficulty.

It is worthwhile pausing over such a map and such a photograph because reflecting on plans drawn up in the past which have not turned out quite as intended, or on situations in earlier stages of development, is an excellent means of gaining an insight into what urbanistic thinking involves. It requires the ability to be able to look ahead and to evaluate future possibilities, or to accept certain developments in order to be able to respond to them systematically. Which is why all those involved in planning for the future would be well-advised to take note of what in the past was assumed with regard to the present: what problems were anticipated, which solutions were proposed, how the plans evolved over the years and why some plans were rejected and replaced by others.

Vertrekpunt Het belang van de hier beschreven situatie in de Westelijke Tuinsteden is dus tijdloos en daarom zijn de illustraties zelf ook relevant voor de in dit boek over Amsterdam opgenomen stedebouwkundige plannen, getekend en gerealiseerd in de laatste twee decennia. Plannen die uiterst precies gedateerd zijn, want als vertrekpunt is gekozen het voor de stad zo dramatische moment in oktober 1986 waarop het Internationaal Olympisch Comité in Lausanne besloot dat Amsterdam de Olympische Spelen van 1992 niet mocht organiseren.

Het meest concrete gevolg was dat al snel daarna werd ingezien dat de wijk Nieuw Sloten, nu hij niet in eerste instantie een Olympisch dorp hoefde te zijn, op een andere wijze moest worden opgezet. En daarnaast was duidelijk dat Amsterdam zonder het pretentieuze sportevenement in het vooruitzicht ook meer in het algemeen de ontwikkelingen over een andere boeg kon en moest gooien. Zowel het een als het ander heeft ertoe geleid dat de periode sinds 1986, hoe kort ook, er een is geworden waarin op stedebouwkundig gebied veel is veranderd, niet alleen waar het de stadsuitbreiding betreft (Nieuw Sloten, IJburg) maar ook ten aanzien van de waterfrontontwikkeling (KNSM-eiland, Java-eiland en Borneo-Sporenburg), de profilering van de economische polen IJ-oevers en Zuidas ten opzichte van elkaar en de vernieuwing van naoorlogse wijken (Westelijke Tuinsteden, Bijlmermeer).

Bij de totstandkoming van dit boek konden de samenstellers profiteren van de adviezen van drie deskundigen, te weten architectuurhistoricus Koos Bosma, architect Dick van Gameren en planoloog Guido Wallagh. Binnen deze commissie begon de discussie onvermijdelijk bij de vraag welke ingrepen in de stad werkelijk stedebouwkundig van aard kunnen worden genoemd, met andere woorden bij de vraag naar de grens tussen stedebouw en architectuur. Welke projecten moesten worden getoond om een idee te geven van het stedebouwkundig denken over de stad in de afgelopen twintig jaar? Welke projecten zeggen het meest over de positie van de stedebouw op dit moment?

Uiteindelijk is gekozen voor plannen die een substantiële verandering in de structuur van de stad hebben teweeggebracht en karakteristieke nieuwe sferen hebben toegevoegd aan de stad. Anders gezegd: plannen die aantoonbaar grote *impact* hebben gehad op de stad, op het niveau van de bebouwing en/of de openbare ruimte, door hun omvang en/of hun morfologie, doordat er sprake was van aanhechting en continuïteit of juist van contrast. Nadrukkelijk werden niet alleen woningbouwplannen opgenomen maar ook plannen voor woon-werkgebieden (actueel vanwege de functiemenging, de verdichting en de intensivering van het ruimtegebruik), kantorenlocaties/bedrijventerreinen, nieuwe subcentra, grootschalige ruimtelijke en organisatorische transformaties, infrastructuur. En niet onbelangrijk: er was de wens om het brede scala van verschillende stedebouwkundige opvattingen en de veranderingen daarin te presenteren. Dit laatste vooral omdat diverse plannen ook de stoot hebben gegeven tot ontwikkelingen elders en zo niet alleen voor Amsterdam van betekenis zijn geweest.

In samenspraak met onze adviseurs is besloten om Fred Feddes, publicist op het gebied van stedebouw en ruimtelijke ordening, en Allard Jolles, architectuurhistoricus werkzaam bij de Dienst Ruimtelijke Ordening Amsterdam, te vragen respectievelijk de stand van zaken in de Nederlandse stedebouw aan het begin van de 21e eeuw en de historische context van de 15 naar voren gehaalde en hier beschreven plannen te belichten. In de

Starting point The significance of the situation in the Westelijke Tuinsteden described here is thus timeless and the illustrations themselves are
therefore also relevant for the urban design schemes, drawn up and realized
in the last two decades, included in this book about Amsterdam. Schemes
which are very precisely dated, because the chosen starting point is the
dramatic moment in October 1986 when the International Olympic
Committee in Lausanne decided that Amsterdam would not be organizing
the 1992 Olympic Games.

The most concrete consequence of this was the almost immediate realization that the district of Nieuw Sloten, now that it was no longer to be the
Olympic village, should be organized in a different way. Furthermore it was
clear that, since it would not be hosting the pretentious sporting event,
Amsterdam could and should change tack with regard to developments
more generally. As a result, the period since 1986, however brief, has been
one in which a great deal has changed in the field of urban planning, not
only as regards urban expansion (Nieuw Sloten, IJburg), but also as regards
the waterfront development (KNSM Island, Java Island and Borneo-Sporenburg), the creation of distinctive profiles for the economic poles the IJ
Waterfront and the South Axis vis à vis each other and the renewal of the
postwar districts (Westelijke Tuinsteden, Bijlmermeer).

In compiling this book, the editors had the benefit of the advice of three
experts, namely the architectural historian Koos Bosma, the architect Dick
van Gameren and the regional planner Guido Wallagh. The discussion within
this committee inevitably began with the question as to which interventions
in the city could be regarded as specifically urbanistic; in other words, with
the question as to the boundary between urban planning and architecture.
Which projects should be included in order to give an idea of urbanistic
thinking over the past twenty years? Which projects say most about the
position of urban planning at the present moment?

In the end, those schemes were chosen which have brought about a
substantial change in the city's structure and have added characteristic
new ambiences to the city. In other words: schemes which have had a demon-
strable major impact on the city, at the level of the building development
and/or public space, because of their size and/or their morphology, because
they constituted an accretion and a continuity or, conversely, a contrast.
In addition to housing schemes, plans for residential-work areas (topical
because of the mix of functions, densification and intensification of the use
of space), office locations/business parks, new subcentres, infrastructure and
large-scale spatial and organizational transformations have been expressly
included. And not unimportantly: there was a desire to present the wide
range of different urbanistic ideas and the changes in these ideas. In particular, because various schemes have given an impetus to developments elsewhere and so their significance extends beyond Amsterdam.

In consultation with our advisers, it was decided that Fred Feddes, a
publicist in the field of urbanism and spatial planning, and Allard Jolles, an
architectural historian at the city's planning department, should be asked
to discuss respectively the state of urban planning in the Netherlands at
the beginning of the twenty-first century and the historical context of the
15 schemes described here. This is followed by the plan descriptions, in which
considerable attention has been paid to the genesis and specific nature
of the problems relating to building in the existing, constantly changing

daaropvolgende planbeschrijvingen is veel aandacht besteed aan de ont-
staansgeschiedenis en specifiek aan de problemen die betrekking hebben
op het bouwen in de bestaande en voortdurend veranderende stad. Het
bijzondere van het boek zit daarnaast in de omstandigheid dat alle 15 stedebouwkundige momentopnamen goed vergelijkbaar zijn doordat ze op
identieke wijze zijn getekend (werk van DRO-tekenaar Dick Wetzels). Dit
maakt het boek tevens tot de Amsterdamse stedebouwgids waaraan al zo
lang behoefte was.

Netwerken Als er nu een conclusie kan worden getrokken, dan is het dat
Amsterdam zijn autonomie definitief heeft verloren, als uitkomst van een
langdurig proces dat zijn wortels heeft in de tweede helft van de 19e eeuw
toen het stelsel van rijksstraatwegen gestalte begon te krijgen. Aan het
begin van de 20e eeuw kon Berlage nog een uitbreidingsplan maken voor
een zelfstandige stad. Maar met het Algemeen Uitbreidingsplan (AUP) uit
1935 werd terecht al duidelijk aangehaakt bij te verwachten ontwikkelingen
in groter verband. Dit is van groot belang geweest omdat de stad zeventig
jaar later in feite nog steeds opereert langs lijnen die indertijd met het AUP
zijn uitgezet.

Bekijken we op dit moment de positie van de stad, de plannen van de
laatste jaren en de plannen voor de toekomst, dan wordt bevestigd dat deze
niet meer losgezien kunnen worden van wat er gebeurt in de regio, in de
Randstad en in nog groter verband. Voor wat betreft de luchthaven Schiphol
en de Westrandweg behoeft dat misschien geen betoog, maar het geldt net
zo goed voor wonen, werken en *leisure* – zie de nieuwe concentratie van
stedelijke activiteiten in Centrum-Noord en zeker een beladen ingreep als
de Noord/Zuidlijn, de nieuwe metrolijn onder het oude centrum door.

Aan het begin van de 21e eeuw wordt de positie van Amsterdam vooral
bepaald door twee netwerken. Er is aan de ene kant het virtuele maar economisch uiterst belangrijke netwerk dat Amsterdam via luchthaven en haven
verbindt met andere (economische) centra in de wereld. Er is aan de andere
kant het fysieke regionale netwerk. Opvallend is dat alle projecten die in
dit boek aan de orde komen, van betekenis zijn voor de regio en dat sommige ervan zelfs vanuit de regio beter te bereiken zijn dan vanuit het oude
centrum van Amsterdam. Amsterdam is onderdeel van een regionaal
systeem. Een systeem waarvan de betekenis niet langer afhankelijk is van
één centrum, maar van een goede afstemming van verschillende centra op
elkaar en de mate waarin het lukt om voldoende mobiliteit te garanderen.
De belangrijkste metafoor is heel kenmerkend de mogelijke brugverbinding
tussen IJburg en Almere die, wanneer hij wordt gerealiseerd, zal leiden
tot de vraag of de wijk die in het verleden 'Amsterdam-Nieuw Oost' werd
genoemd in de toekomst niet net zo goed Almere-West kan heten. Of die
brug er daadwerkelijk komt, is dan weer een voorbeeld van een vraag
waarvan de betekenis van alle tijden of misschien wel tijdloos is, net als in
het geval van die beelden van Amsterdam West, zo'n veertig jaar geleden.

city. What is special about this book is the fact that all of the urban design schemes can easily be compared because they have been drawn in an identical manner (by Dick Wetzels of the city's planning department). This book is therefore also the urban planning guide for which there has long been a need.

Networks If a conclusion can be drawn, then it is that Amsterdam has definitely lost its autonomy, as the outcome of a lengthy process which has its roots in the second half of the nineteenth century when the system of national highways began to take shape. At the beginning of the twentieth century, Berlage was able to draw up an expansion plan for an autonomous city. However, with good reason, the General Expansion plan (AUP) of 1935 clearly tied in with the anticipated developments in a wider context. This was of major importance because, seventy years later, the city still in effect operates along the lines set out in the AUP.

If we look at the city's position today, the plans of recent years and the plans for the future, it is clear that these can no longer be seen in isolation from what is taking place in the region, in the Randstad and in an even wider context. This is perhaps self-evident with regard to Schiphol Airport and Westrandweg, but it also applies to living, working and leisure – see the new concentration of urban activities in Centrum-Noord and certainly a highly charged intervention such as the North/South Line, the new metro line underneath the old city centre.

At the beginning of the twenty-first century, Amsterdam's position is primarily determined by two networks. On the one hand there is the virtual but economically highly important network which connects Amsterdam via the airport and the port with other (economic) centres in the world. On the other hand, there is the physical regional network. What is striking is that all of the projects discussed in this book are of importance for the region and that some of them are more easily accessible from the region than from Amsterdam's old city centre. Amsterdam is part of a regional system. A system whose importance is no longer dependent on a single centre, but rather on a good interrelation between a number of centres and the extent to which it is possible to guarantee adequate mobility. The most important metaphor is characteristically the possible bridge connection between IJburg and Almere, which if it is realized will lead to the question as to whether the district which was named Amsterdam-Nieuw Oost (New East), in the future might just as well be called Almere West. Whether this bridge will be built is another example of a question whose significance is of all time or is perhaps timeless, just as in the case of those images of West Amsterdam some forty years ago.

De jaarringen van Amsterdam

Architectuurhistoricus
en Coördinator Vak-
ontwikkeling bij de Dienst
Ruimtelijke Ordening van
Amsterdam

Architecture Historian
and Coordinator for
Professional Development
at the City of Amsterdam´s
Physical Planning Depart-
ment

Algemeen Uitbreidings-
plan, 1935.

General Extension Plan,
1935.

Allard Jolles

17

Amsterdam's growth rings

Het lijkt alsof het al vele jaren zo is, maar niets is minder waar. De ringweg A10 rond Amsterdam is pas sinds 1990 een volledige rondweg, als op 21 september van dat jaar de Zeeburgertunnel wordt geopend door de minister van Verkeer en Waterstaat, Hanja Maij-Weggen. De A10, onderdeel van het Nederlandse rijkswegennet, is tweeëndertig kilometer lang en voorzien van zestien afslagen en vijf directe aansluitingen op andere rijkswegen. Iedere afslag heeft natuurlijk een eigen karakter: hier duikt de weg een havengebied in, daar een in aanbouw zijnd kantorencomplex, even verderop is een VINEX-locatie op de ring aangetakt en weer een andere afslag voert naar een wederopbouwgebied uit de jaren vijftig, waar op dit moment de stedelijke vernieuwing zijn beslag heeft. Wie de ringweg rechtsom neemt – op de kaart met de klok mee – bereikt vanaf iedere afslag naar rechts het centrum van de stad en uiteindelijk de Dam. Bijna iedere afslag naar links leidt door een of andere stadslob of uitbreidingswijk in de richting van het buitengebied. Amsterdam is een lobbenstad (een kern met uitbreidingen als de gespreide vingers aan een hand) met radiaalwegen, bijeengehouden door een ringweg. Maar de A10 is natuurlijk niet de eerste ring van Amsterdam. Vanaf een afslag op het westelijke deel van de ring doorsnijden we bijvoorbeeld opeenvolgend de gordel 20-40, de negentiende-eeuwse gordel, de Singelgracht (de voormalige stadsgrens, nu 'Centrumring' voor autoverkeer) en de grachtengordel voordat we in het Middeleeuwse deel van de stad komen. Deze concentrische opbouw van de stad, ooit in gang gezet door de aanleg van een dam in de Amstel in de dertiende eeuw, wordt verder benadrukt door de vele waterlopen. Amsterdam is geen echte haven-stad of rivierstad, maar wel degelijk een waterstad. En dat merken we iedere dag: wat in de Gouden Eeuw hoofdinfrastructuur was, de grachtengordel, wordt nu gebruikt voor de pleziervaart. Daarmee is het een van de top-attracties van het toeristische Amsterdam. Maar ook na de aanleg van de grachten is en blijft het water een belangrijk structurerend middel in alle Amsterdamse stedebouwkundige plannen: H.P. Berlage besteedde er veel aandacht aan in 1913, en dan vooral op de plek waar de drie Amstelkanalen en de Boerenwetering samenkomen; C. van Eesteren promoveerde in de jaren dertig een waterplas tot centrale plek in de Westelijke Tuinsteden; de Bijlmermeer uit 1968 heeft de Gaasperplas gekregen; in stadsdeel Wester-park is de plek waar Kostverlorenvaart en Kattensloot elkaar ontmoeten met flinke woningbouwcomplexen uitgebuit en nu speelt het water een heel vanzelfsprekende rol bij de plannen voor de Zuidelijke IJ-oever en IJburg. Water wordt zelfs weer belangrijker. Recente wateroverlast doet de aandacht voor adequate berging alleen maar toenemen, nog buiten de plicht om compensatiemaatregelen te nemen voor verlies aan water-opnemend vermogen van de bodem als er weer een stuk grondgebied is bestraat of anderszins verhard.

Natuurlijk, asfalt, rails en kabels en leidingen hebben de rol van ruggen-graat voor de stad voor aan- en afvoer van mensen, goederen, data en kapitaal allang overgenomen. Een rondje ring draai je nu met de auto of de trein, niet met de boot. Maar toch: de strijd tegen het water heeft de vorm van Nederland bepaald, het bedwingen van de zeven zeeën heeft van Holland een economische wereldspeler gemaakt en dankzij het dempen van water en het aanleggen van waterlopen heeft de stad kunnen groeien. Van land water maken en van water land: het is die dynamiek die tot op de dag van vandaag Amsterdam zijn karakter geeft. Land wordt water: het

It seems as if it's been like this for a great many years, but nothing is further from the truth. The A10 ring road around Amsterdam only became a complete orbital in 1990, when the Zeeburger Tunnel was opened by the Minister of Transport, Hanja Maij-Weggen, on 21 September. The A10, part of the national trunk road network, is thirty-two kilometres long and has sixteen exits and five junctions with other motorways. Each exit has of course its own character; here the road enters a dock area, there it passes an office complex still under construction; a little further on a VINEX location has been tacked on to the road, while another exit leads to a postwar reconstruction area, built in the fifties, where urban renewal is currently in progress.

If you take the ring road to the right (clockwise on the map), every right-hand exit will take you to the city centre and eventually the Dam. Almost every exit on the left leads through a city lobe or expansion area and out towards the countryside.

Amsterdam is a lobate city (a core with extensions like outspread fingers, with radial roads held together by a ring road. But the A10 is not of course Amsterdam's first ring. From an exit on the western section of the ring road, you cross, for example, Ring 20-40 (a wide area of pre-Second World War housing), then the nineteenth-century ring, then Singelgracht (the former city boundary, now the 'centre ring' for car traffic) and the last three rings of canals before you enter the medieval part of the city. This concentric structure, which started with the construction of a dam in the River Amstel in the thirteenth century, is further accentuated by the city's many watercourses. Amsterdam is not a true port or river city, but it is a water city. And you notice that every day: what in the Golden Age was the main infrastructure, the three canals, is now used by pleasure boats and one of Amsterdam's top tourist attractions. But even after construction of the canals, water remained an important structuring device in all of Amsterdam's urban schemes: H.P. Berlage paid considerable attention to it in 1913, particularly at the point where the three Amstel canals and Boerenwetering converge; in the 1930s, C. van Eesteren made a lake the central feature of the Westelijke Tuinsteden; the Bijlmermeer of 1968 has its Gaasperplas; in the Westerpark area of the city, the point where Kostverlorenvaart and Kattensloot converge has been exploited with sizable housing complexes, and water now plays a very self-evident role in the schemes for the Southern IJ Waterfront and IJburg.

In fact, water is becoming even more important. Recent flooding only serves to increase the focus on adequate water storage, leaving aside the obligation to take compensatory measures for loss of the ground's absorption capacity when yet another tract of land is paved or asphalted. Of course, asphalt, rails, cables and pipes took over the role of backbone of the city for the transportation of people, goods, data and capital long ago. We now make a circuit of the city by car or by train, not by boat. Even so: the struggle against the water has determined the form of the Netherlands; conquering the seven seas has made Holland an economic global player and thanks to the filling in of areas of water and the construction of watercourses, the city has been able to grow. Turning land into water and water into land: it is this dynamic which gives Amsterdam its character to this day. Land becomes water: the most compelling example is Amsterdam's centre; a chain of islands, to a considerable extent spatially determined by the ring of canals which still functions well today. Water becomes land: the most recent (and

meest aansprekende voorbeeld blijft de Amsterdamse binnenstad, een aaneenschakeling van eilanden, in sterke mate ruimtelijk bepaald door de nog altijd goed functionerende grachtengordel. Water wordt land: de meest recente (en waarschijnlijk laatste) grote uitleg van de stad, IJburg, leunt in sterke mate op het enorme wateroppervlak van het IJmeer en de talloze strategisch geplaatste bruggen. De wijk geniet inmiddels landelijke bekendheid dankzij een referendum in 1997, een strand met regionale aantrekkingskracht en een eigen televisieserie.

'A city is not a tree', schreef Christopher Alexander in 1965 volkomen terecht in een klassiek geworden artikel. Maar wie die boom omhakt, zal zien dat de jaarringen van de boom zich laten lezen als de geschiedenis van de Amsterdamse stedebouw.

Richting oorsprong Het centrum van Amsterdam, ook wel binnenstad genoemd, heeft een belangrijke relatie met het water: zonder Amstel en IJ hadden we hier waarschijnlijk een veel kleinere nederzetting gehad. En tot op de dag van vandaag staan bijvoorbeeld de IJ-oevers op de stedebouwkundige agenda. De eerste belangrijke stedebouwkundige stap in de groei van Amsterdam, de aanleg van de dam in de Amstel, symboliseert die relatie met het water, en geeft tegelijk de eerste stoot richting ringvorming. Deze dam geeft ten eerste de stad een besloten buiten- en binnenhaven; een ingreep van een niet gering economisch belang. Ten tweede kan de stad nu ook in oostelijke en westelijke richting groeien, in plaats van alleen noord-zuid. Het Damrak en de zuidelijke IJ-oever bieden plaats aan relatief grote boten die de stad via de Zuiderzee (nu IJsselmeer) bereiken. Rond 1600 wordt Amsterdam een internationaal centrum van handel, wetenschap en cultuur, allemaal dankzij de scheepvaart, dankzij het water. Ook dan geldt het al: geen creatieve stad zonder een goede economische basis. In de zeventiende eeuw wordt het Amsterdamse watersysteem flink uitgebreid met de beroemde grachtengordel. De basisplattegrond van het gebied dat nu bekend staat als Stadsdeel Centrum is zo goed als af.

Richting negentiende-eeuwse uitbreidingen De achttiende eeuw en de eerste helft van de negentiende eeuw verlopen zonder al te veel stedebouwkundige dynamiek, wat overigens niet betekent dat er geen individuele panden worden gebouwd, integendeel. De tweede helft van de negentiende eeuw zal het gebrek aan dynamiek in de jaren daarvoor meer dan goedmaken. Dat begint rond 1851, als de gemeentewet in werking treedt, en de stadswallen worden geslecht. Dat is klaar zo rond 1870.

In dezelfde periode zien we – en ik beperk me even tot enkele hoogtepunten met aantoonbare ruimtelijke consequenties – de opkomst van de spoorwegen (aanleg van het spoorwegennet 1839-1880) en de succesvolle introductie van het stoomschip. Vervolgens maakt de aanleg van het Noordzeekanaal tussen 1864 en 1876, met de IJmuidersluizen (1872) en de Oranjesluizen (1871), een einde aan de open verbinding van Amsterdam met de Zuiderzee. De stad is geen getijdehaven meer. Aan de zuidelijke IJ-oever verschijnt het Centraal Station (1889) op drie speciaal daarvoor aangelegde eilanden in het IJ. De beide dokhavens, het Oosterdok (1830-1832) en het Westerdok (1831-1834), verliezen daardoor al na een halve eeuw hun oorspronkelijke functie. De Oostelijke Handelskade is af in 1883. Het Java- en KNSM-eiland komen tussen 1900 en 1902 gereed. De overstap van het infrastructuursysteem van Amsterdam, van 'verkeer over water' naar 'verkeer over land', gaat met grote stappen.

AFGESLOTEN IJ
PLAN
voor de uitbreiding van
AMSTERDAM
opgemaakt in
1875

A
B
AMSTEL
SPOORBAAN
VERKLARING
BESTAANDE BEBOUWING EN BOUWTERREIN IN EXPLOITATIE
ONTWORPEN BEBOUWING
PLANTSOENEN PARK GAZONS ENZ
WATER
INDUSTRIETERREINEN
SPEELPLAATSEN
SPORTTERREINEN

De woonfunctie van de stad wordt noodgedwongen niet vergeten, de stad barst uit haar voegen. In 1877 wordt het uitbreidingsplan van de directeur van de Dienst der Publieke Werken, J. Kalff, vastgesteld. Onder andere de Pijp en de Staatsliedenbuurt worden aangelegd, monotone woongebieden met lange, smalle straten, en bebouwd met lange, ondiepe gesloten bouwblokken; bijna allemaal gebouwd door speculanten en bouwers op jacht naar snelle winsten. Het kan verkeren: nu zijn dit stuk voor stuk geliefde woonwijken, zonder dat daar nu de stadsvernieuwing de vader van het succes genoemd kan worden. Deze concentrische stadsuitbreiding heeft overigens ook een samenbindende ringweg die officieel van west naar oost achtereenvolgens Marnixstraat, Ceintuurbaan en Sarphatistraat heet. Vlak na 1900 is het plan Kalff voltooid, maar Amsterdam blijkt kort daarna opnieuw vol, met ruim 500.000 inwoners. In 1896 wordt het erfpachtstelsel ingevoerd. Tot op de dag van vandaag is dit de basis van het gemeentelijk grondbeleid.

Richting Zuid In 1901 treedt de Woningwet in werking. Op dat moment krijgt de gemeente Amsterdam de mogelijkheid om krotwoningen onbewoonbaar te verklaren en te slopen. De overheid bemoeit zich actief en direct met volkshuisvesting en woningbouw. De Woningwet verplicht ook gemeenten met meer dan 10.000 inwoners om uitbreidingsplannen te (laten) maken. De wet geeft ook in sommige gevallen grondonteigening een juridische basis. Tussen 1904 en 1936 worden in Amsterdam zodoende ruim 8.000 woningen aangepakt. Ook in die periode wordt het eérste grote project gerealiseerd waarbij de nieuwe bevoegdheden van de Amsterdamse overheid goed worden ingezet: Plan Zuid. Na een valse start in 1904 ontwerpt Berlage in 1915 een plan dat wél brede steun krijgt. In oktober 1917 wordt het door de gemeenteraad vastgesteld.

In 1921 volgt weer een grote omwenteling: het grondgebied van de gemeente wordt verviervoudigd, van 4.395 naar 17.455 hectare. Een verstandige actie, want tussen 1900 en 1930 groeit het inwonertal van Amsterdam naar 750.000 inwoners, ongeveer net zoveel als nu. Maar het aantal woningen bedroeg toen ongeveer 200.000, iets meer dan de helft van nu.

Plan Zuid was bestemd voor drie inkomensklassen, arbeiders, middenstand en 'elite'. Hiermee ontstaat een typisch Amsterdamse traditie. Sjiek en sjofel door elkaar is nog altijd een van de meest opvallende karaktereigenschappen in de Amsterdamse woningbouw. Zelfs de meest recent gebouwde of geplande wijken voldoen aan dit adagium, al neemt het percentage sociale woningbouw per project wel steeds verder af.

Plan Zuid is ook het eerste plan waarbij tijdens de uitvoering de strakke regie van de overheid opvalt. De wethouders voor Volkshuisvesting en Publieke Werken spelen een belangrijke rol en de nieuwe diensten werken goed samen aan de vervolmaking van het plan. Het succes van deze wijk, tot op de dag van vandaag, komt ook door een belangrijk verschil met de periode van vóór de Woningwet: alleen betrouwbare beleggers en bouwers doen mee.

In 1920 wordt luchthaven Schiphol opengesteld voor de burgerluchtvaart: de eerste bestemming is Londen. Een andere belangrijke gebeurtenis dateert van 1928, als de Olympische Spelen in Amsterdam plaatsvinden. De meest westelijke afslag van het zuidelijk deel van de A10 voert naar dit stadion, dat recent is gerenoveerd en behalve een grote parkeergarage diverse functies herbergt. Aan de noordzijde van het complex komen woningen.

which was built by speculators and builders in pursuit of a quick profit. Things change: these are now popular neighbourhoods, and that is scarcely thanks to urban renewal. This concentric city expansion also has a connecting ring road which, from west to east, is officially called Marnixstraat, Ceintuurbaan and Sarphatistraat. The Kalff Plan was completed around 1900, but Amsterdam was soon bursting at the seams once more, with some 500,000 inhabitants. In 1896, the ground lease system was introduced. To this day, this is the basis of the municipal land policy.

To Zuid In 1901, the Housing Act came into effect. This enabled the city council to declare slum dwellings unfit for human habitation and demolish them. Government was actively and directly involved in public housing and house-building. The Housing Act obliged municipalities with more than 10,000 inhabitants to draw up expansion schemes. In some cases, the Act also gave the expropriation of land a legal basis. Between 1904 and 1936, some 8,000 dwellings were dealt with. In this period, too, the first major project was realized in which the new powers of local government were effectively deployed: Plan Zuid. After a false start in 1904, in 1915 Berlage drew up a scheme which received wide support. In 1917 it was approved by the city council.

In 1921, there was again a major development: the municipality's territory was quadrupled, from 4,395 hectares to 17,455 hectares. A sensible move, because between 1900 and 1930 Amsterdam's population reached 750,000, which is approximately what it is today. However, there were only about 200,000 dwellings, slightly more than half the number of housing units in the city today. Plan Zuid was intended for three income groups; the working class, middle class and the 'elite'. This gave rise to a typical Amsterdam tradition: a mix of rich and poor is still one of the most striking characteristics of Amsterdam's housing. It is true of even the most recently built or planned districts, although the percentage of social housing in each project is steadily decreasing.

Plan Zuid was also the first scheme in which the government's strict direction was noticeable during its realization. The aldermen for Public Housing and Public Works played a key role and the new departments worked well together to complete the project. The success of this district, to this day, was also due to a major difference with the period before the Housing Act: only trustworthy investors and builders were involved.

In 1920, Schiphol Airport opened for civil aviation: the first flights were to London. Another important event was in 1928, when the Olympic Games took place in Amsterdam. The westernmost exit on the southern section of the A10 leads to the Olympic Stadium, which has recently been renovated and houses various functions including a large parking garage. Housing is to be built on the north side of the complex.

Despite the Housing Act and Berlage's involvement, Plan Zuid and the other districts in what is now known as Ring 20-40 (Watergraafsmeer and the expansion area to the west of Kostverlorenvaart) do not form a whole and there is no infrastructural logic, let alone any preparations for future urban expansions.

In 1932 the Afsluitdijk was opened and the Zuider Zee became IJsselmeer. The use and the location of Oostelijk Havengebied became increasingly illogical. All port activities gradually but inevitably shifted to the west, along the North Sea Canal. In addition, it was now generally accepted that

Ondanks de Woningwet en de bemoeienis van Berlage, vormen Plan Zuid en de andere wijken van wat nu bekend staat als de Gordel 20-40 (de Watergraafsmeer en het uitbreidingsdeel ten westen van de Kostverlorenvaart), geen eenheid, en van infrastructurele logica is geen sprake, laat staan dat er wordt voorgesorteerd op toekomstige stadsuitbreidingen.

In 1932 wordt de Afsluitdijk geopend, Zuiderzee wordt IJsselmeer. Het gebruik en de ligging van het Oostelijk Havengebied worden steeds onlogischer. Alle havenactiviteiten verschuiven langzaam maar onontkoombaar naar het westen, langs het Noordzeekanaal. Daarbij wordt op dat moment algemeen aanvaard dat het 'werk' in de stad, vooral bedrijven, eigen terreinen moeten krijgen, vlakbij goede spoor- en scheepvaartverbindingen.

Richting Westelijke Tuinsteden Om alle problemen het hoofd te bieden, wordt in 1928 de Afdeling Stadsontwikkeling opgericht, een onderdeel van de Dienst der Publieke Werken. Cornelis van Eesteren wordt als ontwerper aangenomen en in slechts vier jaar is het Algemeen Uitbreidingsplan (AUP) gereed. Op 18 juli 1935 neemt de gemeenteraad het plan aan. Het stadsoppervlak is dankzij de annexatie van 1921 groot genoeg en uitvoering van het AUP leidt tot een verdubbeling van het stedelijk gebied. Het is een plan dat breekt met de traditie: tot hier zijn de uitbreidingen van Amsterdam voornamelijk concentrisch van opbouw geweest. Het AUP introduceert de lobbenstad als nieuwe ruimtelijke structuur. Het gesloten bouwblok verdwijnt en maakt plaats voor een open verkaveling in een groene omgeving. De twee lobben in westelijke richting (Slotervaart/Osdorp en Slotermeer/Geuzenveld) zijn gescheiden door de Sloterplas en een groene wig waarin het Sloterpark is opgenomen. De zuidelijke lob, Buitenveldert, is tussen de groene wig Amsterdamse Bos/Nieuwe Meer/Schinkel en het Amstelgebied gesitueerd. Het landelijke buitengebied – 'echte' natuur – is in alle gevallen ongestoord bereikbaar.

Het openbaar vervoer en daarbij de loopafstand van de woning tot een halte zijn in het AUP normatief ontwerpuitgangspunt, net als de hoeveelheid groen per inwoner. Delen van Plan Zuid worden aangepast om infrastructurele aansluiting goed te regelen. Van een rijkswegennet is in de jaren dertig nog geen sprake. Toch herbergt het AUP de kiem van de latere ringweg A10: Van Eesteren projecteert een noordzuidroute in het AUP (de Einsteinweg), ten westen van een groene strook die de nieuwe wijken van de dan bestaande stad scheiden. De Coentunnelweg, het westelijke deel van de A10 zal later dit tracé overnemen. Ook een eerste versie van een ringspoorlijn staat op de plankaart van het AUP.

Na de Tweede Wereldoorlog, waar Amsterdam een groot bombardement als in Rotterdam bespaard blijft, wordt het AUP gebruikt als bebouwingsplan van de Wederopbouw.

De lobbenstad functioneert het best met openbaar vervoer, maar de auto wint steeds meer terrein. Niet alleen het aantal auto's neemt enorm toe, maar ook de manier waarop ze worden gebruikt. Vanaf de jaren dertig zijn Van Eesteren en zijn tijdgenoten getuige van een verschuiving van een klein aantal door chauffeurs bestuurde auto's naar een groot aantal particulier bestuurde auto's. De vraag naar parkeerplaatsen neemt toe en wordt tot probleem, dat hardnekkig blijkt en inmiddels niet meer weg te denken is uit de moderne stedebouw. Het is daarom ook een belangrijk onderdeel van het huidige beleid dat 'optimalisering grondgebruik' wordt genoemd, waar – om bij steeds hogere dichtheden woningbouw de openbare ruimte

'work' in the city and particularly companies should be located on specially designated sites, close to good rail and shipping links.

To Westelijke Tuinsteden In order to deal with all the problems, the Town Planning Department was set up within the Public Works Department in 1928. Cornelis van Eesteren was engaged as designer and the General Extension Plan (AUP) was completed in just four years. On 18 July 1935, the city council approved the plan. Thanks to the annexation of 1921, the municipal territory was large enough and the urban area doubled as a result of the realization of the AUP.

The plan broke with tradition: previous expansions had been mainly con-centric in structure. The AUP introduced the lobate city as the new spatial structure. The perimeter block disappeared and made way for an open plot layout in green space. The two lobes in the westerly direction (Slotervaart/ Osdorp and Slotermeer/ Geuzenveld, the Westelijke Tuinsteden, or Western Garden Suburbs) were separated by Sloterplas and a green wedge in which Sloterpark was incorporated. The southern lobe, Buitenveldert, was situated between the green wedge Amsterdamse Bos/ Nieuwe Meer/ Schinkel and the Amstel area. The rural countryside – 'real' nature – remained accessible in all cases.

Public transport and the walking distance from the dwelling to a public transport stop was a normative design principle in the AUP, as was the amount of green space per inhabitant. Parts of Plan Zuid were modified in order to organize the infrastructural connection. In the 1930s there was still no national trunk road network. Nevertheless, the AUP contained the future ring road the A10 in embryo form: Van Eesteren projected a north-south route (Einsteinweg) to the west of a green strip which separated the new districts from the existing city. This is now the route of Coentunnelweg, the western section of the A10. There is also a preliminary version of a circular railway line on the planning map of the AUP. After the Second World War, in which Amsterdam was spared a major bombardment such as that suffered by Rotterdam, the AUP was used as a development plan for the city's postwar reconstruction. The lobate city functions best with public transport, but the car was gaining ground. Not only the number of cars increased considerably, but the way in which they were used also changed. From the 1930s onwards, Van Eesteren and his contemporaries witnessed a shift from a small number of chauffeur-driven cars to a large number of privately driven cars. The demand for parking spaces increased and became an intractable problem, and it is now a permanent feature of modern urban planning. It is therefore also an important part of the current policy which is called 'optimization of land use', where – in order to keep the public space attractive with ever higher housing densities – as many parking spaces as possible are housed in built (preferably underground) facilities.

To Zuidoost Traffic played a crucial role in the scheme for the most impor-tant expansion area of the 1960s, the Bijlmermeer. In the early 1960s, the area covered by the AUP proved too small to meet the housing need and so the city lobe executed primarily in high-rise was devised; a major new development on Amsterdam's southeastern side. Living in green space and the strict separation of all types of traffic were just two of the noble departure points. Most importantly: the ground level was for the pedestrian. The spectre of the city centre clogged up with cars unquestionably played a role here.

Vogelvluchttekening van
het westelijke deel van
Amsterdam, Algemeen
Uitbreidingsplan van
Amsterdam, 1935.

Leefmilieus Nieuw West,
wensbeeld 2015 (rechts).

Aerial view drawing of the
western part of Amsterdam
from the General Extension
Plan of 1935.

Living environments Nieuw
West, desired image 2015
(right).

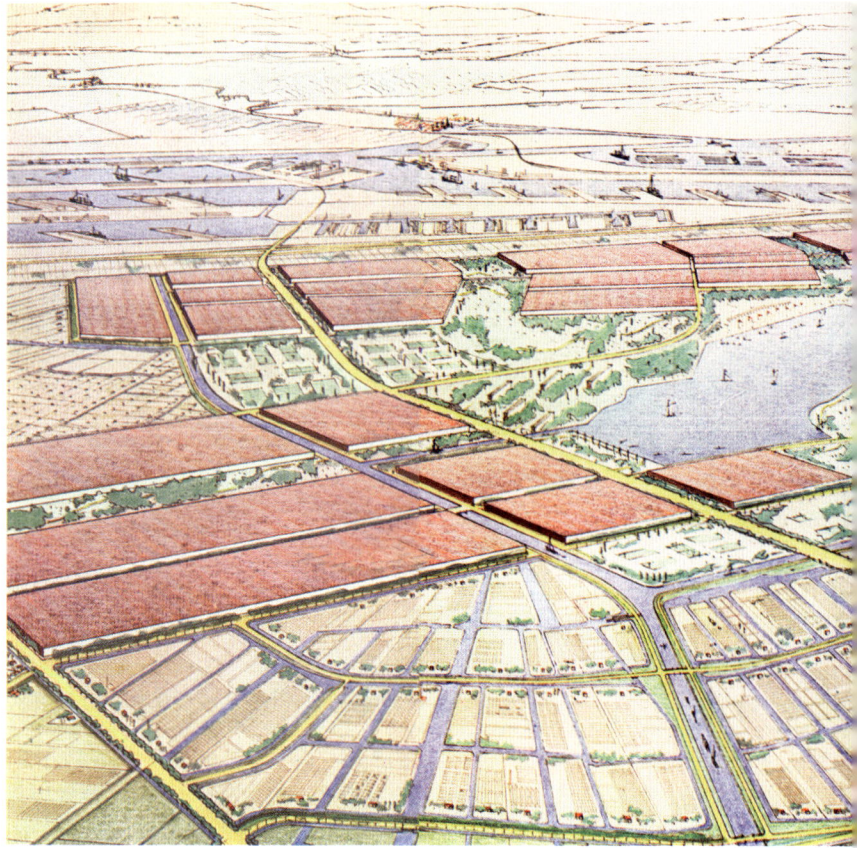

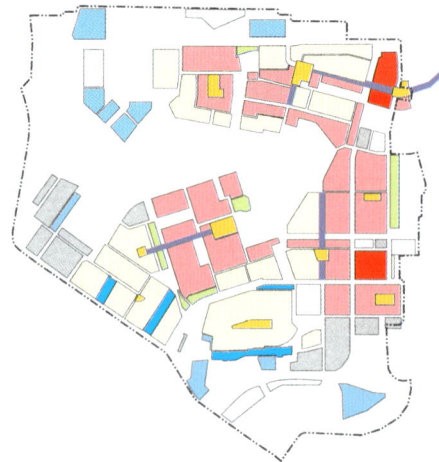

- Hoog Stedelijk
- Stedelijk / - incl. menging van functies
- Centrum / Hoogstedelijk Centrum
- Stadsstraat
- Tuinstad
- Suburbaan
- Parkwonen
- Wilde Wonen
- Buitenplaats / Landgoed
- Bedrijventerrein (reservering)
- Zorg en educatie
- Reservering Westrandweg

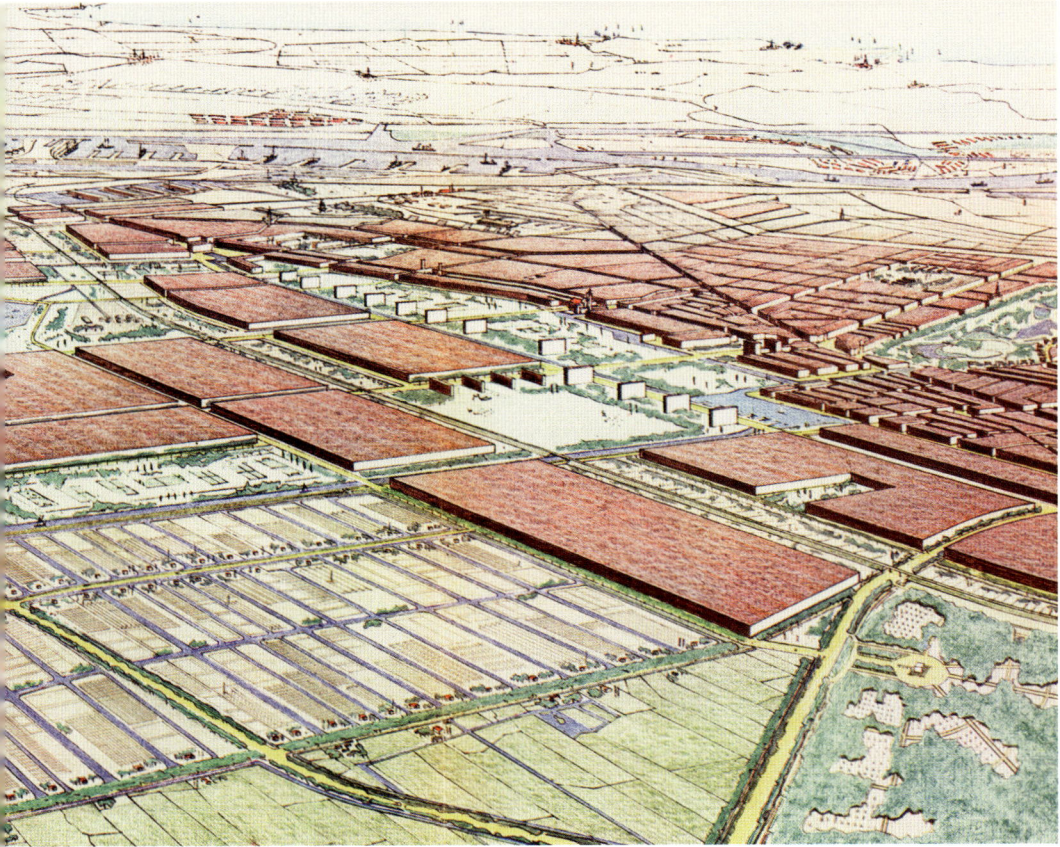

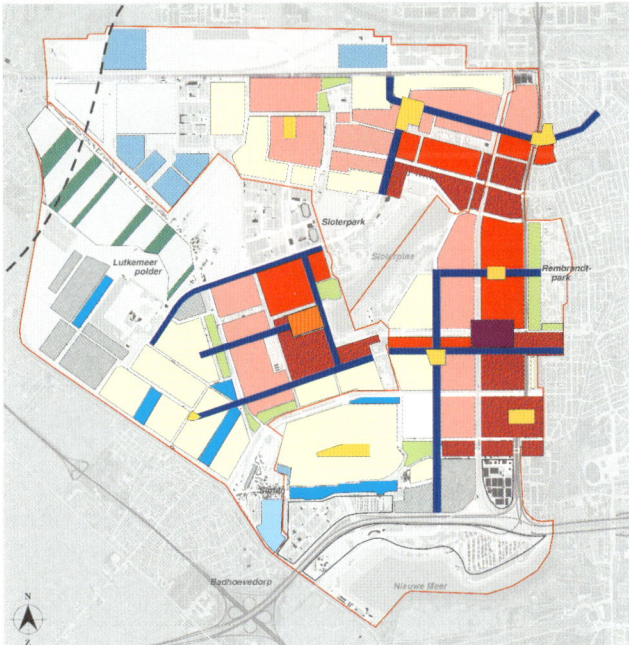

aangenaam te houden – zoveel mogelijk parkeerplaatsen (liefst ondergronds) in gebouwde voorzieningen moeten worden ondergebracht.

Richting Zuidoost Bij het ontwerp voor de belangrijkste uitbreidingswijk
uit de jaren zestig, de Bijlmermeer, speelt het verkeer een cruciale rol. Begin
jaren zestig – het grondgebied van het AUP blijkt niet groot genoeg om
in de woningbehoefte te voorzien – wordt de voornamelijk in hoogbouw
uitgevoerde stadslob verzonnen, een grote uitbreidingwijk aan de Zuid-
oostkant van Amsterdam. Wonen in het groen en strenge scheiding van
alle verkeerssoorten zijn slechts twee van de nobele uitgangspunten. De
belangrijkste: het maaiveld is voor de voetganger. Zonder enige twijfel
heeft het schrikbeeld van de met blik dichtgeslibde binnenstad daarbij
een rol gespeeld.

De belangrijke openbaarvervoersverbinding voor deze lob met het stadscentrum wordt gevonden in de metro, die vooral wat betreft het tracédeel
dat door de oude binnenstad loopt, op erg veel verzet stuit. Tegelijkertijd
ontstaat ook steeds meer weerstand tegen andere grootschalige benaderingen van de binnenstad. Dit komt onder andere door de aanleg van het
IJtunneltracé, waarbij vooral de Weesperstraat en de Wibautstraat een pittig
sloop-nieuwbouwprogramma te verwerken krijgen. Deze route verbindt
het dan in aanbouw zijnde uitbreidingsplan voor Amsterdam Noord uit 1958
via het centrum met de nieuwe Zuidoostlob. Het importeren van het stedebouwkundige gedachtegoed van Zuidoost naar de binnenstad blijkt vooral
het verzet tegen grootschalige ingrepen in de oudere buurten te mobiliseren. Geprojecteerde grootschalige kantoorbouw langs het IJtunneltracé is
beperkt gebleven tot de Weesperstraat en een deel van de Wibautstraat. In
de jaren die volgen worden tegenovergestelde begrippen als 'bouwen voor
de buurt' en 'inspraak' belangrijke onderdelen in de Amsterdamse ruimtelijke ordening.

Richting Sloten Woningbouw blijft een sturende factor: de tweede helft
van de jaren zeventig kenmerkt zich vooral door het zoeken naar woningbouwlocaties in en nabij Amsterdam. Het gaat hierbij vrijwel uitsluitend om
sociale woningbouw. Het college van Burgemeester en Wethouders dat in
1978 aantreedt, initieert – naast het omvangrijke stadsvernieuwingspro-
gramma in de oudere wijken – vele projecten waar de stad tot ná de millen-
niumwisseling profijt van heeft: Nieuw Sloten, het Oostelijk Havengebied,
IJburg, evenals enkele werkgebieden (Sloterdijk).

De lobbengedachte is niet verdwenen: in een rapport van rond 1980 staat
dat het bouwen ten westen van de stad de 'lobbenstructuur' van Amsterdam
versterkt. Deze wijk is niet veel later bekend geworden als Nieuw Sloten.

De aanleg van Nieuw Sloten is niet onbelangrijk, hier begint langzaam
de invloed van de markt vorm te krijgen. Na een kleine vingeroefening langs
de Singelgracht (het begin jaren tachtig in uitvoering genomen plan voor het
terrein van de Oranje Nassaukazerne had ook een deel koopappartementen)
stellen de woningbouwverenigingen zich steeds meer op als marktpartij in
het planproces. Bij de planvorming van Nieuw Sloten krijgen de woningbouwverenigingen een niet onbelangrijke stem in het ontwerp. De selectie
van bouwers en architecten gaat onder andere met prijsvragen. Regels zijn er
dan nog niet: al doende worden ze hier uitgevonden. In de wijk is dit proces
duidelijk op straat te zien. Strakke, eenvoudige verkaveling in het eerste
bouwdeel, steeds losser en frivoler in de latere delen. Ook is goed te zien dat
de woongebieden zijn uitgegeven in velden: per deelgebied één architect,

For this new district, the metro was chosen as the main public transport link with the city centre. Its construction, particularly as regards the section through the old centre, met with considerable opposition. At the same time, there was increasing resistance to other large-scale interventions in the city, such as, for example, the construction of the IJ Tunnel, for which Weesperstraat and Wibautstraat in particular underwent a major demolition and new-build programme. This route connects the extension scheme for Amsterdam-Noord of 1958, then under construction, via the centre, with the new south-eastern district. The importation of the urbanistic ideas from Zuidoost to the city centre mobilized opposition to large-scale interventions in the older districts. Projected large-scale office construction along the IJ tunnel trajectory was limited to Weesperstraat and part of Wibautstraat. In the years that followed, opposite concepts such as 'building for the neighbourhood' and 'involvement' became important elements in Amsterdam's spatial planning.

To Sloten Housing remained a dominant factor: the second half of the 1970s was characterized primarily by the search for housing locations in and near Amsterdam. This was almost exclusively social housing. In addition to the extensive urban renewal programme in the older districts, the municipal executive which took office in 1978 initiated many projects which benefited the city into the new millennium: Nieuw Sloten, Oostelijk Havengebied, IJburg, as well as several work areas (Sloterdijk). The concept of the lobate city did not disappear: a report of around 1980 stated that construction to the west of the city would reinforce Amsterdam's 'lobate structure'. Soon after, this district became known as Nieuw Sloten.

The construction of Nieuw Sloten is not insignificant; here the influence of the market gradually began to become apparent. After a small finger exercise on Singelgracht (the scheme for the site of a former barracks, the Oranje Nassaukazerne, which was under construction in the early 1980s, also included owner-occupied apartments), the housing associations became increasingly involved as market players in the planning process. In the planning for Nieuw Sloten, they were given a considerable say in the design.

The selection of builders and architects was by, among other things, competition. There were no rules as yet: these were devised along the way. This process is clearly visible in the streets of this new district. Simple, uniform plot layouts in the first section to be built, increasingly irregular and whimsical in the later sections. In addition, the residential areas were clearly issued in fields: for each individual area, there was one architect, one developer and one builder, as a result of which the various neighbourhoods have considerable unity. Architecturally however, the streets are not symmetrical.

To Oostelijk Havengebied On the eastern side of the IJ, the A10 crosses the inlet near Zeeburgereiland. On the centre side is the Oostelijk Havengebied (Eastern Harbour District), the city's former docklands area where 8,000 dwellings have been built. On the eastern side, on the other side of the A10, is IJburg, Amsterdam's most recent expansion area. The two areas are connected by the Piet Hein Tunnel, which is accessible from Zeeburgereiland and which leads right into the centre of the Oostelijk Havengebied. As from May 2005, a light rail link will use the same tunnel and this part of the city will also have a high-speed public transport connection.

The lessons of Nieuw Sloten were put into practice in Oostelijk Havengebied. The council retained overall supervision of the project, but for each

één ontwikkelaar en één bouwer, waardoor de diverse wijkjes een grote eenheid hebben maar straten wat betreft architectuur niet symmetrisch zijn.

Richting Oostelijk Havengebied Aan de oostkant van het IJ kruist de ring-weg A10 het IJ ter hoogte van het Zeeburgereiland. Aan de centrumkant ligt het Oostelijk Havengebied, het voormalige havengebied van de stad, waar tegenwoordig 8.000 woningen staan. Aan de oostkant, aan de andere kant van de A10, ligt IJburg, de laatste uitleg van Amsterdam. Beide gebieden zijn verbonden door de Piet Heintunnel die vanaf het Zeeburgereiland bereikbaar is en tot midden in het Oostelijk Havengebied voert. Vanaf mei 2005 zal een *light-rail* verbinding dezelfde tunnel gebruiken en heeft dit deel van de stad ook een snelle openbaarvervoerverbinding.

In het Oostelijk Havengebied worden de lessen van Nieuw Sloten verder in de praktijk gebracht. De gemeente houdt de supervisie, maar per schiereiland worden externe ontwerpers gekozen die de ontwikkeling van hun gebied verder begeleiden. De ombouw van het sinds de jaren zestig verlaten havengebied tot woongebied begint op het voormalige Veemarktterrein, vooral met sociale woningbouw. De steeds verdergaande invloed van de markt is duidelijk te zien in het vervolg: het KNSM-eiland (50% koop, 50% huur), het Java-eiland en Borneo en Sporenburg, waar de verhouding 70-30 is, ten gunste van de koopwoningen. Het einde van deze trend is nog niet in zicht.

Midden in het Oostelijk Havengebied ligt een halte van de IJtram, die daar kruist met tramlijn 10. Tram 10 is een 'halve ringlijn' die het oosten van de stad met het westen verbindt en parallel loopt aan de zeventiende-eeuwse stadsgrens.

Richting IJburg In 1985 verschijnt het belangrijke Amsterdamse structuur-plan *De stad centraal*, het officiële document bij het nog steeds geldende compacte stad-beleid. Hiermee moet de groei van de mobiliteit en de verstedelijking van het platteland beperkt blijven. De bestaande stad wordt gerevitaliseerd, inclusief de stedelijke vernieuwing in de wederopbouwwijken en de Bijlmer.

Omdat in het compacte stad-beleid nabijheid ten opzichte van het bestaande stedelijke gebied als een groot goed wordt gezien, verdwijnen oude bezwaren tegen IJburg (het maken van land en de aanleg van dure verbindingen) naar de achtergrond. De locatie schuift omhoog op de lijst van kansrijke projecten. De *Vierde Nota Ruimtelijke Ordening* uit 1988 bevestigt dit beeld van rijkswege. De *Vierde Nota extra*, kortweg Vinex genoemd, ook van het ministerie van Volkshuisvesting, Ruimtelijke Ordening en Milieu, komt kort daarna met een uitgebreid subsidieprogramma, waar ook IJburg van profiteert.

IJburg, aangeplempt in het westelijk deel van het IJmeer en straks gevuld met 18.000 woningen en de daarbij behorende voorzieningen, is in feite een voortzetting van een Amsterdamse stedebouwkundige traditie: het is een ouderwetse stadslob met een (snel)tram als ruggegraat. Wat dat betreft is het aardig om te zien dat de lobbenstad ook hier is gebaseerd op bereikbaarheid per openbaar vervoer. De IJtram is het bij deze tijd passende vervolg op de trams naar de Westelijke Tuinsteden, de metro naar de Bijlmer, de sneltram richting Buitenveldert en Amstelveen en de vele bussen naar Noord.

De nooit aflatende aandacht voor openbaar vervoer richt zich in de jaren tachtig vooral op het verbeteren en uitbreiden van het net, samen met het terugdringen van het autoverkeer. Het begrip vervoersknooppunt wordt tot

peninsula external designers were chosen who directed the development of their particular area. The reconstruction of the dock area, which became redundant in the 1960s, began on the site of the former cattle market with mainly social housing. The ever-increasing influence of the market is clearly visible in the rest of the area: KNSM island (50% owner-occupied, 50% rental), Java Island and Borneo and Sporenburg (70% owner-occupied, 30% rental). The end of this trend is not yet in sight. In the middle of Oostelijk Havengebied is a stop for the IJ tram, which crosses the number 10 tram line here. Tram 10 is a 'semi-circular line', which connects the east of the city with the west and runs parallel with the seventeenth-century city boundary.

To IJburg The important structure plan *De stad centraal* ('The City Central'), the official document on the compact city policy, which still applies today, was published in 1985. The aim was to limit the increase in mobility and the urbanization of the countryside and to revitalize the existing city, including urban renewal in the postwar reconstruction areas and the Bijlmer.

Because proximity to the existing urban area was regarded as a major plus point, the old objections to IJburg (the creation of land and the construction of expensive connections) faded into the background. The location moved up on the list of likely projects. The *Fourth National Policy Document on Spatial Planning* of 1988 officially confirmed this picture. Shortly afterwards, the Supplement to the *Fourth National Policy Document*, 'Vinex' for short, also by the Ministry of Housing, Spatial Planning and the Environment, presented an extensive subsidy programme, which benefited IJburg, too.

IJburg, constructed in the western part of the IJmeer and soon to be filled with 18,000 dwellings and the necessary facilities, is in effect the continuation of an Amsterdam urbanistic tradition: it is a good old-fashioned city lobe with a (high-speed) tram as its backbone. In that regard, it is interesting to see that here, too, the lobate city is based on accessibility by public transport. The IJ tram is a contemporary sequel to the trams to the Westelijke Tuinsteden, the metro to the Bijlmer, the high-speed tram to Buitenveldert and Amstelveen and the many buses to Amsterdam-Noord.

In the 1980s, the unremitting attention to public transport was aimed primarily at improving and expanding the network, as well as reducing car traffic. The concept of the transport node became the guiding principle in city planning. Central Station, Sloterdijk, Amstel Station and Zuid/WTC Station are directly connected to Amsterdam's most important work areas and Schiphol, via, among other things, the so-called Ring Line, which runs from Zuidoost to Sloterdijk Station and beyond.

To regional developments The A10 ring road unites Amsterdam, but that applies to the map image only. Today's network city consists primarily of movement and mobility, not only by means of traditional modes of transport, but also as regards information, communication and production. And this network city is everywhere. The unbuilt area is easily accessible and is inseparable from the built-up area. Every day, the city-dweller selects the elements that will form his or her city at that particular moment. In some places, for example in the Zuidas, the A10 is perhaps a barrier, but it is by no means a modern version of the city wall. For the most part, it is situated in the city and not around it. The improvement of connections with the region, and between the various lobes, is high on the planning agenda. Amsterdam is not for nothing now concerned primarily with tangential routes such as the Zuidtangent (South Tangent) and Westrandweg. An improved connection

leidend beginsel in de stadsplanning. Het Centraal Station, Sloterdijk, het Amstelstation en station Zuid/WTC zijn rechtstreeks verbonden met de belangrijkste Amsterdamse werkgebieden en Schiphol, via onder andere de zogenaamde Ringlijn die van Zuidoost tot voorbij Station Sloterdijk voert.

Richting regionale ontwikkelingen De ringweg A10 bindt Amsterdam samen tot één geheel, maar dat geldt alleen voor het kaartbeeld. De netwerkstad van tegenwoordig bestaat vooral uit beweging en mobiliteit, niet alleen met klassieke vervoermiddelen maar ook wat betreft informatie, communicatie en productie. En die netwerkstad is overal. Het onbebouwde gebied is uitstekend ontsloten en vormt een onlosmakelijk geheel met het bebouwde gebied. De stadsbewoner stelt iedere dag de elementen samen waaruit op dat moment zijn stad moet bestaan. De A10 is dan misschien op sommige punten, zoals ter plaatste van de Zuidas, een barrière; een moderne versie van de stadsmuur is het geenszins. De ring ligt op de meeste plekken ín de stad en niet eromheen. Het verbeteren van verbindingen met de regio, en tussen de lobben onderling staat hoog op de planologische agenda. Amsterdam is niet voor niets nu vooral bezig met tangentiële routes als de Zuidtangent en de Westrandweg. Ook is een betere verbinding tussen de A6 en de A9 van belang, omdat een soepele verbinding tussen Almere (Neêrlands groeistad nummer één) en de Haarlemmermeer (werkgemeente, vooral rond Schiphol) steeds urgenter wordt. Die verbinding completeert straks een tweede ring aan snelwegen rond Amsterdam, waardoor de ringweg A10 ontlast kan worden. Dat is ook nodig in het licht van de enorme intensiveringslag die daar met het Zuidasproject in gang is gezet.

De rol van het Zeeburgereiland als *stepping-stone* tussen IJburg (met in het verlengde Almere) en het oude centrum is nog niet uitgespeeld: het grootste werk daar is de verplaatsing van de rioolwaterzuiveringsinstallatie-oost naar het Westelijk Havengebied. De vrijgekomen ruimte kan dan bijvoorbeeld gebruikt worden om het tekort aan woningen te verminderen.

Richting toekomstige transformaties Behalve de aanleg van het eerste deel van de Noord/Zuidlijn tussen het Buikslotermeerplein, het Centraal Station en Station Zuid/WTC – beide stations worden zo verbonden en straks heeft ook Noord eindelijk zijn railverbinding met de rest van Amsterdam – zijn op diverse plaatsen in de stad de bouwputten zichtbaar van alweer nieuwe projecten. De Noordelijk IJ-oever zal transformeren, vooral daar waar de pont over het IJ halteert. Hier bevindt zich het Shell-terrein, waar woningen en kantoren in hoogbouw zullen verschijnen. Ook in de directe omgeving van het Centraal Station (Ooster- en Westerdokseiland) zijn in 2004 de werkzaamheden in volle gang. Hier vinden we over een aantal jaren een bibliotheek, een conservatorium, woningen en kantoren.

In de Noordvleugel van de Randstad, zoals de Amsterdamse regio tegenwoordig terecht wordt genoemd, blijft een enorme behoefte aan stedelijk en suburbaan wonen. Die laatste soort uitbreidingen krijgt vanzelfsprekend vooral een plek in Almere. Het gaat tot 2030 om tienduizenden woningen. Als in 2004 de *Nota Ruimte* verschijnt, blijkt hoezeer de gemeente Amsterdam 'op slot' zit. Omdat de nota vooral kiest voor Schiphol en eventuele latere uitbreidingen daarvan, zijn de mogelijkheden tot woningbouw aan de westkant van Amsterdam nagenoeg uitgeput. Regels met betrekking tot geluidshinder zijn daar debet aan. De uitbreidingen in Almere worden daarmee nog urgenter, net als het bouwen in hoge dichtheden in de bestaande stad en het steeds verder optimaliseren (liefst driedubbel, met

between the A6 and the A9 is also important, because a smooth connection between Almere (the Netherlands' number one overspill town) and Haarlemmermeer (primarily an industrial/work municipality, particularly around Schiphol) is becoming increasingly urgent. This connection will ultimately complete a second ring of motorways around Amsterdam, which will then relieve the A10. This is necessary in the light of the enormous intensification process which started with the Zuidas project. The role of Zeeburgereiland as a stepping-stone between IJburg (with Almere beyond) and the old centre is not yet played out: the major project here is the relocation of the sewage works from the east to the Westelijk Havengebied (Western Harbour Area). The freed up land can then be used, for example, to ease the housing shortage.

To future transformations In addition to the construction of the first section of the North/South Line between Buikslotermeerplein, Central Station and Zuid/WTC Station – the two stations will then be connected and Amsterdam-Noord, too, will at last have a rail link with the rest of the city – at various locations in the city the building pits for yet more new projects are already visible. The Northern IJ Waterfront will be transformed, particularly there where the IJ ferry stops. Here is the Shell site, where high-rise housing and offices are to be built. And in the immediate vicinity of Central Station (Oosterdokseiland and Westerdokseiland), construction work is now well underway. Here, in a number of years from now there will be a library, a music school, housing and offices.

In the Randstad's Northern Wing, as the Amsterdam area is rightly called nowadays, there is still a huge demand for urban and suburban living. The latter type of development is being built primarily in Almere. Up until the year 2030, tens of thousands of dwellings are projected here. When the *Nota Ruimte* ('Report on Space', dubbed the *National Spatial Strategy*) appeared in 2004, it showed the extent to which Amsterdam is 'locked'. Because the strategy opts for Schiphol and future airport expansion if necessary, new housing development on the west side of Amsterdam is virtually impossible. Regulations with regard to noise nuisance are to blame. Urban expansion in Almere is all the more urgent as a result, as is building at high densities in the existing city and the further optimization (preferably triple, with parking garages, shops, and housing on top) of land use.

Offices, intensive commercial activity and facilities should preferably be sited close to public transport nodes. The North Sea Canal area would seem to be particularly suitable for large-scale commercial activities and port functions. Little else is possible here anyway because of the airport. Indeed: as regards nuisance, too, concentration is preferable to dispersal.

From compact city to a compact region: the aim of this approach is that in the future, too, larger landscape units will not be fragmented. Amsterdam's green wedges are important for the quality of life in the region and are laid down in a Main Green Structure. The city also now has a Water Plan. So the city's carefully preserved mix of building development, green areas and water keeps Amsterdam livable. That has always been the case. Urban planning in Amsterdam has from the very beginning never been anything other than the expansion and improvement of opportunities for living, working, transportation and recreation.

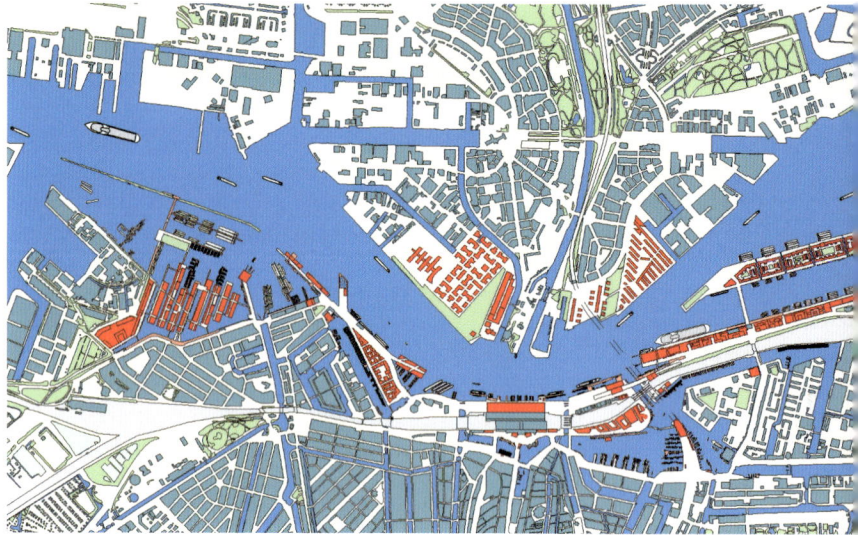

Toekomstbeeld IJ-oevers en IJburg.

De Noord/Zuidlijn in het metronet.

Oosterdokseiland, Westerdokseiland en Shell-terrein in Noord.

Future view IJ Waterfront and IJburg.

The North/South Line in the metro network.

Oosterdokseiland, Westerdokseiland and Shell-site in Amsterdam North.

De Noord/Zuidlijn centraal in het metronet van de toekomst

In een stad die steeds groter en drukker wordt, zorgt goed openbaar vervoer ervoor dat je snel van de ene naar de andere kant kunt komen. De Noord/Zuidlijn maakt het centrum beter bereikbaar en is een onmisbare schakel in de verbinding tussen de nieuwe economische centra in Amsterdam Noord, bij de Zuidas en rondom de ArenA. Hij sluit direct aan op het openbaar vervoer naar Schiphol en naar nieuwe wijken zoals IJburg.

parkeergarages, winkels, en woningen erop) van het grondgebruik.
Kantoren, intensieve bedrijvigheid en voorzieningen komen bij voorkeur
vlakbij knooppunten van openbaar vervoer. Voor grootschalige bedrijvigheid en havenfuncties lijkt vooral het aloude Noordzeekanaalgebied
geschikt. Hier is weinig anders mogelijk vanwege de luchthaven.
Inderdaad: ook wat hinder betreft is concentratie te verkiezen boven
spreiding.

Van compacte stad naar een compacte regio: het is de bedoeling dat met
deze aanpak ook in de toekomst grotere landschappelijke eenheden niet
worden versnipperd. De groene scheggen van Amsterdam zijn belangrijk
voor de kwaliteit van het leven in de Amsterdamse regio en vastgelegd in
een Hoofdgroenstructuur. De stad heeft sinds kort ook een Waterplan.
   Zo houdt de door de jaren heen zorgvuldig in stand gehouden afwisseling
tussen bebouwing, groengebied en water Amsterdam leefbaar. Dat is van
alle tijden. Stedebouw in Amsterdam is vanaf het ontstaan nooit iets anders
geweest dan het uitbreiden en verbeteren van mogelijkheden om te wonen,
te werken, zich te verplaatsen en te recreëren.

Projecten

Marlies Buurman

Projects

De Ring is Rond.
Uitgave van de Kamers van
Koophandel en Fabrieken
in Noord-Holland en Rijkswaterstaat ter gelegenheid
van de voltooiing van de
ringweg A10 in 1990.

De Ring is Rond.
Publication of the North
Holland Chambers of
Commerce and the State
Department of Roads and
Waterways on the occasion
of the completion of the
A10 ring road in 1990.

DE RING IS ROND

Speciale uitgave ter gelegenheid van de
officiële opening van de Ringweg A10
om Amsterdam, gerealiseerd door de
Samenwerkende Kamers van Koophandel
en Fabrieken in Noord-Holland in
samenwerking met de Rijkswaterstaat.

Bijlage informatiekrant
september 1990

En verder o.a.:

De Zeeburgertunnel

AMSTERDAM HEEFT ZIJN RINGWEG

Na 55 jaar van plannen maken heeft Amsterd
vanaf september 1990 een Ringwe
Op 21 september geven minister Maij-Weggen van Verkeer en Waterstaat en burgemee
van Thijn van Amsterdam gezamenlijk het startschot voor de feestelijke openstel
Het gereedkomen van dit enorme bouwproject betekent een belangrijke verbetering in
bereikbaarheid van de hoofds
Vanaf 28 september verdwijnt het doorgaand verkeer, met name in de oostelijke
noordelijke delen van de stad, grotendeels uit de stadswijken en kan sneller doorstrom
Wat de gevolgen zijn van het gereedkomen van de weg, hoe de weg eruit ziet en hoe
werk tot stand is gekomen, leest u in deze Ringweg-spec
Goede r

MINISTER MAIJ-WEGGEN:

Bereikbaarheidsproblemen
Randstad langs meerdere
fronten aanpakken

Op 21 september 1990 opent de minister
Verkeer en Waterstaat de Ring rond Amsterdam
redaktie van deze krant legde haar een aa
vragen voor die gaan over de bereikbaarheid
Noord-Holland en de Amsterdamse re

*Kan de minister aangeven welke rol Nederland als
voerregio zal moeten spelen binnen het Europa
der grenzen en wat er nog nodig is om die rol te
nen vervullen?*

Een aantal belangrijke verkeersaders van Europa loopt
Nederland. Transport en distributie zijn daarom belang
economische sectoren in ons land. Ook vestigen veel
tenlandse ondernemingen zich in ons land. Deze fun
wil ik behouden èn versterken. Daarom is de bereikbaar
van de economische centra van ons land een belan
punt in het verkeer- en vervoerbeleid.
Op de eerste plaats moeten de belangrijkste toegangsp
ten - de Rotterdamse haven en Schiphol - kunnen bes
ken over goede weg-, water-, rail- en telematic
bindingen.
Ons verkeer- en vervoerbeleid zal effectiever worden,
neer andere landen in Europa - en dan vooral onze buu
den - een beleid voeren dat aansluit op ons beleid. Dar

'De Ring is Rond'

Ringweg A10

'The Ring Road is Complete'

'De Ring is Rond' was de trotse titel van een informatiekrant van de samenwerkende kamers van koophandel in Noord-Holland en Rijkswaterstaat, die in 1990 verscheen ter gelegenheid van de voltooiing van de Rijksweg A10. De Zeeburgertunnel, het laatste stuk van de ringweg, werd op 21 september van dat jaar feestelijk geopend door minister Maij-Weggen van Verkeer en Waterstaat, samen met burgemeester Van Thijn.

Er was duidelijk sprake van een mijlpaal. Na 55 jaar plannen en bouwen had de stad haar eigen ring, een autosnelweg met een lengte van 32 kilometer, met aansluitingen op vier andere snelwegen: de A8 bij knooppunt Coenplein, de A4 bij knooppunt De Nieuwe Meer, de A2 bij knooppunt Amstel en de A1 bij knooppunt Watergraafsmeer. Met zeventien op- en afritten lijkt de ring op een hart met een groot aantal kransslagaders en kransaders voor het regelen van de aan- en afvoer.

In het Algemeen Uitbreidingsplan (AUP, 1935) werd, voor het eerst in de stedebouwkundige planning, rekening gehouden met vergaarde kennis over de toenmalige en te verwachten verkeersstromen. Het autogebruik zou grote vormen aannemen.[1] In het AUP werd voor het eerst gesproken van een weg rondom de stad, die het verkeersnet in de stad moest ontlasten en moest zorgen voor een goede bereikbaarheid van de havens. Deze 'Ceintuurparkweg' bestond uit een verbinding langs de west- en de zuidkant van de stad, tussen het Westelijk Havengebied en de Berlagebrug over de Amstel. Het moest een brede 'stadsstraat' worden op maaiveldniveau met naast de autobaan een trambaan, fietspaden en een voetpad. De aanleg van deze stadsstraat zou beginnen in Amsterdam-West. Terwijl werd nagedacht over deze weg werd in

'De Ring is Rond' ('The ring road is complete') was the proud heading of an informational newsletter published jointly in 1990 by the North Holland Chambers of Commerce and the State Department of Roads and Waterways on the occasion of the completion of the A10 orbital motorway. The Zeeburger Tunnel, the final section of the ring road, was officially opened on 21 September of that year by the transport minister Maij-Weggen together with Amsterdam's mayor Van Thijn.

This was clearly a milestone. After 55 years of planning and building, the city now had its own ring road. A motorway 32 kilometres in length and with junctions with four other motorways: the A8 at Coenplein intersection, the A4 at De Nieuwe Meer intersection, the A2 at Amstel intersection and the A1 at Watergraafsmeer intersection. With seventeen slip roads, the A10 looks like a heart with a large number of coronary arteries for regulating access and egress.

In the General Extension Plan (AUP, 1935), for the first time in urban planning, data on existing and expected traffic flows was taken into account. An enormous increase in car use was anticipated.[1] In the AUP, a road around the city was mentioned for the first time. It was intended to relieve the traffic network in the city and to improve the accessibility of the docks. This 'Ceintuurparkweg' comprised a connection along the west and south side of the city, between the dock area Westelijk Havengebied and the bridge Berlagebrug over the Amstel. It was to be a wide 'urban street' at ground level, with a tramway, cycle paths and a footpath alongside the motorway. Construction was to begin in West Amsterdam.

While this road was still under consideration, in 1938 a motorway was built between The Hague

1938 een autoweg tussen Den Haag en Amsterdam aangelegd. Deze weg werd in het zuidwesten aangesloten op het Amsterdamse radiale stratennet en was van groot belang voor de bereikbaarheid van de stad. Daar bleef het voorlopig bij, want de oorlog onderbrak de groei van het verkeer. Na de oorlog nam het autobezit dusdanig toe dat de term 'massa-motorisering' werd uitgevonden. Inmiddels leek de stadsstraat uit het AUP niet meer voldoende om het verkeer op te vangen en maakte de gemeente plannen voor een echte ringweg. Intussen zag Rijkswaterstaat een oplossing voor de overbezette Hemveren in de aanleg van een tunnel met een aansluiting op deze westelijke tak. In 1966 werd de Coentunnel met twee dubbele rijstroken voor het verkeer geopend.

De welvaart in Nederland nam intussen steeds sneller toe. Het autobezit nam een grote vlucht en de auto veranderde van statussymbool tot massa-gebruiksgoed. Waar Nederland in 1950 nog 139.000 autobezitters telde, waren dat er in 1970 al 2.258.000. Om de toenemende mobiliteit in goede banen te leiden kwam de overheid in 1968 met een nieuw Rijkswegenplan, waarin ook de ringweg (A10) was opgenomen. Vanaf dat moment viel de weg onder de verantwoordelijkheid van Rijkswaterstaat en niet meer onder die van de gemeente. De kaart van het *Structuurschema Hoofdwegennet* (1966) van Rijkswaterstaat laat zien dat men niet meer uitging van de bestaande hart-op-hart-verbindingen tussen de steden, maar van stedelijke ringen of rondwegen die met elkaar zouden worden verbonden door een nationale superstructuur van wegen.[2]

Wat betreft de ringweg werd gekozen voor een 'stadsautosnelweg' waarop een maximumsnelheid van 90 km in plaats van 120 km per uur gold. Omdat de weg geen straten op hetzelfde niveau mocht kruisen en het plaatselijke verkeer zo min mogelijk mocht worden gehinderd, werd besloten om de ringweg op een dijklichaam te leggen. Alleen bij de westelijke tak week men daar vanaf. Hier werden de belangrijke radiaalwegen over de ringweg heengevoerd en kwamen de rijbanen van de ring laag te liggen. In 1975 was het westelijke gedeelte van de ring gereed en in 1978 de hele zuidelijke tak tot aan de Europaboulevard. In de jaren tachtig werd de bouw vertraagd door procedures rond de vormgeving van de Gooise Knoop, de Zeeburgeroeververbinding en het noordelijke gedeelte van de ring. Dat de voltooiing tot 1990 op zich liet wachten had ook te maken met de verslechterde economie.

and Amsterdam. This road was linked in the southwest to Amsterdam's radial road network and was of major importance for the city's accessibility. There were no further developments for the time being, because the war interrupted the growth in traffic. After the war, car ownership increased to such an extent that the term 'mass motorization' was coined. By now, it was clear that the urban street in the AUP would not be able to handle the volume of traffic and the city council drew up plans for a proper ring road. Meanwhile, the State Department of Roads and Waterways decided that the solution to the overloaded Hemveren (a ferry) would be to build a tunnel linked to this western section. In 1966, Coentunnel, with two dual-lane carriageways, was opened.

Meanwhile, the prosperity of the country was rapidly increasing. There was a dramatic rise in car ownership and the car changed from being a status symbol into a mass-produced consumer product. In 1950, the country had 139,000 car owners; in 1970 this figure had risen to 2,258,000. In order to cope with the increasing mobility, in 1968 the government presented a new national trunk road plan, which also included Amsterdam's ring road (A10). From that moment on, the road was the responsibility of the State Department of Roads and Waterways and no longer that of the city council. The department's map of *The Trunk road network structure plan* (1966) shows that the departure-point was no longer the existing centre to centre connections between cities, but rather urban ring roads or bypasses which would be interconnected by means of a national superstructure of roads.[2]

With regard to Amsterdam's ring road, it was decided that this should be an 'urban motorway' with a maximum speed limit of 90 km per hour instead of 120 km per hour. Because the road could not of course cross streets at the same level and local traffic was to be impeded as little as possible, it was also decided that, with the exception of the western section, it should be built on an embankment. In the western section, the major radial roads were carried over the ring road and the ring road's carriageways were constructed at a low level. This section of the ring road was completed in 1975 and the entire southern section up to Europaboulevard was completed in 1978. In the eighties, construction was delayed by procedures surrounding the design of Gooise Knoop, the Zeeburgeroeververbinding and the northern section of the ring road. That the road

43

Ring West en Ring Zuid (rechts), 1978 / Western Ring Road and the Southern Ring Road (on the right), 1978.

De Ring Noord gezien naar de Zeeburgertunnel, 2005 / The Northern Ring Road looking towards Zeeburger Tunnel, 2005.

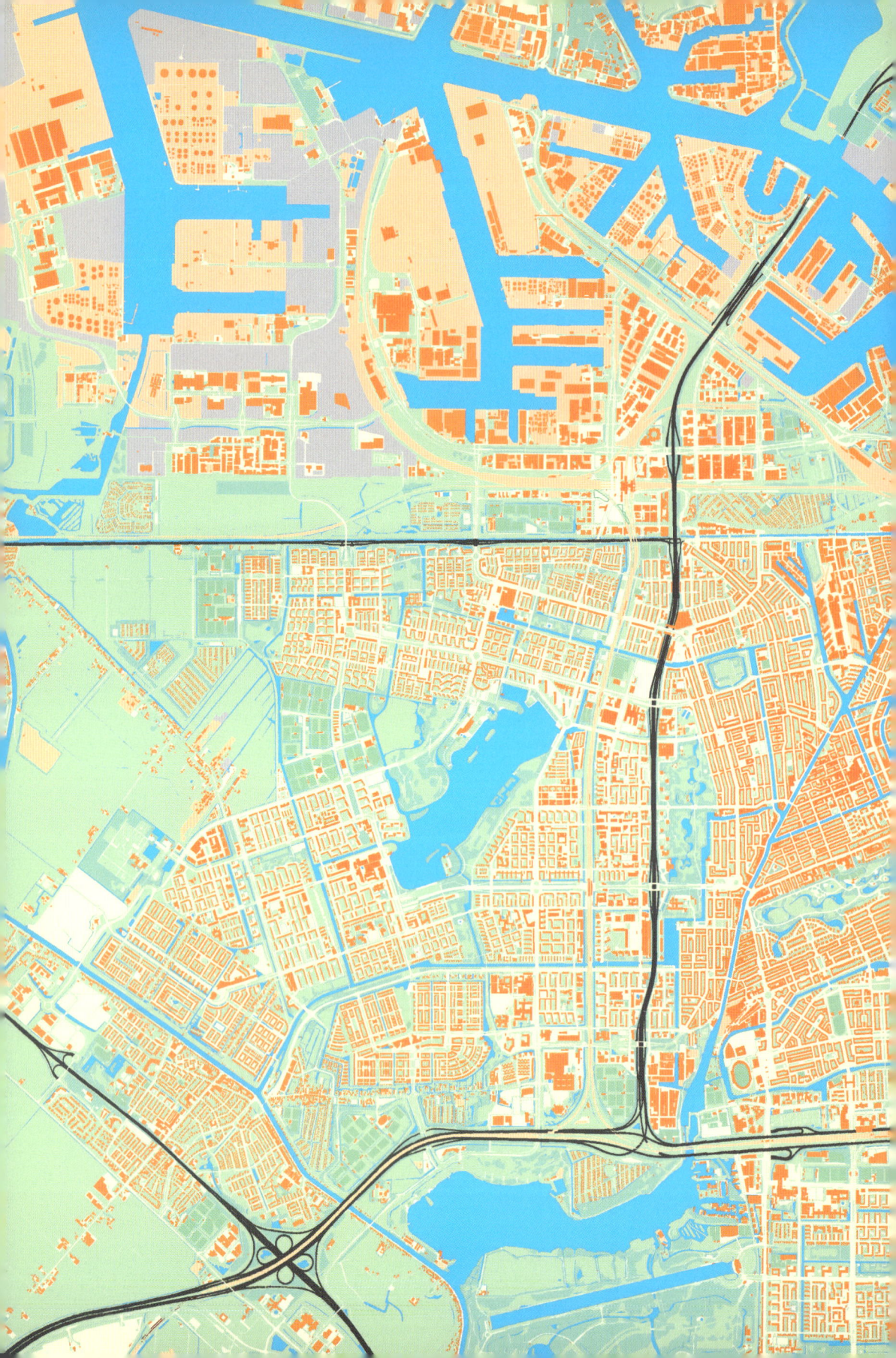

Toen het omvangrijke bouwproject was voltooid, betekende dit natuurlijk in de eerste plaats een belangrijke verbetering in de bereikbaarheid en ontsluiting van de hoofdstad. De druk op de radiale wegen werd verminderd en doorgaand verkeer hoefde niet langer door de stad. Een minstens net zo grote impact had het infrastructurele kunstwerk op de beleving van de stad: vanaf 1990 werd het mogelijk om een 'rondje ring' te rijden en vanaf dit wiel de stad 'inwaarts' te bereiken via de verschillende 'spaken' of juist de gebieden daarbuiten. Nu, vijftien jaar na de voltooiing, is de A10 als ontsluitingsweg niet meer toereikend en worden plannen gemaakt voor nieuwe, regionale wegen rondom de uitdijende stad. Verbindingen met Almere en de Haarlemmermeer staan hoog op de agenda. Er zijn plannen voor de voltooiing van de Zuidtangent en een verbinding tussen de A6 en A9 terwijl de nieuwe Westrandweg (A5) tussen Schiphol en de haven er al voor een deel ligt. Deze weg krijgt een aansluiting op een tweede Coentunnel en zal vooral de overbezette ring-west moeten ontlasten. Opvallend is hoe snel de ring is opgenomen in het stedelijk weefsel en hoe langer hoe meer wordt ingekapseld in nieuwe bebouwing. Grote kantoorconcentraties zijn zichtbaar bij Sloterdijk, de Lelylaan, de Amstel en langs de Zuidas (zie: Zuidas, p. 129). De behoefte om de ring te integreren of te overbruggen is vooral aanwezig in Amsterdam-west waar ook al letterlijk op de ring is gebouwd (zie: Bos en Lommerplein, p. 145). Wanneer de Westrandweg klaar is, zal op de westelijke ring de maximumsnelheid verlaagd worden naar 80 km per uur. En is dan niet sprake van een stadsboulevard à la het voorstel in het AUP?

wasn't completed until 1990 also had to do with the economic downturn.
The completion of the large-scale project meant first and foremost of course a major improvement in the capital's accessibility and access system. Pressure on the radial roads had been eased and through traffic could now bypass the city. The infrastructural work had at least as big an impact on the experience of the city: you could now drive around the ring road and reach the city, or the areas outside the city, from this wheel via the various 'spokes'. Today, fifteen years after its completion, as an access road the A10 is no longer adequate and plans are being drawn up for new, regional roads around the expanding city. Connections with Almere and Haarlemmermeer are high on the agenda. There are plans for the completion of the South Tangent and a connection between the A6 and the A9, while part of the new Westrandweg (A5) between Schiphol and the port has already been built. This road will be linked to a second Coentunnel and is designed to relieve the overloaded western ring road.
It is striking how quickly the ring road has been incorporated in the urban fabric and is gradually being hemmed in by new development. Large office clusters are visible near Sloterdijk, Lelylaan, Amstel and along the Zuidas (see: Zuidas, p. 129). In West Amsterdam in particular, where the ring road has already been built over (see: Bos en Lommerplein, p. 145), there is a need to integrate or bridge the road. When Westrandweg is complete, the maximum speed on the western ring road will be reduced to 80 km per hour. And is this then not an urban boulevard à la the suggestion in the AUP?

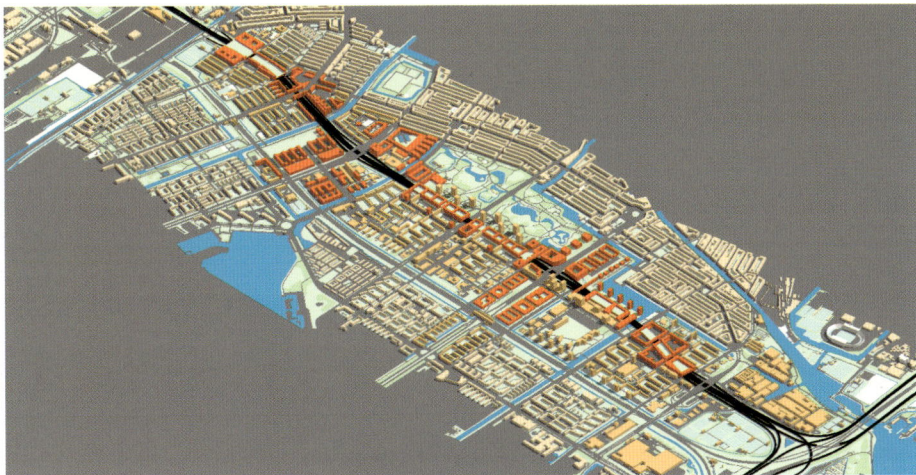

De Ring West: een model
voor bebouwing over en
direct langs de A10
(DRO, 2000).

De Ring West.

The Western Ring Road:
a model for development
over and directly along
the A10 (DRO, 2000).

The Western Ring Road.

Noten

1. Om aan te geven hoeveel er is veranderd: in 1940 reden er 40.000 auto's in Nederland, dat waren er circa 6,8 miljoen in 2001. De verwachting is dat dit aantal zal groeien naar 8 miljoen in het jaar 2010.

2. De kaart van het *Structuurschema Hoofdwegennet* (1966) van Rijkswaterstaat (onderdeel van de *Tweede Nota Ruimtelijke Ordening*) laat een netwerk zien dat in het toen nog magische jaar 2000 gereed moest zijn. Het kwam neer op een raster van autobanen. In plaats van het telkens verbreden van de bestaande hart-op-hart-verbindingen tussen de steden, moest er een nieuw netwerk van kaarsrechte snelwegen komen. Vooral door de inspraakmode van die jaren, het verzet van provo's en kabouters, het Rapport van de Club van Rome (1972) en de oliecrisis van 1973 kwam er weinig van terecht. Het plan is niet uitgevoerd, veel wegen werden geschrapt, vooral door het kabinet-Den Uyl (1973-77).

Literatuur/Literature

Ministerie van Verkeer en Waterstaat, *De Ringweg van Amsterdam: een weg apart*, 1976.

H. Hellinga, W. Duyff et.al, *Algemeen Uitbreidingsplan Amsterdam 50 jaar. 1935/1985*, Amsterdamse Raad voor de Stedebouw, Amsterdam, 1985.

Franklin Delano van der Hoeven, *RingRing: ondergronds bouwen voor meervoudig ruimtegebruik boven en langs de Ring in Rotterdam en in Amsterdam*, 2001.

Notes

1. In 1940 there were 40,000 cars in the Netherlands, in 2001 approximately 6.8 million. This is expected to increase to 8 million in 2010.

2. The map of the *Trunk road network structure plan* of 1966 (part of the *Second Report on Spatial Planning*) shows a network which was scheduled for completion in 2000. It was essentially a grid of motorways. Instead of widening the existing centre to centre connections between cities, there was to be a new network of straight motorways. Because of the vogue for public involvement in that period, protests by Provos and Kabouters, the Report of the Club of Rome (1972) and the oil crisis of 1973, the plan was never realized and many road schemes were scrapped, mainly by the Den Uyl government (1973-77).

Van vervoersknoop
tot kantoorlocatie
Teleport
From transport node
to office location

De kantoorlocatie Teleport ligt ten westen van de ringweg A10, grotendeels ingeklemd tussen de Haarlemmerweg en de Basisweg. Station Sloterdijk ligt in het midden en vormt een belangrijk infrastructureel knooppunt tussen Westpoort (de havens) en Schiphol. Al in het Structuurplan van 1974 kreeg het gunstig gelegen gebied de functie 'werken' toebedeeld.[3] Vanaf dat moment verrezen in de nog groene ruimte enkele kantoorgebouwen, zonder dat er een duidelijke visie op het gebied bestond. Door de bouw van het kruisstation in de jaren tachtig ontstond een ruimtelijke opdeling in kwadranten. De verhoogde spoorviaducten doorkruisten het gebied dat van meet af aan een verbrokkelde indruk maakte.

In 1984 startte de gemeente Amsterdam een samenwerkingsverband met marktpartijen om rondom Station Sloterdijk 'een zakencentrum van hoge kwaliteit' te realiseren voor bedrijven die zich met informatie- en telecommunicatie bezighouden. Er werd een plan gemaakt waarbij tachtig procent van de bebouwing zou bestaan uit kantoren, vijftien procent uit 'kantoorachtige bedrijven' en vijf procent uit voorzieningen. De aanvankelijk geplande woningbouw werd vanwege geluids- en milieuhinder geschrapt. De bebouwing moest volgens een plan van OD 205 gerealiseerd worden op een ruitvormig grondplan. Straten en pleinen zouden zoveel mogelijk worden begrensd door gevels, hagen of bomen, zodat duidelijke straatwanden zouden ontstaan en daarmee een stedelijk karakter. Ook de oriëntatie en de sociale veiligheid zouden hierbij gebaat zijn. De voorzieningen zouden vooral worden geconcentreerd op het verhoogde Orlyplein, voor de entree van het station. Hier kwamen ook het bus- en tramstation te liggen. Ter bevordering van de bouw

The office location Teleport is situated to the west of the A10 ring road and is largely sandwiched between Haarlemmerweg and Basisweg. Sloterdijk Station lies in the middle and forms an important infrastructural node between Westpoort (the docks) and Schiphol. Already in the Structure Plan of 1974, the favourably situated location had been earmarked for a 'work' function.[3] A number of office buildings were subsequently erected in the green space, although there was as yet no clear vision for the site. In the eighties, the construction of the junction station gave rise to a spatial division in quadrants. The railway viaducts intersected the area, which made a fragmented impression.

In 1984, Amsterdam city council set up a partnership with private enterprise in order to realize a 'high-quality business district' around Sloterdijk Station for information technology and telecommunications companies. A scheme was drawn up in which eighty per cent of the development was to consist of offices, fifteen per cent 'office-like companies' and five per cent facilities. A residential component had also initially been planned, but was scrapped because of noise and environmental pollution. In accordance with a scheme by OD 205, the development was to be realized on a rhomboidal ground plan. Wherever possible, streets and squares were to be bounded by facades, hedges or trees, as this would give rise to clear street frontages and thus an urban character. It would also benefit orientation and public security. Facilities would be concentrated in the raised square Orlyplein, in front of the station entrance. A bus and tram station was also to be located here. A bonus system was introduced with the aim of stimulating development. For certain plots, there was a reduction in the land price provided that a larger

werd een bonussysteem ingesteld. Voor bepaalde kavels gold een korting op de grondprijs, mits een groter bouwvolume werd gerealiseerd dan minimaal was voorgeschreven. De verwachtingen waren optimistisch; tussen 1992 en 2005 zou gemiddeld 40.000 m² per jaar worden opgeleverd, in 2005 zou het gebied gereed zijn en zouden er zo'n 24.000 mensen werken. Het optimisme van de betrokkenen werd onder meer weerspiegeld in de plannen voor een 210 meter hoge toren voor Larmag Investments. Het in 1988 vastgestelde stedebouwkundig programma van eisen (SPvE) werd snel ingehaald door uitbreidingsplannen van de Nederlandse Spoorwegen. Van overheidswege werd het autoverkeer van en naar kantoorgebieden geremd en het treinverkeer gestimuleerd. Station Sloterdijk zou moeten uitgroeien tot het vijfde station van Nederland. In afwachting van deze groei en de veranderingen die dit met zich mee zou brengen, werden voor de gebieden rondom Station Sloterdijk incidentele oplossingen bedacht en werden voor de inrichting van het Orlyplein diverse varianten bedacht. Uit onvrede met de zo ontstane verdeeldheid van het gebied, werd in opdracht van de Projectontwikkelingsgroep Amsterdam Teleport door DRO een nieuw plan gepresenteerd waarin vooral het centrumgebied werd gewijzigd. Er werd rekening gehouden met de aanleg van de Hemboog, een directe spoorverbinding tussen Schiphol en Zaandam ten westen van het station, en met de ringsneltram aan de oostzijde van de spoorlijnen. In het plan van DRO werd voorgesteld om het centrumgebied het hoogst en het dichtst te bebouwen. De bebouwing aan de zuid- en westrand kreeg een meer open structuur, met lagere bebouwing en veel groen, om zo een goede overgang naar het stadsdeel Slotermeer en de sportvelden aan de overzijde van de Haarlemmerweg te maken. Voor het Orlyplein werd een nieuwe opzet bedacht met een rechthoekige begrenzing, en vier hoge torens aan de westwand die het centrum zouden markeren. De sporen zouden worden overbouwd.

In de praktijk liep het anders. Een aantal zaken haalde de vaart uit de plannen. Keer op keer moesten de plannen worden aangepast, onder andere aan ingrijpende infrastructurele veranderingen rondom het station. Ook speelde een rol dat de regiefunctie, anders dan gebruikelijk, bij het Grondbedrijf lag en niet bij DRO. Het Grondbedrijf trof een aantal uitgiftebevorderende maatregelen waardoor de randen van Teleport eerder werden bebouwd dan het centrum. Dit maakte de onover-

building volume was realized than the minimum prescribed. Expectations were high; between 1992 and 2005, an average of 40,000 m² was to be completed each year, the area would be completed in 2005 and 24,000 people would work there. The optimism of those involved was reflected in, among other things, plans for a 210 metre-high tower for Larmag Investments.

The urban design programme of requirements laid down in 1988 was soon overtaken by Dutch Rail's expansion plans. Government policy was aimed at reducing car traffic to and from office locations and at promoting rail traffic. Sloterdijk Station was to expand and become the fifth busiest station in the country. Pending this growth and the changes it would bring with it, incidental solutions were devised for the area around the station and a number of variants were devised for the organization of Orlyplein. Out of dissatisfaction with the way the area was now divided up, the property development group Amsterdam Teleport commissioned the city's planning department to draw up a new plan. The department presented a scheme in which the centre area in particular had been modified and which took account of the construction of Hemboog, a direct rail link between Schiphol and Zaandam to the west of the station, and of the high-speed tram line on the east side of the railway lines. The planning department's scheme proposed that the centre area would have the tallest and the highest-density development. The development on the south and west edges was to have a more open structure, with lower buildings and an abundance of green space, with the aim of creating a smooth transition to the district of Slotermeer and the sports fields on the other side of Haarlemmerweg. For Orlyplein, a new scheme was devised with a rectangular boundary and four tall towers on the west wall which would mark the centre. The railway lines were to be bridged over. However, things did not go according to plan. Delays occurred. Time and again, the plans had to be modified, for example, because of radical infrastructural alterations around the station. Another contributory factor was that, in a break with customary practice, the city development department, and not the planning department, orchestrated the project. The development department took a number of measures designed to promote the sale of land, as a result of which the edges of Teleport were developed before the centre. This did little to improve the organization of the area. It gave rise to a location which was in itself

Station Sloterdijk en omgeving, jaren tachtig /
Sloterdijk Station and environs, 1980s.

Station Sloterdijk 2005 /
Sloterdijk Station 2005.

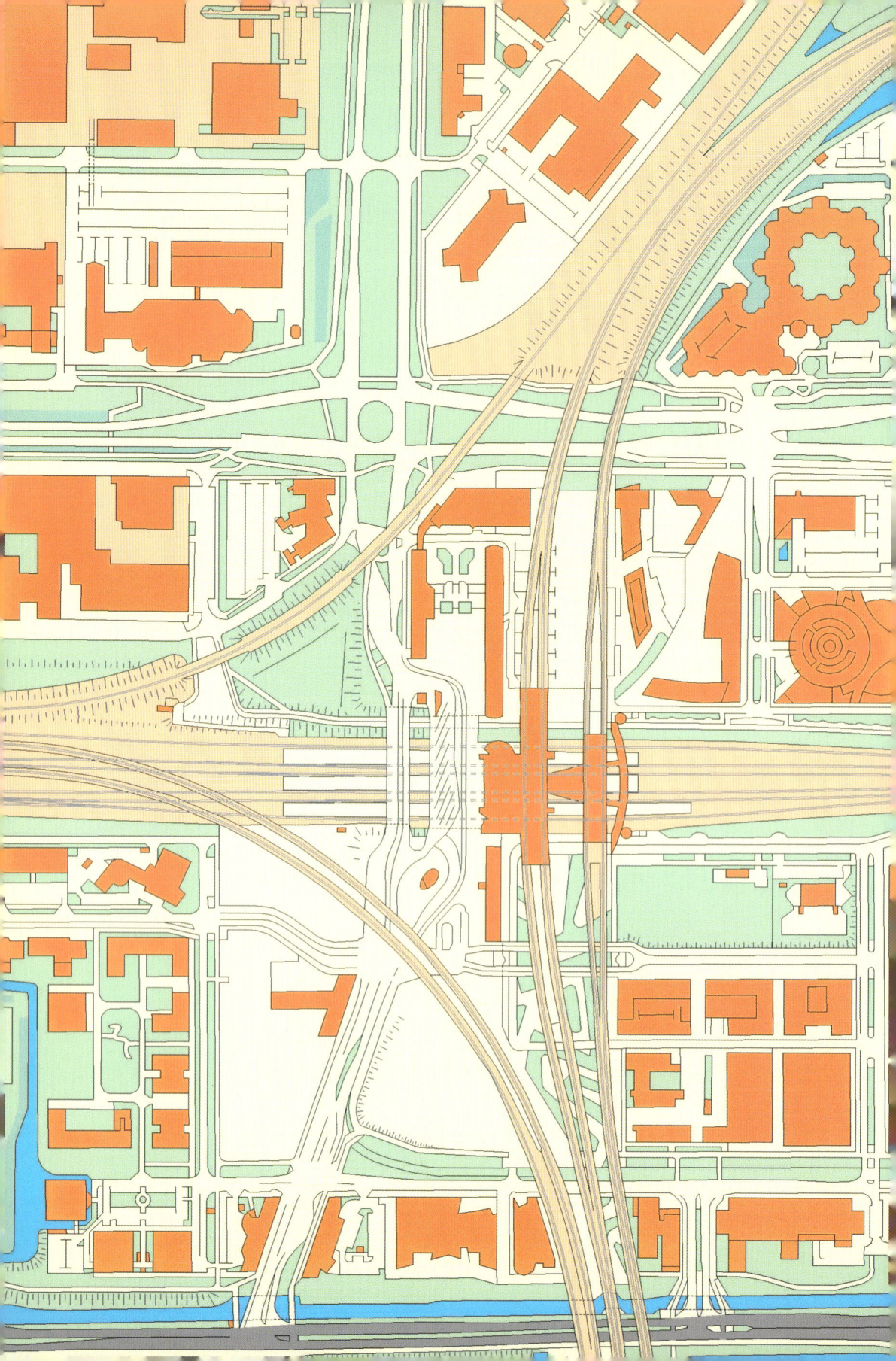

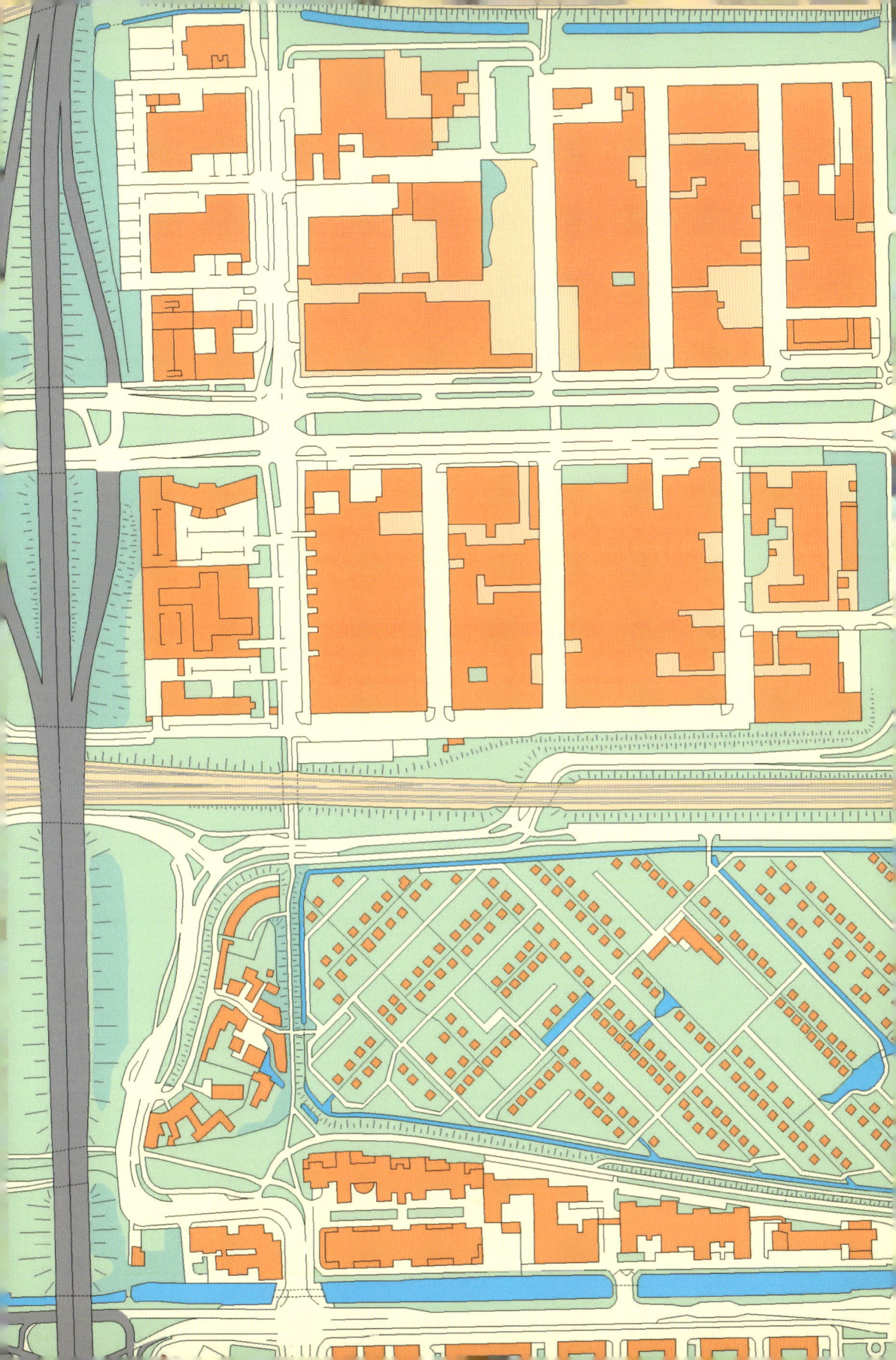

zichtelijkheid van het gebied er niet minder op. Zo ontstond een gebied, dat op zich aantrekkelijk was voor bedrijven, maar volstrekt geen aansluiting had op de stad of op het stedelijk leven.

In 2000 presenteerde DRO samen met Felix Claus (vervolgens supervisor van het gebied) een probleemanalyse en in 2001 de *Visie Amsterdam Teleport* waarin oplossingen werden aangedragen voor de gesignaleerde knelpunten. Een van de knelpunten was het Orlyplein dat zowel stedebouwkundig als verkeerstechnisch verbeterd kon worden. Ook het station zelf bood meer mogelijkheden volgens DRO. Het gebied als geheel was te eenzijdig en miste levendigheid. In de *Visie Teleport* is onderscheid gemaakt tussen verschillende stedebouwkundige lagen: de vervoersknoop, de ruimte onder de vervoersknoop, de randen van het gebied, de ontsluitingsstructuur en het groen. Op basis hiervan zijn wijzigingen voorgesteld die de komende jaren worden uitgevoerd. Meest ingrijpende zijn de verplaatsing van het tram- en busstation en de bebouwing van het hierdoor voor bebouwing vrijkomende Orlyplein. De bussen en trams krijgen een station op het Carascoplein, op de nu nog ongebruikte ruimte onder de spoorviaducten. Het nieuwe Hemboogstation komt in de zuidwesthoek van het Orlyplein. Voor het plein is een verkaveling in de vorm van een raster voorgesteld, voortbordurend op de bestaande verkaveling in het gebied. Compacte blokken met een gemiddelde bouwhoogte van 35 meter zullen het gebied rond het station bepalen. De buitenste randen van het grid moeten wanden vormen, met de gebouwen verplicht in de rooilijn. Als antwoord op de behoefte aan meer voorzieningen komen onder de sporen units voor startende ondernemers, kleine praktijken of kunstenaars.

Teleport is een goed voorbeeld van een subcentrum van een stad die zich ontwikkelt tot een meerkernige stad. Aan de ontwikkeling van het gebied is goed te zien hoe de stedebouw wordt bepaald door infrastructurele en economische ontwikkelingen. Nu het plan uit de *Visie Teleport* in gang is gezet, zal moeten blijken of het gaat lukken om van een goed bereikbaar bedrijventerrein ook een levendig stadsdeel te maken. Tot die tijd staat Teleport symbool voor de toegenomen belangstelling in de afgelopen decennia voor de inrichting van bedrijventerreinen, voor de verlevendiging van dit soort locaties door functiemenging.

attractive for companies, but which had no connection with the city or with urban life.

In 2000, together with Felix Claus (who later became supervisor of the entire project), the city's planning department presented a problem analysis and in 2001 the report *Visie Amsterdam Teleport*, in which solutions were proposed for the problem areas identified in the analysis. One such area was Orlyplein, which, according to the planning department, could be improved both urbanistically and as regards traffic management. In addition, the station itself had greater possibilities. The area as a whole was too monofunctional and lacked vibrancy.
The report distinguished various urbanistic levels: the transport node, the space underneath the transport node, the edges of the area, the access structure and the green space. On the basis of this, alterations were proposed which are to be implemented in the coming years. The most radical alterations are the relocation of the tram and bus station and the development of the freed up Orlyplein. A station for buses and trams is to be built in Carascoplein, in the vacant space underneath the railway viaducts. The new Hemboog station will be situated in the southwest corner of Orlyplein. A grid-shaped layout has been proposed for the square, as a continuation of the existing plot layout in the area. Compact blocks with an average building height of 35 metres will determine the area around the station. The outer edges of the grid are to form sturdy walls, with the buildings compulsorily in the building line. The space underneath the railway lines is to be developed. There are to be low units for new businesses, small offices or artists. As in previous reports on Teleport, emphasis is placed on the importance of creating additional facilities in order make the area more vibrant.

Teleport is a good example of a sub-centre of a city which is developing into a multi-centred city. The area's development shows how urbanism is determined by infrastructural and economic developments. Now that the scheme in *Visie Teleport* is underway, it remains to be seen whether it will be possible to turn a well-accessed business park into a vibrant city district. Meanwhile, Teleport symbolizes the increased interest in recent decades in the design of business parks and in injecting vibrancy in this type of location by, for example, creating a mix of functions.

Bestemmingsplan Teleport,
jaren '80.

Voorgestelde verkaveling
in de *Visie Amsterdam
Teleport*.

Toekomstbeeld volgens de
Visie Amsterdam Teleport.

Land use plan Teleport,
1980s.

Proposed site layout in *Visie
Amsterdam Teleport*.

Future image according to
Visie Amsterdam Teleport.

Teleport, 2004.

Noten

   3. De gemeente stimuleerde
het vestigingsklimaat voor
bedrijven buiten het centrum.
Andere 'nevencentra' werden
aangewezen aan de zuidelijke
ringweg (later uitgegroeid
tot de 'Zuidas'), rond Station
Lelylaan, bij de Amstel (de
Omval) Amstel I, II en III. Hierbij speelde de ontwikkeling
van het openbaar vervoer een
cruciale rol.

Literatuur/Literature

Maarten Kloos, Onno
  Vlaanderen, *Boomtown
  Amsterdam. Ontwerpen
  om de stad*, ARCAM/
  Meulenhoff/Landshoff,
  Amsterdam, 1988.
Harm Hermant, 'Amsterdam
  Teleport is volop in ontwik-
  keling', *DRO Publikaties*
  nr. 6, 1993.
Dienst Ruimtelijke Ordening,
  Claus en Kaan Architecten,
  *Stedenbouwkundig plan
  Amsterdam Teleport*,
  Amsterdam, 2000.
Visie Amsterdam Teleport,
  Dienst Ruimtelijke Ordening
  Amsterdam, maart 2001.
Allyson Mannsur, Pascal
  Wauben, 'Het hart van
  Teleport', *Plan Amsterdam*,
  DRO Amsterdam,
  februari 2002.

Notes

   3. The council encouraged
companies to locate outside
the centre. Other designated
'sub-centres' were on the
southern ring road (which
later developed into the
'Zuidas'), around Lelylaan
Station, near the Amstel (de
Omval), Amstel I, II and III.
he development of public
transport played a crucial role
in this.

Van werken naar woon-werken

De Omval

From working to living-working

Het gebied 'De Omval' ligt ten zuiden van het Amstel-station, op een stuk land dat voor een groot deel buiten de ringdijk van de Watergraafsmeer ligt en als een landtong de Amstel insteekt. Het is een markant punt in de bocht van de Amstel, daar waar het landschappelijke karakter van de rivier overgaat in de stad. Vroeger werd het gebied doorsneden door de Weespertrekvaart waardoor het werd opgedeeld in twee stukken. Rond 1900 veranderde de landelijke plek in een industriegebied met onder andere cacaofabriek Blooker, zeep- en parfumfabrikant Maschmeijer Aromatics en een emmertjesfabrikant. De enclave in de stad kreeg te maken met grote veranderingen met de bouw van het Amstel-station in 1938 en later in de jaren zestig met de bouw van een aantal grootschalige kantoorgebouwen in de nabijheid: aan de Wibautstraat, de Gooiseweg en de Weespertrekvaart en aan het Prins Bernhardplein, voor het station.[4] In 1974 werd De Omval als een van de 'nevencentra' van de stad aangewezen. Het gebied werd goed aangesloten op diverse lokale en regionale verkeersnetwerken (de spoorlijn richting Utrecht en op tram-, bus- en metrolijnen). Verder kreeg het gebied een goede aansluiting op de snelweg A1 richting het Gooi, de A2 richting Utrecht en de ringweg A10.

In de jaren tachtig werden door de ontwikkelaars Sedijko en Delta Lloyd nieuwe plannen voor De Omval gesmeed. Het stedebouwkundig plan werd gemaakt door ZZOP en werd in de publiekprivate sfeer uitgevoerd. Hiertoe sloten de gemeente en ontwikkelaars een exploitatieovereenkomst. Een werkgroep werd samengesteld waarin ook vertegenwoordigers van het stadsdeel werden opgenomen. De gemeente stelde een aantal programmatische en organisatorische eisen aan het plan.

The area 'De Omval' is situated to the south of Amstel Station, on a tract of land which lies largely outside the ring dike encircling Watergraafsmeer and which juts into the Amstel like a peninsula. It is a striking point in the bend of the Amstel, there where the landscape character of the river merges with the city. The area used to be bisected by the canal Weespertrekvaart, as a result of which it was divided into two parts. Around 1900, this rural spot was transformed into an industrial estate with, among other things, the cocoa factory Blooker, soap and perfume manufacturer Maschmeijer Aromatics and a bucket factory. The enclave in the city underwent major changes with the construction of Amstel Station in 1938 and, in the sixties, the construction of a number of large-scale office buildings in the vicinity: on Wibautstraat, Gooiseweg and Weespertrekvaart and in Prins Bernhardplein, the square in front of the station.[4] In 1974, De Omval was designated one of the city's 'sub-centres'. The area was linked up to various local and regional traffic networks; the railway to Utrecht, tram, bus and metro lines, as well as the A1 motorway to the Gooi, the A2 to Utrecht and the A10 ring road.

In the eighties, the developers Sedijko and Delta Lloyd presented new plans for De Omval. The urban design scheme was drawn up by ZZOP and it was to be realized as a public-private project. To this end, Amsterdam city council and the developers entered into a development agreement. A working group was set up which included representatives of the district council. The city council stipulated a number of programmatic and organizational requirements. For example, Weespertrekvaart was to be filled in and the ground

Zo moest de Weespertrekvaart worden gedempt en moest de grond worden gesaneerd. Er zou ongeveer 78.000 m² kantoorruimte moeten worden gerealiseerd, ondergebracht in drie hoge, slanke torens, en ongeveer 400 woningen waarvan 200 in de vrije sector en 200 in de premiesfeer. Wat betreft het verkeer zou een duidelijke, organisatorische scheiding moeten worden aangebracht tussen de woningen en de kantoren. De openbare ruimte aan de Amsteloever zou een stedelijk karakter moeten krijgen. Met al deze ingrepen zou het meest westelijke deel van het gebied, de Goudriaanbuurt, uit zijn isolement gehaald moeten worden.

Het plan van ZZOP voorzag in 402 woningen, circa 80.000 m² kantoorruimte en ruim 1.000 m² publieksfuncties. Ruimtelijk werd het gebied opgedeeld in een kantoor- en een woongebied. De drie kantoortorens, in hoogte variërend van 95 tot 135 meter, werden gebouwd rondom een plein, dicht tegen het stationsgebied aan en tussen de al bestaande Postbank en het kantoorgebouw van Delta Lloyd. De torens werden zo gegroepeerd dat tussen de gebouwen ruimte overbleef voor zichtlijnen richting het water. Door de onderlinge afstand en de hoogteverschillen is het mogelijk de torens van verre van elkaar te onderscheiden. Samenhang werd gecreëerd door alle torens op een enkele verdiepingen hoge plint te zetten en alle torens van een luifel te voorzien. Veel aandacht werd besteed aan de openbare ruimte en de verlichting tussen de torens. Tussen de torens en de Amstel, aan de Amstelzijde, is het woongebied gesitueerd, bestaande uit bouwblokken die in de richting van het water successievelijk in hoogte aflopen, van tien naar zes lagen. Er kwamen een hoog U-vormig appartementengebouw en vier cilindervormige stadsvilla's aan de waterkant, met ieder 26 appartementen verdeeld over zes lagen. Het gebied langs het water kreeg een parkachtige inrichting.
Het kantoor- en het woongebied kregen ieder een eigen verkeersontsluiting. Het kantoorgebied werd aangesloten op de Spaklerweg via welke de ondergrondse parkeergarages rechtstreeks te bereiken zijn. Het woongebied werd vanaf de Mr. Treublaan toegankelijk gemaakt door de Weesperzijde in deze richting door te trekken. Het gebied wordt diagonaal doorsneden door een fietspad op de voormalige plek van de Weespertrekvaart. Dit stuit in het kantoorgebied op een gehandhaafde villa, vroeger horend bij de voor het overige afgebroken cacaofabriek. Haaks op de Amstel bevindt zich een

decontaminated. The brief also called for approximately 78,000 m² of office space, housed in three tall, slender towers, and some 400 dwellings, with 200 in the market sector and 200 in the subsidized sector. With regard to traffic, there was to be a clear organizational separation between the housing and the offices. The public space on the banks of the Amstel would be given an urban character. As a result of all these interventions, the westernmost part of the area, the Goudriaan district, would no longer be isolated.

The scheme by ZZOP provided for 402 dwellings, approximately 80,000 m² of office space and some 1,000 m² of public functions. Spatially, the area was divided into an office zone and a residential zone. The three office towers, which range in height from 95 to 135 metres, were built around a square, adjacent to the station area and between the existing Postbank and the Delta Lloyd office building. The towers were so grouped as to leave space between the buildings for sight lines in the direction of the water. Because of the distance between the towers and their different heights, it is possible to distinguish between them from far away. Unity was created by placing the towers on a slab base several storeys high and by providing them with a canopy. Considerable attention was paid to the public space and the lighting between the towers.
The residential zone is situated between the towers and the Amstel, on the Amstel side. It comprises blocks which descend in height, from ten to six storeys, in the direction of the water. A tall U-shaped apartment building and four cylindrical urban villas, each with 26 apartments distributed over six storeys, were built on the waterside. The area next to the water was landscaped into a park-like setting. The office zone and the residential zone were given separate access systems. The office zone was linked to Spaklerweg, which gives direct access to the underground parking garages. The residential zone was made accessible from Mr. Treublaan by extending Weesperzijde in this direction. The area is diagonally bisected by a cycle path on the site of the former Weespertrekvaart. In the office zone, this leads to a retained villa, which used to belong to the demolished cocoa factory. At right angles to the Amstel is the second major axis in the scheme: a 40 metre-wide car-free avenue which has been constructed as a connecting element between the office towers and the residential zone on the Amstel waterfront.

De Omval, 1939.   De Omval, 2004.

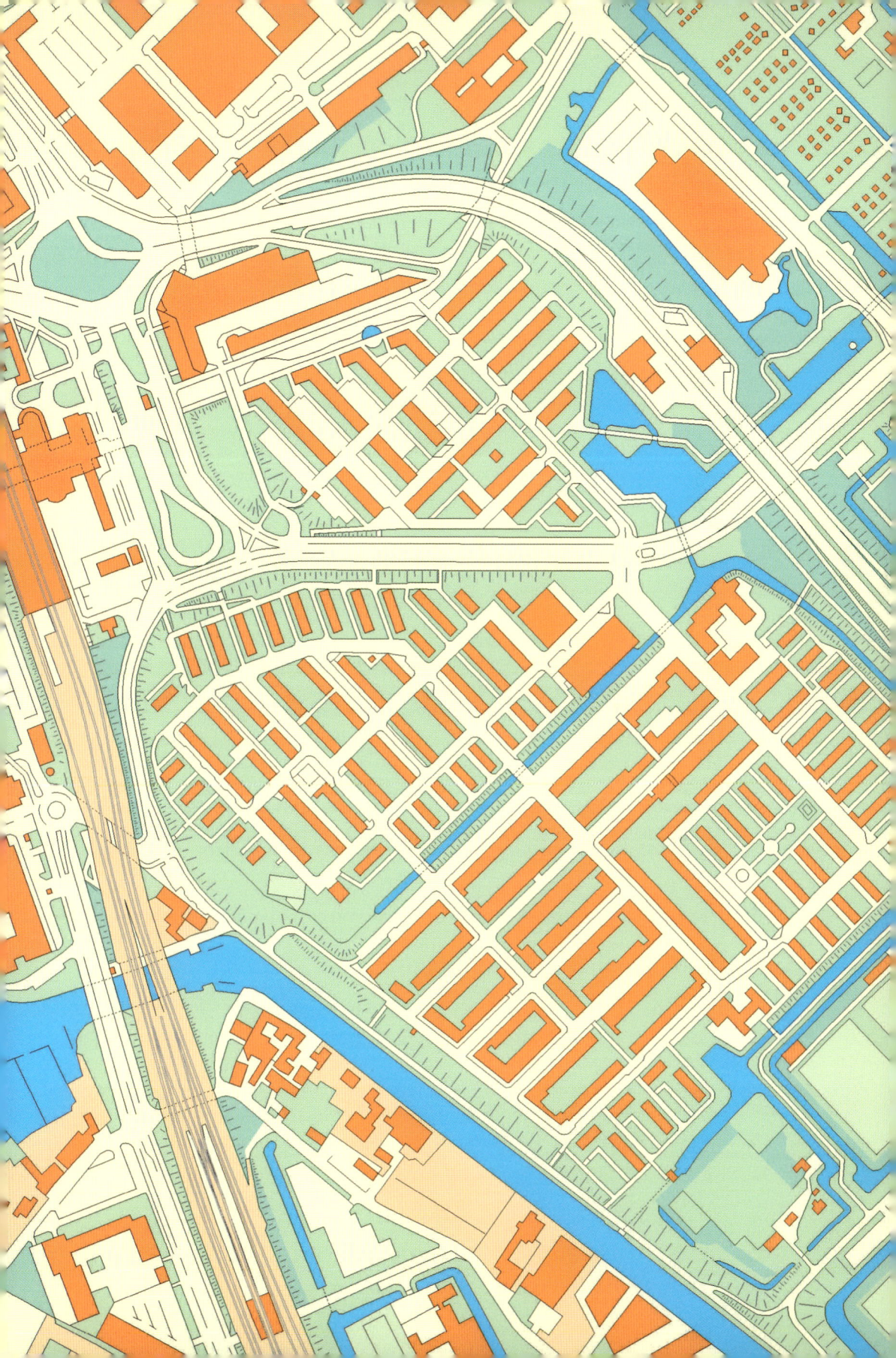

tweede belangrijke as in het plan: een 40 meter brede autovrije laan die als een verbindend element tussen de kantoortorens en het woongebied aan de Amsteloever is aangelegd.

Van het plan van ZZOP werd de 'Amstelhoek', later de Rembrandt-toren genoemd, als eerste gebouwd (1995). Deze 135 meter hoge toren kwam merkwaardig genoeg zonder veel publieke weerstand tot stand en vormt tot op de dag van vandaag de hoogste toren van de stad.[5] In 2002 werd de Breitner-toren opgeleverd en in 2001 maakte de oplevering van de Mondriaan-toren de drie-eenheid gereed. Hiermee had Amsterdam haar eerste echte hoogbouwgebied gekregen en werd de weg vrijgemaakt voor hoogbouwontwikkelingen op andere locaties in de stad. Ook werden met de herinrichting van De Omval de eerste stappen gezet in de richting van het creëren van 'woonwerkgebieden' zoals dat later, op grotere schaal, ook bij de Zuidas zou gebeuren.

Bijzonder aan De Omval is dat het initiatief tot de ontwikkeling werd genomen door de grondeigenaren, Sedijko en Delta Lloyd, die grote kostenposten voor hun rekening namen waaronder die voor de bodemsanering, de demping van de vaart en de vernieuwing van de Amsteloever. Het plan dat ZZOP in hun opdracht ontwierp, wordt gekenmerkt door een simpele scheiding tussen het kantoor- en woningbouwgedeelte waardoor geluidsoverlast en parkeerdruk van het kantoorgebied konden worden geminimaliseerd. Hoewel de scheiding zijn voordelen heeft, is van een echte functiemenging nog geen sprake. De geplande voorzieningen zijn er tot op heden ook niet gekomen. De plint van de bebouwing grenzend aan het verbindende voetgangersgebied tussen beide zones had zich hier goed voor kunnen lenen. Aan de Amsteloever is het gebied echter behoorlijk verlevendigd: hier profiteren de bewoners van de urban villa's van het uitzicht over de Amstel en liggen de woonschepen net als voorheen aan de oever afgemeerd. Hier heeft Amsterdam er een stedelijke verblijfsfunctie bij gekregen. Misschien komt hier aan het water ook alsnog het ooit geplande restaurant?

The first part of the scheme by ZZOP to be built, in 1995, was 'Amstelhoek', which was later renamed the Rembrandt Tower. Remarkably enough, this 135 metre-high tower was realized without much public resistance and it is currently the city's tallest tower.[5] The Breitner Tower was finished in 2001 and the construction of the Mondriaan Tower in 2002 completed the trinity. This was Amsterdam's first real high-rise district and it opened the way for high-rise developments in other parts of the city. In addition, the reorganization of De Omval was a first step towards the creation of 'live-work areas', which was later to take place on a larger scale in the Zuidas.

What is unique about De Omval is that the initiative for its development was taken by the landowners, Sedijko and Delta Lloyd, who footed a large part of the total bill, including the cost of soil decontamination, the filling in of the waterway and the redevelopment of the Amstel waterfront. The scheme by ZZOP is characterized by a simple separation between the office and residential zones so that noise nuisance and parking problems caused by the offices could be minimized. Although this separation has its advantages, there is no real mix of functions here. The planned facilities have yet to be realized. The slab base adjacent to the connecting pedestrian area between the two zones would have been suitable for this. The Amstel waterfront has, however, been enlivened; here, the residents of the urban villas have a superb view over the Amstel and the houseboats are still moored along the riverside. Amsterdam has acquired a new urban space in which to linger. Perhaps the planned restaurant will be realized here one day?

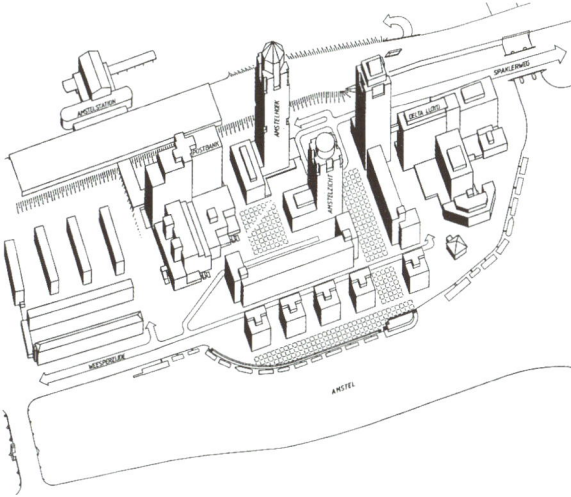

Planschets ZZOP, 1988.

De Omval, 2004.

Planning sketch ZZOP,
1988.

De Omval, 2004.

De Omval, 2004.

Noten

4. In de jaren zestig werden plannen gemaakt om het gebied aan te pakken. Er werd een weg geprojecteerd tussen de Amsteldijk en de Omval. Deze zou doorgetrokken worden richting de Hugo de Vrieslaan. De Amsteloever zou worden teruggelegd en het resterende gebied zou met kantoren worden ingericht. Deze grote verkeersdoorbraak werd echter uit de plannen geschrapt, de plannen voor kantoren bleven.

5. Zie voor meer informatie: Maarten Kloos, Birgitte de Maar, *Amsterdam's High-Rise*, ARCAM POCKET 8, 1994.

Literatuur/Literature

Peter Paul de Baar, 'Manhattan aan de Amstel', in: *Ons Amsterdam*, jg. 46, nr. 3.
Gemeentelijke Werkgroep Omval (fase 3), *Stedebouw-kundig plan Omval*, februari 1988.
Maarten Kloos, Birgitte de Maar, *Amsterdam's High-Rise*, ARCAM POCKET 8, 1994.

Notes

4. In the sixties, plans were made to deal with the area. A road was projected between Amsteldijk and De Omval. This was to be extended towards Hugo de Vrieslaan. The Amstel waterfront was to be reinstated and offices were to be built in the rest of the area. The plan for this major traffic route was scrapped, the plans for offices were retained.

5. See for further informa-tion: Maarten Kloos, Birgitte de Maar, *Amsterdam's High-Rise*, ARCAM POCKET 8, 1994.

De compacte stad

Nieuw Sloten

The compact city

65

Toen in 1986 de beslissing viel om de Olympische Spelen van 1992 in Barcelona te laten plaatsvinden en niet in Amsterdam, had dit grote gevolgen voor de stad. Het Olympisch dorp dat was gepland in het tuinbouwgebied tussen het dorp Sloten en de Westelijke Tuinsteden Slotervaart en Osdorp, kon nu in versneld tempo als een woningbouwlocatie voor inwoners van Amsterdam worden ontwikkeld. Dat kon Amsterdam goed gebruiken want de stad was in die tijd op zoek naar nieuwbouwlocaties binnen de gemeentegrenzen om het aantal inwoners dat naar ruime eengezinswoningen in overloopgemeenten, zoals Hoorn, Purmerend en Almere vertrok, terug te brengen.

De gunstige ligging, vlakbij de wegen A4 en A10 en bij Schiphol, en de nabijheid van water en recreatiemogelijkheden (onder andere aan de Sloterplas en Nieuwe Meer) maakten de locatie tot een ideale plek voor een nieuwe woonwijk, waarin het 'Compacte Stad-beleid' tot uitdrukking kon komen. Dit landelijk gepropageerde beleid was gericht op het verdichten en compact bebouwen van de binnenstad en de stadsranden, om verdere verstedelijking van groengebieden en de groei van het woon-werkverkeer tegen te gaan. De compacte bebouwing in Nieuw Sloten moest bovendien vooral bestaan uit doorzonwoningen in de duurdere marktsector. Dit om het vertrek van koopkrachtige inwoners uit de stad te voorkomen. Het plan was ambitieus en revolutionair want Amsterdam had sinds de jaren dertig bijna alleen maar goedkope sociale huurwoningen gebouwd.

De ontwerpers van Nieuw Sloten kozen ervoor een stedelijke wijk te maken, goed verankerd in het netwerk van de stad, maar ook betrokken bij de landelijkheid van de omgeving. Een wijk met zijn eigen voorzieningen, waar gewoond

When in 1986 it was decided that the 1992 Olympic Games would be held in Barcelona and not in Amsterdam, this had major consequences for the city. The Olympic village, which had been planned in the market-gardening area between the village of Sloten and the Westelijke Tuinsteden Slotervaart and Osdorp, could now be developed at an accelerated tempo as a residential district for the inhabitants of Amsterdam. This was opportune because at that time the city was looking for sites for new residential developments within the municipal boundaries in order to reduce the number of inhabitants moving to spacious single-family dwellings in overspill towns such as Hoorn, Purmerend and Almere. The favourable location, close to the A4 and A10 motorways and Schiphol, and the proximity of water and recreational possibilities (for example, on Sloterplas and Nieuwe Meer), made it an ideal site for a new residential development in which the 'compact city policy' could find expression. This national policy was aimed at densifying and building compactly in the centre and on the edges of cities, in order to prevent the further urbanization of green areas and an increase in commuter traffic. The compact development in Nieuw Sloten was, moreover, to consist mainly of spacious dwellings in the upmarket private sector, with the aim of preventing the more affluent inhabitants from leaving the city. The plan was ambitious and revolutionary because since the thirties Amsterdam had built almost exclusively inexpensive, social rented housing.

The designers of Nieuw Sloten opted to create an urban district, well-anchored in the network of the city, but also related to the rural character of the surrounding area. A district with its own facilities, where people would live and work.

en gewerkt zou kunnen worden. Nieuw Sloten moest vooral 'én-én' worden, suburbaan maar ook stedelijk, op de stad gericht maar toch rustig, waar bewoners konden profiteren van stedelijke voorzieningen maar ook van een tuin, van de tram om de hoek én van de auto voor de deur. De opgave bestond uit het realiseren van ongeveer 5.500 woningen in een (relatief hoge) dichtheid van 53 woningen per hectare. Onder leiding van supervisor Hans Davidson van de Dienst Ruimtelijke Ordening werd een plan gemaakt. Bij het ontwerpen van de hoofdstructuur werden de oude grenzen en de opzet van het tuinbouwgebied gehandhaafd. De omringende waterscheidingskades werden ingericht als wandeldijken die een natuurlijke verbinding creëren tussen de nieuwbouw en de oude bebouwing.[6]

De stedebouwkundige hoofdstructuur wordt gevormd door een kruis van verkeerswegen begeleid door openbaar groen. Binnen deze structuur is het gebied verdeeld in vier kwadranten. Centraal, op het kruispunt van wegen ligt een langgerekt centrum. Op deze verkeersstructuur werd lang gepuzzeld, waarbij het wel of niet doortrekken van het Geerbantracé door de wijk naar de A4 een belangrijk discussiepunt vormde. Uiteindelijk werd het tracé niet dwars door Nieuw Sloten getrokken maar werd een vorkstructuur van wegen gemaakt. De oude ontsluitingsweg van het gebied – de Louwesweg – werd voor een groot deel vervangen door een iets zuidelijker gelegen oostwest-as, de Antwerpenbaan, die de wijk opdeelt in een noord- en een zuidkant.
Ieder kwadrant heeft een eigen verkavelingstructuur maar de basisopzet is steeds hetzelfde: bouwstroken van 200 tot 400 woningen steeds door één architect ontworpen en door één ontwikkelaar gerealiseerd. Deze bouwstroken zijn ontleend aan het patroon van de lange smalle akkers van de tuinbouwgronden. De noordelijke twee kwadranten zijn samengesteld uit smalle noord-zuid gerichte stroken en zijn bebouwd met verschillende typen laagbouw. Zowel platte als hellende daken komen voor. De beide zuidelijke kwadranten liggen dichter tegen het buitengebied en hebben daarom een lagere dichtheid gekregen, met vrijwel uitsluitend laagbouw in een vrijere verkavelingsopzet. Hier zijn ook enkele kantoorvilla's gerealiseerd. Tussen de bouwstroken lopen sloten waardoor veel woningen aan het water liggen. Langs de brede vervoersassen met het openbaar groen komen bouwhoogten voor van

Above all, Nieuw Sloten was to be 'and and'; suburban but also urban, orientated to the city and yet tranquil, where residents would be able to benefit from urban facilities, but also from a garden, the tram just round the corner and the car parked in front of the house. The brief called for some 5,500 dwellings at a (relatively) high density of 53 dwellings per hectare. A scheme was drawn up under the direction of supervisor Hans Davidson of Amsterdam's planning department. In the design for the main structure, the old boundaries and the layout of the market-gardening area were retained. The surrounding embankments were turned into promenade dikes, which create a natural connection between the old and the new development.[6]

The urbanistic main structure comprises a cross-shaped intersection of main roads accompanied by public green space. Within this structure, the area is divided into four quadrants. In the middle, at the road intersection, is an elongated centre. This traffic structure had been the subject of much deliberation, a key issue being whether the Geerban route should be extended through Nieuw Sloten to join up with the A4. It was finally decided that it should not go through the district, and a fork structure of roads was constructed instead. The area's old access road – Louwesweg – was largely replaced by an east-west axis situated slightly further to the south, Antwerpenbaan, which divides the district into a north and a south side.
Each quadrant has its own plot layout structure, but the basic scheme is the same: building strips with 200 to 400 dwellings designed by a single architect and realized by a single developer. These strips are derived from the pattern of long, narrow fields in the market-gardening area. The two northern quadrants are composed of narrow, north-south orientated strips. The development here is different types of low-rise with flat and sloping roofs. The two southern quadrants are situated closer to the rural outlying area and therefore have a lower density, with almost exclusively low-rise in a less uniform plot layout. Several office buildings have also been realized here. Drainage channels run between the building strips, so that many dwellings are situated on the water's edge. Along the wide traffic axes with the public green space there is both stacked low-rise and medium rise development, with building heights ranging from three to six storeys. The centre area is characterized by high-rise. Here, in addition to housing and shops, various facilities have also

Tuinbouwgebied bij Sloten, 1982
Market gardening area near Sloten, 1982.

Nieuw Sloten, 2004.

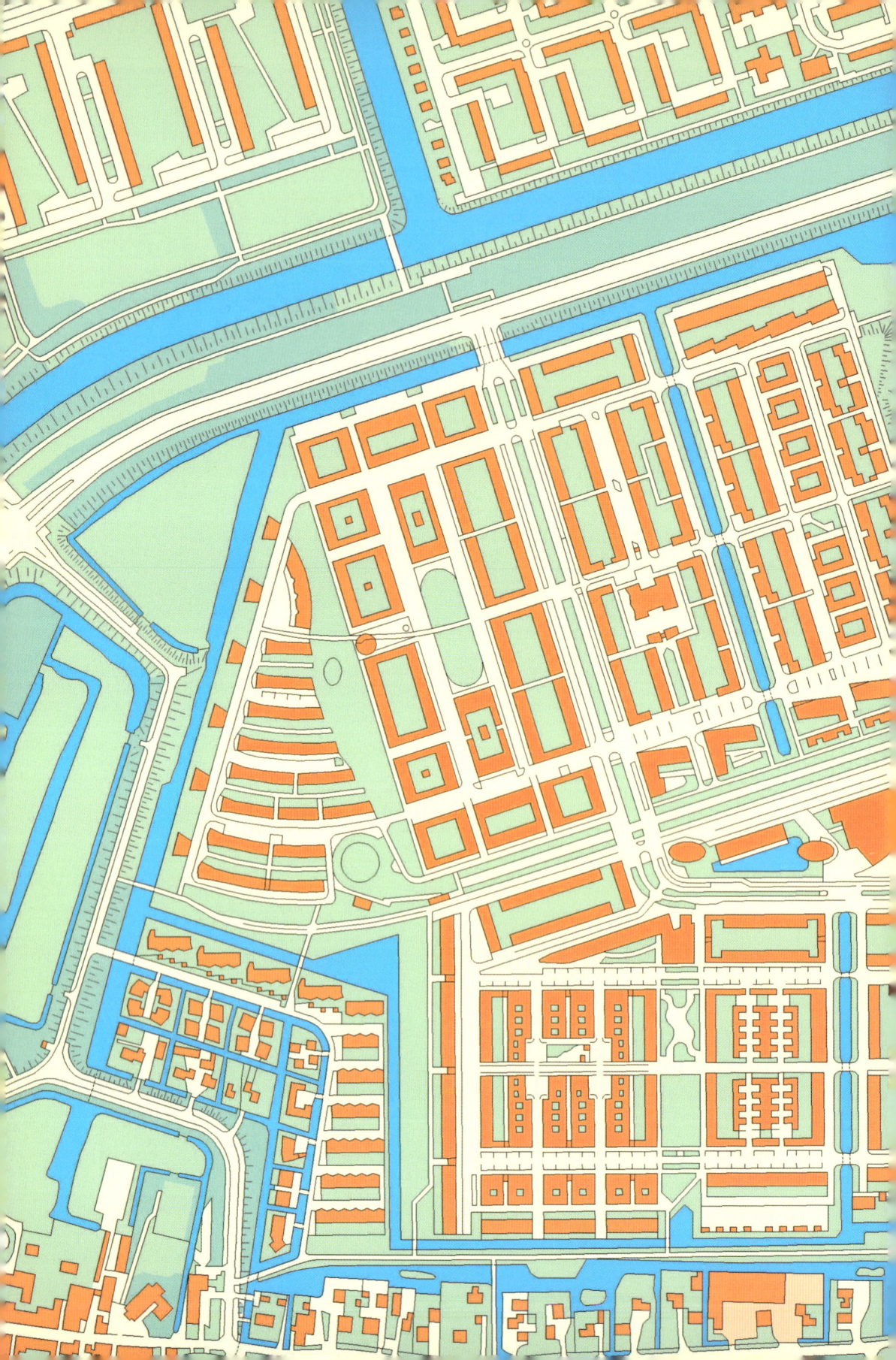

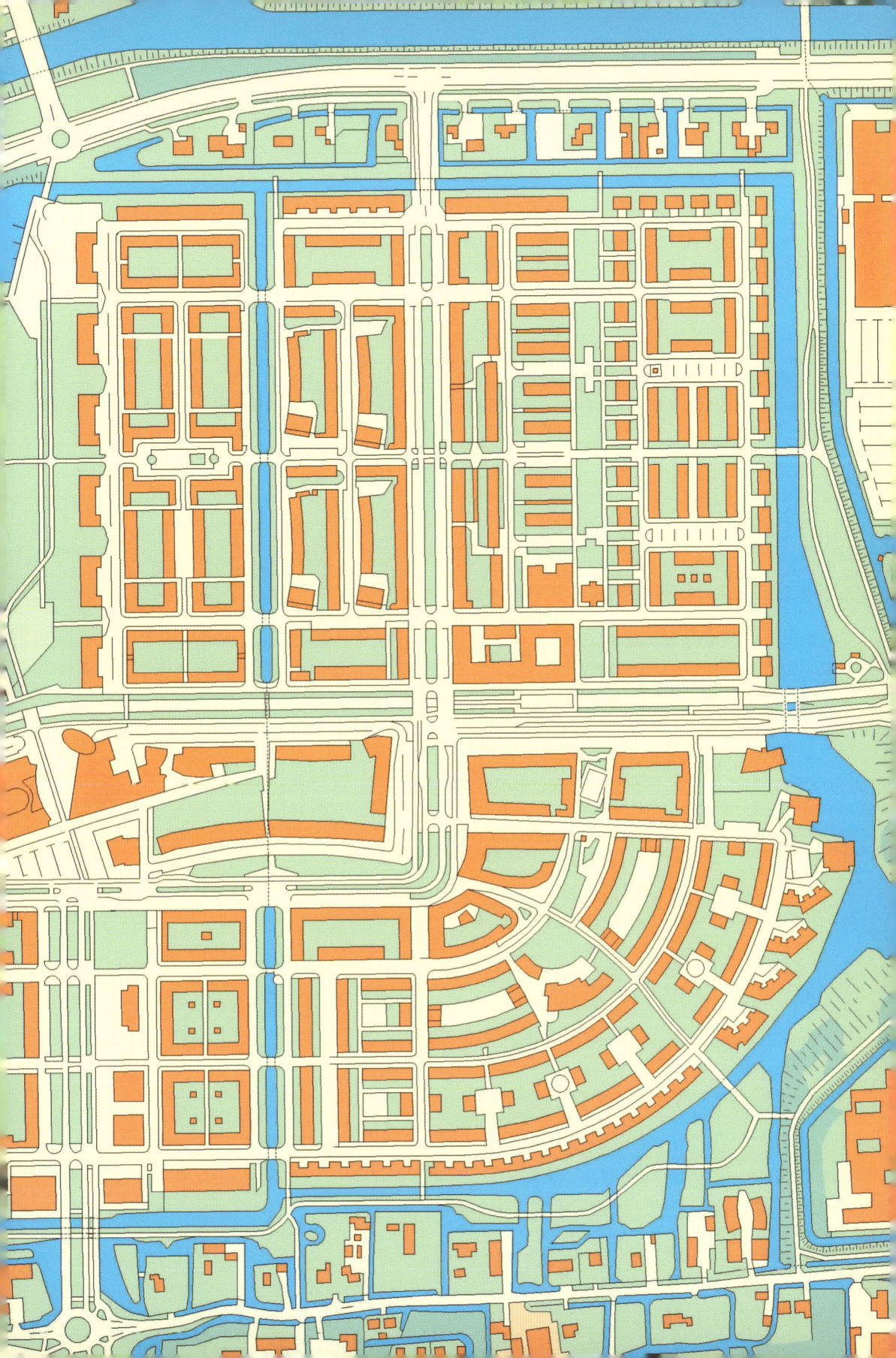

drie tot zes lagen, zowel in gestapelde laagbouw als in middenhoogbouw. Het centrumgebied wordt gekenmerkt door hoogbouw. Hier zijn behalve woningen en winkels ook diverse voorzieningen gerealiseerd.

Lerend van de bevindingen in de Bijlmermeer (Amsterdam Zuidoost) werd in Nieuw Sloten veel aandacht besteed aan de overgang tussen publieke en private ruimte. Extra geld werd gestopt in bestrating, tuinmuren, tuinhekken, beplanting, opbergplekken voor vuilcontainers en bruggen over de omringende poldersloot. Daarnaast was er veel aandacht voor milieuvriendelijk bouwen. Openbare ruimte en groen werden strategisch ingezet om de beperkte ruimte voor privé-tuinen te compenseren.

Nieuw Sloten had in diverse opzichten een pioniersfunctie. Nooit eerder werd een zo stedelijke sfeer in een uitbreidingswijk nagestreefd. Er heerste in de startfase dan ook onzekerheid of de markt wel iets zou zien in de laagbouwwijk met duurdere woningen in een hoge dichtheid, maar met het groeiende enthousiasme van toekomstige bewoners nam ook het vertrouwen van de beleggers toe.

In Nieuw Sloten werd ervaring opgedaan met het bouwen in hoge dichtheden aan de randen van de stad. Dat de hoge dichtheid – mede dankzij de ruim opgezette openbare ruimte – door het grootste deel van de bewoners niet storend wordt gevonden maakt van Nieuw Sloten een geslaagde poging om het compacte stad-beleid (en bijbehorende VINEX-wijken) te verwezenlijken. In Nieuw Sloten is het gelukt een redelijk divers programma te realiseren hoewel het suburbane het stedelijke karakter nog steeds overheerst. Ondanks de dichtheid van de bebouwing blijft het gevoel van ruimtelijkheid overheersen. Nieuw Sloten kan gezien worden als een belangrijke voorganger van stadsuitbreidingen als De Aker, het Oostelijk Havengebied en IJburg.

been realized. Having learnt from the experience in the Bijlmermeer (Southeast Amsterdam), in Nieuw Sloten considerable attention was paid to the transition between public and private space. Extra money was spent on paving, garden walls and fences, planting, areas for rubbish containers and bridges over the surrounding polder drainage channel. In addition, special attention was paid to eco-friendly building. Public space and public greenery were strategically deployed in order to compensate for the limited space for private gardens.

Nieuw Sloten had a pioneering function in a number of respects. This was the first time such an urban character was to be created in an expansion area. In the initial phase, therefore, there was uncertainty as to whether the market would be interested in this high-density, low-rise district with expensive housing. However, the confidence of investors increased with the growing enthusiasm of the future residents. In Nieuw Sloten, experience was gained in building at high densities on the edges of the city. Since the great majority of residents do not mind the high density – partly thanks to the abundance of public space – Nieuw Sloten can be regarded as a successful attempt to realize the compact city policy (and VINEX developments). A reasonably varied programme has been successfully realized, although the area is still more suburban than urban in character. In spite of the density of the development, the sense of spaciousness predominates. Nieuw Sloten can be seen as an important predecessor of urban expansion schemes such as De Aker, Oostelijk Havengebied and IJburg.

Noten

6. Het waterpeil ligt in het gebied 60 centimeter lager dan in de omringende polders waardoor Nieuw Sloten als een eiland in de polderlanden ligt.

Literatuur/Literature

Lodewijk Baljon, Margriet Pflug, *Nieuw Sloten Amsterdam, Laagbouw in hoge dichtheid/Garden City of Today*, Uitgeverij Thoth, Bussum, 2001.
Anouk de Wit, *Nieuw Sloten. Van tuin tot stad*, Amsterdam, 1998.

Notes

6. The water level in the area is 60 centimetres lower than in the surrounding polders, as a result of which Nieuw Sloten lies like an island in the polderland.

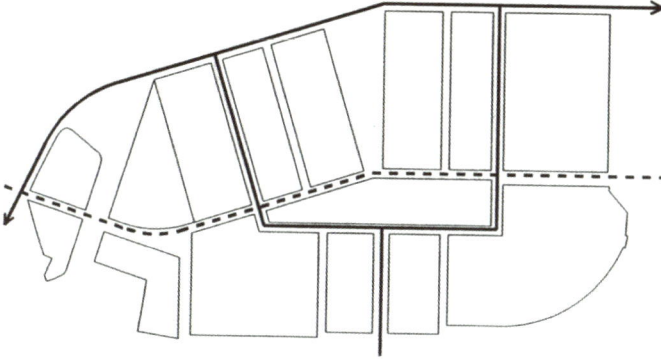

Hoofdverkeersstructuur uit
het Ruimtelijk Programma
van Eisen (1992), met oorspronkelijk tracé van de
tramlijn.

Nieuw Sloten, 2004.

Main structure from the
spatial programme of
requirements (1992) with
original route of the tram
line.

Nieuw Sloten, 2004.

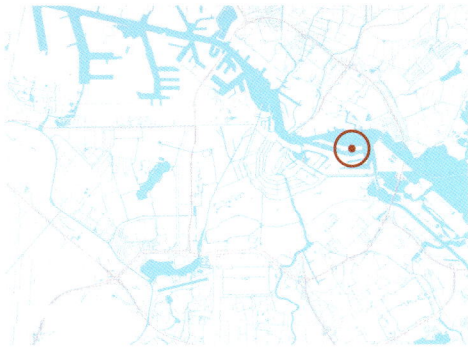

Wonen aan de kade

KNSM-eiland

Quayside living

De architectonische en stedebouwkundige ontwikkeling van Amsterdam is door de eeuwen
heen nauw verbonden geweest met de ligging
aan het water en de haven. Amsterdam was een
bloeiende havenstad met een wereldwijd netwerk, totdat de industrialisatie aan het eind van
de negentiende eeuw een aantal veranderingen
voor de scheepvaart met zich meebracht.
Schepen werden groter en zwaarder waardoor
het steeds moeilijker werd het dichtslibbende
IJ binnen te varen en al gauw voldeed de oude
haven niet meer en moest er worden gewerkt
aan een nieuw havengebied in het oostelijke IJ.
Er werden vijf kunstmatige schiereilanden
aangelegd, langwerpig van vorm opdat grote
stoomschepen hier gemakkelijk konden afmeren
en hun goederen met behulp van hoge scheeps-
kranen overhevelen in de rijen pakhuizen langs
de kaden. In het hele gebied kwamen sporen
te liggen zodat treinen de goederen landin-
waarts konden vervoeren. In 1903 vestigde
de Koninklijke Nederlandse Stoombootmaatschappij (KNSM) zich op de oostelijke helft
van het meest noordelijke eiland. Dit eiland is
het KNSM-eiland gaan heten.
Het succes duurde niet lang want mede door de
aanleg van het Noordzeekanaal (1876) en door
de schaalvergroting in de industrie, verhuisden
de meeste havencapaciteiten naar het westen
van de stad en raakte het Oostelijk Havengebied
geleidelijk aan in onbruik.[7] Daarna lag het
gebied er lange tijd verlaten bij, totdat de
gemeente het in de jaren zeventig ontdekte als
potentieel woongebied. Geheel in overeenstemming met het 'Compacte stad-beleid', was het
gebied een uitstekende bouwlocatie voor een
woonwijk op korte afstand van de binnenstad.[8]

De eerste nota van uitgangspunten voor het
Oostelijk Havengebied, die verscheen in 1975,

Amsterdam's architectural and urbanistic
development has always been closely connected
to its location on the water and the docks.
Amsterdam was a flourishing port with a worldwide network until the late nineteenth century
when industrialization brought with it a number
of changes for shipping. Ships became larger
and heavier, so that it was increasingly difficult
to sail up the IJ, which was silting up. The old
docks were no longer adequate and work began
on the construction of a new dock area in the
eastern IJ. Five artificial peninsulas were built.
They were elongated in shape so that large
steamships would be able to dock here and with
the aid of tall cranes transfer their cargo to the
rows of warehouses along the quays. Tracks were
laid throughout the area so that trains could
transport the goods inland. In 1903, the Koninklijke Nederlandse Stoombootmaatschappij
(KNSM) (Royal Dutch Steamship Company)
established its headquarters in the eastern part
of the northernmost island. This island came to
be called the KNSM Island. The success of these
new docks did not last long because, partly due
to the construction of the North Sea Canal (1876)
and the increase in the scale of industry, most
port activities shifted westwards and this eastern
harbour district Oostelijk Havengebied gradually
became redundant.[7] It lay vacant for many years
until the 1970s when the city council earmarked
it as a potential site for a new housing development. Situated close to the city centre, it was an
excellent location for developing a residential
district in line with the 'compact city policy'.[8]

The first memorandum of principles for Oostelijk
Havengebied, which appeared in 1975, contained an important pronouncement regarding
the further development of the area, namely
that a compact residential district was to be built

bevatte een zeer belangrijke uitspraak voor de verdere ontwikkeling van het gebied, namelijk dat er een compacte woonwijk moest komen met een dichtheid van 100 woningen per hectare. Over de ruimtelijke kenmerken van de wijk werden nog geen uitspraken gedaan, ook over de ontsluiting van de wijk was nog geen duidelijkheid.[9] Er werd lang gepuzzeld op de plannen en dat gaf krakers en andere gebruikers van het gebied de kans zich in te zetten voor het behoud van de karaktervolle havenarchitectuur op de eilanden. Terwijl eind jaren tachtig op het voormalige Abattoir- en Veemarktterrein de eerste woningen al werden gebouwd, werd pas in 1990 met een nieuwe nota van uitgangspunten de definitieve koers voor het hele gebied uitgezet. De belangrijkste elementen daarvan waren dat de havenbekkens open zouden blijven en dat een gecombineerde auto- en metrotunnel aangelegd zou worden op de bodem van het spoorwegbassin tussen de eilanden Borneo en Sporenburg. Dit werd de Piet Heintunnel. De structuur van de havenbekkens werd als uitgangspunt bij de verdere ontwikkeling van het gebied genomen. In het verlengde daarvan moesten zoveel mogelijk andere elementen als herinnering aan de historie van het gebied blijven bestaan. Het zicht op het water kreeg, bij gebrek aan ruimte voor openbaar groen, een cruciale rol in de plannen. Om het contrast tussen land en water te verhogen zou zo veel mogelijk parallel aan de kades worden gebouwd. In de stedebouwkundige plannen voor de nog te ontwikkelen schiereilanden zouden klassieke stedebouwkundige middelen als pleinen, straten en lanen worden toegepast. DRO maakte een totaalvisie en voerde de overkoepelende regie. Voor de uitwerking van de stedebouwkundige plannen voor de afzonderlijke schiereilanden werden verschillende stedebouwkundigen en supervisoren aangetrokken. Parallel aan deze verschuiving in de stedebouw naar procesplanning, voltrok zich in de politiek ook een kleine revolutie. Het beleid verschoof van sociale huisvesting naar het bouwen voor de markt.

Over de inrichting van het KNSM-eiland is meer gediscussieerd dan over alle andere eilanden. Al in een vroeg stadium werd met financiële steun van het ministerie van WVC een plan gemaakt door Arne van Herk en Sabine de Kleijn. Hun 'Waterkadeplan' was een variant op het net voltooide IJ-plein in Amsterdam Noord en werd door de bewoners van gekraakte panden en van de aan het eiland afgemeerde woonarken gesteund. Het plan wordt

here with a density of 100 dwellings per hectare. Nothing was said about the spatial characteristics of the district, nor were there any definite plans regarding its access system.[9] The lengthy deliberations over the plans gave squatters and other users of the area the opportunity to campaign for the preservation of its characteristic dockland architecture. The first dwellings were built in the late eighties, on the site of the former abattoir and cattle market, but it wasn't until 1990 that a definitive plan for the entire area was mapped out in a new memorandum of principles. The key elements were that the dock basins were to remain open and that a combined road and metro tunnel – the Piet Heintunnel – was to be built on the floor of the narrow dock between the islands Borneo and Sporenburg. The structure of the docks was taken as the departure-point for the area's further development. In addition, wherever possible, existing elements were to be retained as a reminder of the area's history. Because of the lack of space for public greenery, the view of the water was given a crucial role in the plans. In order to accentuate the contrast between land and water, wherever possible the development was to be situated parallel to the quays. Traditional urban design devices such as squares, streets and avenues were to be employed in the schemes for each peninsula. The planning department produced an overall vision for the area and orchestrated the entire project. Various urban designers and supervisors were engaged to work up the schemes for the individual peninsulas. Parallel with this shift towards process planning, a minor revolution took place in housing policy. There was a shift from social housing to building for the market.

There was more discussion about KNSM Island than any other island. With financial support from the Ministry of Welfare, Health and Cultural Affairs, a scheme was drawn up by Arne van Herk and Sabine de Kleijn. Their 'Water Quay Scheme' was a variant of the recently completed IJ Plein in North Amsterdam and it received the support of the residents of the squats and of the houseboats moored on the island. The scheme was characterized by an open layout in which strips of development were situated on the quays at varying angles. This gave rise to a view of the water from a central axis, not from the dwellings. This scheme and the planning department's scheme, in which the perimeter blocks were situated directly on the quay and the dwellings looked out over the water, were diametrically

KNSM-eiland, 1970-75 /
KNSM Island, 1970-75.

KNSM-eiland, 2004 /
KNSM Island, 2004.

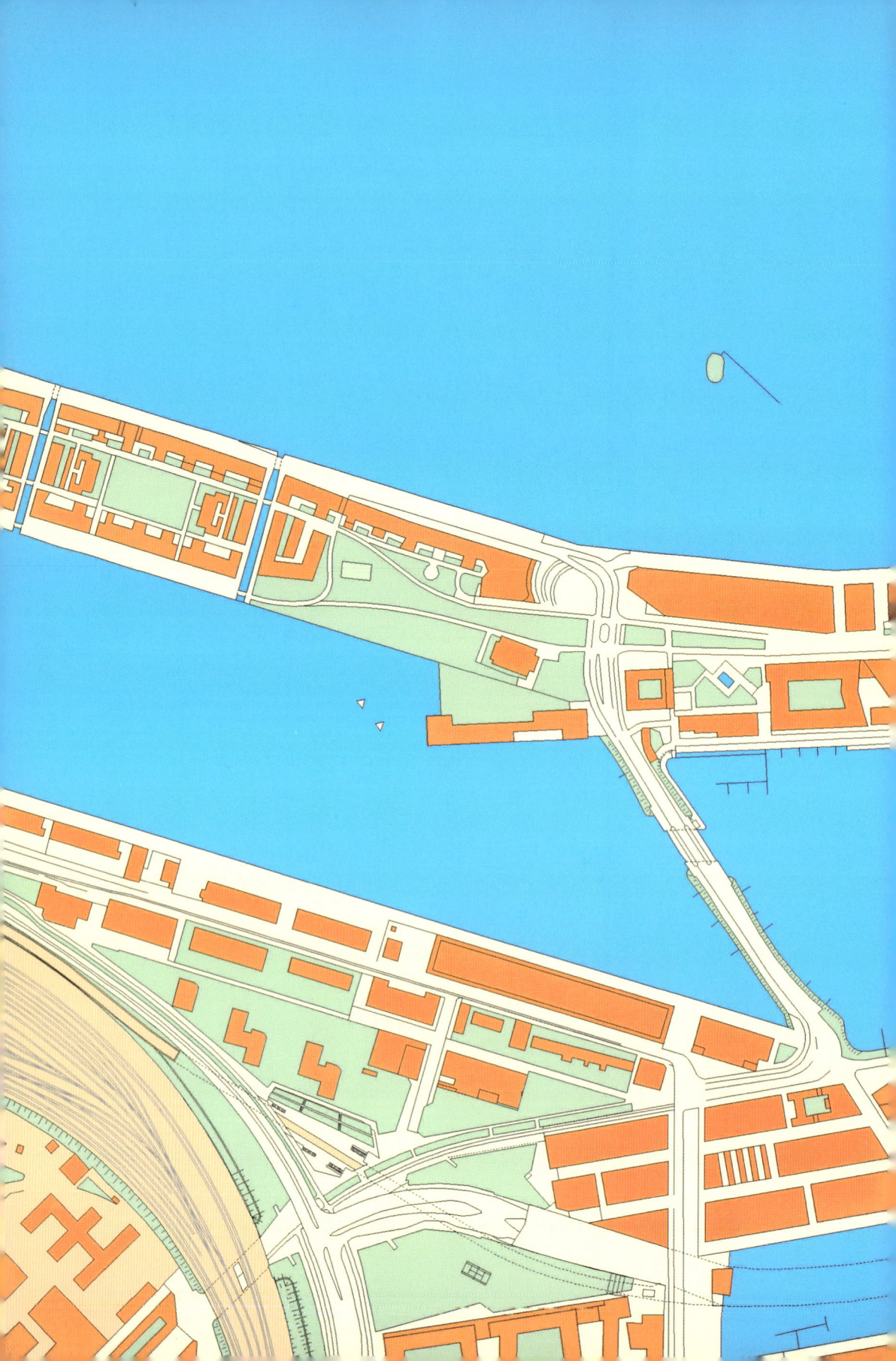

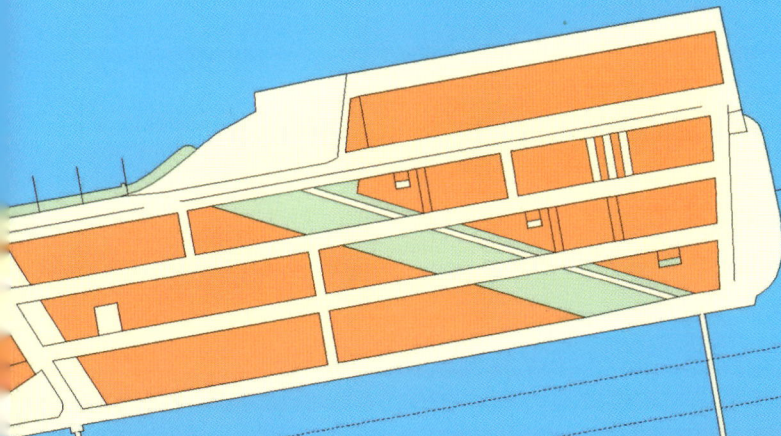

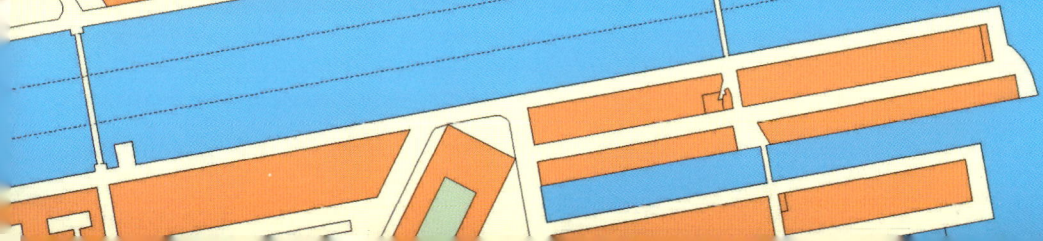

gekenmerkt door een open verkaveling waarbij bebouwingstroken onder een wisselende hoek op de kaden liggen. Hierdoor zou vanuit een midden-as, en dus niet vanuit de woningen, steeds zicht op het water zijn. De visie van DRO, waarin de gesloten bouwblokken direct aan de kade zouden komen te staan en de woningen direct uitzicht op het water zouden hebben, stond haaks op dit plan. De gemeenteraad koos uiteindelijk voor het plan van DRO. Op aandringen van Woningbouwvereniging Het Oosten, die de woningen op het eiland wilde ontwikkelen, besloot de projectgroep Oostelijk Havengebied om een stedebouwkundige te vragen de structuurschets van DRO te bewerken. Hiervoor werd in 1989 Jo Coenen aangetrokken en hij koos voor een klassieke opzet waarbij het monumentale karakter van het gebied het uitgangspunt vormde.

Het plan van Coenen wordt gekenmerkt door een lange centrale avenue, de KNSM-laan, die het 150 meter brede schiereiland in tweeën deelt. Aan weerszijden wordt de laan geflankeerd door monumentale woongebouwen en een aantal gehandhaafde havengebouwen. De meeste van deze gebouwen zijn verbouwd tot woningen, ateliers of bedrijfsruimten. Het aan de noordkade gelegen voormalige kantoorgebouw van de KNSM en Loods 6 zijn hier voorbeelden van. Voorts bestaat de bebouwing aan de noordkade uit een 'landmark', een twintig verdiepingen tellende woontoren, en vier appartementengebouwen in zes lagen. Deze appartementen hebben hun balkons niet aan de kadekant maar vanwege de bezonning aan de zuidkant. Aan de zuidkade liggen twee 'superblokken', woongebouwen van 170 meter lang, zestig meter breed en acht verdiepingen hoog. Ter verlevendiging zijn in de plint van de bebouwing winkels, bedrijfsruimten en horeca ondergebracht. Het westelijke blok, 'Piraeus' van Hans Kollhoff, ligt als een monumentale sculptuur aan de kade. Het donkere bakstenen gebouw is om het oude administratiekantoor van de KNSM heen 'gevouwen'. Het naastgelegen neoclassicistische gebouw van Bruno Albert, heeft in het midden een rond plein met in de zuidelijke toegangspoort een monumentaal hekwerk. Op de kop van het eiland ligt het cirkelvormige woongebouw 'Emerald Empire' dat Jo Coenen zelf ontwierp.
Ook bij de inrichting van de openbare ruimte is aansluiting gezocht bij de voormalige havenactiviteiten in het gebied. De straatprofielen zijn eenvoudig, de materialen van het plaveisel, waaronder Belgisch

opposed to each other. The city council finally opted for the planning department's scheme. At the insistence of the housing association 'Het Oosten', which wanted to build housing on the island, the Oostelijk Havengebied project group decided to ask an urban designer to rework the planning department's structure plan. In 1989, Jo Coenen was engaged for this task.

Coenen chose a classical scheme which takes the area's monumental character as its departure-point. It is characterized by a long central avenue, KNSM-laan, which divides the 150-metre-wide peninsula in two. The avenue is flanked on either side by monumental housing blocks and a number of retained dock buildings. Most of these buildings, for example, the former KNSM office building and the shed 'Loods 6' on the north quay, have been converted into dwellings, artists' studios and commercial accommodation. In addition, the development on the north quay comprises a landmark, a twenty-storey residential tower, and four, six-storey apartment blocks. These apartments have balconies on the south side, not on the side of the quay, in order to receive sunlight. On the south quay are two 'superblocks'; housing blocks 170 meters long, sixty metres wide and eight storeys high. In order to create vibrancy, shops, commercial spaces, bars and restaurants are housed in the plinth. The western block, 'Piraeus' by Hans Kollhoff, stands on the quay like a monumental sculpture. The dark brick building is 'folded' around the former administrative office of the KNSM. The adjacent neo-classical building by Bruno Albert has a circular court in the middle and monumental ironwork in the southern entrance gateway. At the end of the island is a circular residential building 'Emerald Empire', designed by Jo Coenen.
The design of the public space, too, relates to the area's former port activities. The street profiles are simple, the paving materials, which include Belgian blue stone and rust-coloured Stelcon slabs, are plain and sturdy. Differences in level emphasize the distinction between the old and the new buildings and also serve as an anti-parking facility. In order to keep cars out of the streetscape as much as possible, parking garages have been built underneath all of the new buildings. Green space is concentrated in the central KNSM-laan. When the young trees are full grown, this avenue will have a stately character, comparable to the wide avenues in South Amsterdam.

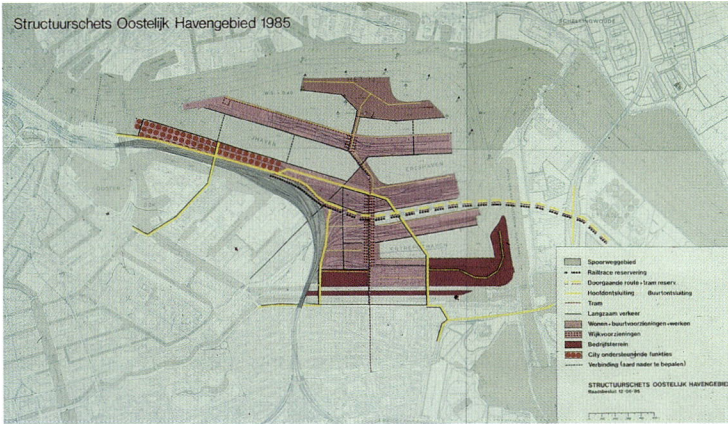

Structuurschets Oostelijk Havengebied 1985

Structuurschets Oostelijk
Havengebied, 1985. In het
Spoorwegbassin was de
IJ boulevard gepland. De
toegang tot de noordelijke
binnenstad werd diagonaal
over Borneo en Sporenburg
en Cruquius geprojecteerd.

Waterkadeplan van Arne
van Herk en Sabine de
Kleijn.

KNSM-eiland, 2004.

Structure plan Oostelijk
Havengebied, 1985.
IJ Boulevard was projected
in Spoorwegbassin. The
entrance to the northern
city centre was projected
diagonally over Borneo and
Sporenburg and Cruquius.

Water Quay Scheme by
Arne van Herk and Sabine
de Kleijn.

KNSM Island, 2004.

hardsteen en de roestige Stelcon-platen, zijn sober en stoer. Niveauverschillen benadrukken het onderscheid tussen nieuwe en oude gebouwen en dienen tevens als antiparkeervoorziening. Om auto's zoveel mogelijk uit het straatbeeld te weren zijn onder alle nieuwe gebouwen parkeergarages aangebracht. Het groen is geconcentreerd op de centrale KNSM-laan. Deze zal wanneer de nu nog jonge bomen hoog zijn, een statig karakter krijgen, vergelijkbaar met de brede lanen in Amsterdam Zuid.

Opvallend zijn de monumentale opzet van het KNSM-eiland en de referenties aan het voormalige havenkarakter van het eiland. Waar mogelijk zijn bewaard gebleven historische panden en andere relieken, waaronder een oude hijskraan, als sfeerbepalende elementen ingezet. De grootste troef is uiteraard het water. De gemeente en de ontwerpers hebben het overvloedig aanwezige water zo weten te gebruiken dat bewoners er maximaal van profiteren. Het belang van de oriëntatie op het water werd ook in de plannen voor de overige eilanden verwerkt. Ook de planvorming, waarbij DRO een stedebouwkundige voorzet gaf en een stedebouwkundige het plan verder uitwerkte, diende als voorbeeld bij de ontwikkeling van de overige schiereilanden in het gebied.

What is striking about KNSM Island is its monumental scheme and the references to its former function. Wherever possible, retained historic buildings and other relics, including an old hoisting crane, have been deployed in order to establish the ambience of the place. The major asset here is of course the water. The city council and the designers have succeeded in exploiting the abundant water so that residents reap the full benefits. The schemes for the other islands also give importance to the orientation to the water. Moreover, the planning process, in which the city's planning department mapped out the main lines and an urban designer worked up the detail, served as a model for the development of the other islands.

Noten

7. Dubbelzinnig is dat met de bagger uit het Noordzeekanaal het land van de eilanden in het Oostelijk Havengebied werd aangeplempt. Juist dit kanaal zou ervoor zorgen dat het Oostelijk Havengebied op korte termijn zijn functie zou verliezen.

8. Tussen 1959 en 1984 daalde het aantal inwoners van Amsterdam van 850.000 naar 650.000. Om koopkrachtige bewoners in de stad te houden moesten veel woningen, vooral in de koopsector, gebouwd worden. Dit zou gebeuren volgens het landelijke gevoerde 'Compacte stad-beleid'.

9. Er zijn verschillende plannen geweest voor de ontsluiting van de wijk, waaronder een diagonale autoroute over de eilanden en de havenbekkens heen.

Literatuur/Literature

Ton Schaap, 'Bouwen aan het IJ, Het Oostelijk Havengebied groeit uit tot een volwaardige woonwijk', *DRO Publicaties* nr. 9, Amsterdam, 1993
Marlies Buurman, Bernard Hulsman, Hans Ibelings, Allard Jolles, Ed Melet, Ton Schaap, e.a., *Oostelijk Havengebied. Stedenbouw en architectuur*, NAi Uitgevers i.s.m. Dienst Ruimtelijke Ordening Amsterdam, Rotterdam, 2003.

Notes

7. Ironically, the dredgings from the North Sea Canal were used as landfill for the islands in Oostelijk Havengebied. This was the canal which was to contribute to the demise of this dockland area.

8. Between 1959 and 1984, Amsterdam's population decreased from 850,000 to 650,000. In order to keep the more affluent inhabitants in the city a great many new dwellings were needed, particularly in the owner-occupied sector. This was to take place in accordance with the national 'compact city policy'.

9. There were a number of different plans for opening up the area, including a diagonal road over the islands and the docks.

Tegenstellingen in balans

Java-eiland

A balance of opposites

De voorgeschiedenis van het Java-eiland is grotendeels vergelijkbaar met die van het KNSM-eiland (zie p. 73) maar het proces dat heeft geleid tot een stedebouwkundig plan is heel anders verlopen. Veel strijden waren al gestreden bij het eerder in ontwikkeling genomen KNSM-eiland en sinds 1990 was er een nota van uitgangspunten die richting gaf aan de ontwikkeling van het totale Oostelijk Havengebied. De werkwijze waarmee bij het KNSM-eiland al ervaring was opgedaan, werd voortgezet. DRO verzorgde het vooronderzoek, stelde de stedebouwkundige randvoorwaarden op en maakte een voorbeelduitwerking. Vervolgens kregen drie architectenbureaus – Geurst en Schulze, Sjoerd Soeters en Rudy Uytenhaak – de opdracht om op basis hiervan een plan te maken.

Tot de stedebouwkundige randvoorwaarden voor het smalle Java-eiland (20 meter smaller dan het KNSM-eiland) behoorde dat de bebouwing, net als op het KNSM-eiland, parallel aan de kaden zou moeten worden gebouwd om het uitzicht over het IJ en de IJ-haven maximaal te benutten. Omdat op het smalle eiland geen plek was voor een brede middenweg moest het autoverkeer via de noordkade worden geleid. Het fietsverkeer zou over een fietspad door een beschut en windluw middengebied worden geleid.

Uit de plannen van de drie architectenbureaus werd dat van Sjoerd Soeters gekozen. Bij de uitwerking ervan werden elementen van de plannen van Uytenhaak en DRO overgenomen. Zo is het idee om in het middengebied zogenaamde 'Januskopwoningen' (woningen met een uitbouw) te realiseren van Uytenhaak en is de inrichting van het overgangsgebied tussen het KNSM- en het Java-eiland, met het zicht op de stad, van DRO.

Java Island's prehistory is largely comparable to that of KNSM Island (see p. 73), but the process that resulted in an urban design scheme was very different. Many teething troubles had already been solved on KNSM Island and the memorandum of principles drawn up in 1990 now directed the development of the entire Oostelijk Havengebied. The working method devised for KNSM Island was employed on Java Island. The city's planning department carried out a preliminary study, formulated the development brief and produced a model plan. Three architectural offices – Geurst and Schultze, Sjoerd Soeters and Rudy Uytenhaak – were then invited to draw up a scheme based on this. The development brief for the narrow Java Island (20 metres narrower than KNSM Island) stipulated, among other things, that the development was to be situated parallel to the quays, as was the case on KNSM Island, in order to exploit the view over the IJ and IJ Haven to the full. Because there was no space on the narrow island for a wide central road, car traffic had to be routed via the north quay. Bicycle traffic was to be routed over a cycle path through the sheltered, less windy central area. The scheme Sjoerd Soeters submitted was chosen to be realized. Elements from the schemes by Uytenhaak and the planning department were included in the final plan. For example, the idea to build so-called 'Janus-face dwellings' (dwellings with an extension) in the central area was taken from Uytenhaak's scheme and the layout of the transitional area between KNSM Island and Java Island, with a view of the city, was by the planning department.

Sjoerd Soeters' urban design scheme (1992) differs radically from the scheme by Jo Coenen for KNSM Island. Coenen opted for monumen-

Het stedebouwkundig plan van Sjoerd Soeters (1992) verschilt sterk van het plan van Jo Coenen voor het KNSM-eiland. Koos Coenen voor monumentale, vrijstaande woongebouwen, op het Java-eiland is een aaneenschakeling van verschillende woongebouwen gerealiseerd die zich met hun gevarieerde, verticale gevels als echte Amsterdamse grachtenwanden aan de waterkanten presenteren. Het meest opvallend in het plan van Soeters zijn de vier grachtjes die het eiland in de breedte doorsnijden. Ze verdelen de lange gevelwanden in herkenbare stukken en versterken de relatie tussen de twee lange kanten van het eiland.

Aan de zuidkade is de bebouwing maximaal zes bouwlagen hoog en aan de noordkade acht. Daartussen zijn beschutte binnenterreinen gecreëerd met openbare tuinen en vrijstaande, lagere woongebouwen, de zogenaamde 'Palazzi'. Een fietspad slingert aan de zonnige zijde door de reeks binnentuinen.

De bebouwing aan de noord- en de zuidkade is volgens het 'stempelprincipe' geordend. De door verschillende architecten ontworpen gebouwen zijn steeds 27 meter breed en bevatten 35 tot 40 woningen van één woningtype, gegroepeerd rond een centraal trappenhuis met een lift. Soeters gebruikte zes van de door de Stedelijke Woningdienst voorgestelde lifestyles en bijbehorende woningindelingen en bracht steeds in een woonblok één lifestyle bijeen. De 'stempels' zijn op verschillende plekken op het eiland herhaald. En omdat sociale huur-, vrije sector huur- en koopwoningen naast elkaar voorkomen, is een lappendeken van gebouwen ontstaan die uitdrukking geeft aan de diversiteit in woningtypen en levensstijlen.

Onder de gerealiseerde ontwerpen zijn zowel uitbundige als terughoudende varianten te herkennen. De woongebouwen die het bureau van Soeters zelf ontwierp, behoren tot de opvallendste van het eiland. Ze worden gekenmerkt door felle kleurvlakken in de gevels waardoor ze fungeren als herkenningspunten in de wijk. De gebouwen die het Spaanse architectenbureau Cruz & Ortiz ontwierp, vallen juist op door hun ingetogenheid. Het basisontwerp van deze panden toont steeds hetzelfde gevelconcept met geprefabriceerde gevelelementen van oranje baksteen en doorgaande horizontale glasstroken. Door de eenheid in de gevelindeling en het terughoudende kleur- en materiaalgebruik vormen ze rustpunten in het caleidoscopische beeld. Opvallend is het verschil tussen de zuidgevels en de noordgevels. Vooral die aan de zuidzijde van de

tal, freestanding housing blocks, whereas on Java Island Soeters has realized a series of contiguous apartment buildings, which with their varied, vertical facades present themselves on the waterside as typical Amsterdam canal frontages.

What is most striking in Soeters' scheme are the four canals which transect the island. They divide the long facade frontages into recognizable sections and strengthen the relationship between the island's two long sides. The development on the south quay has a maximum height of six storeys, while on the north quay the maximum height is eight storeys. In between, sheltered inner courts have been created with public gardens and freestanding lower housing blocks, so-called 'Palazzi'. On the sunny side, a cycle path meanders through the series of courtyard gardens. The development on the north and south quays has been organized in accordance with the 'stamp' or repetitive unit principle. The buildings, which were designed by various architects, are 27 metres wide and contain between 35 and 40 dwellings of a single type, grouped around a central stairwell with a lift. Soeters used six of the lifestyles, together with their appropriate dwelling layouts, proposed by the city's housing department and situated one lifestyle in each apartment building. The 'stamps' are repeated at various locations on the island. Because social rented, market-sector rented and owner-occupied dwellings are situated alongside each other, a patchwork of buildings has been created which gives expression to the diversity of dwelling types and lifestyles.

The designs realized include both exuberant and restrained variants. The buildings designed by Soeters' office are among the most eye-catching on the island. They are characterized by bright areas of colour in the facades, as a result of which they function as landmarks in the area. By contrast, the buildings designed by the Spanish office Cruz & Ortiz attract attention because they are so restrained. The basic design of these buildings exhibits the same facade concept with prefabricated facade elements of orange brick and continuous bands of horizontal fenestration. Because of the unity of the facade layout and the restrained use of colour and materials, they are restful focal points in the kaleidoscopic image. What's striking is the difference between the south elevations and the north elevations. With their balconies and extensions, the elevations on the south side of the gardencourtyards in particular are more exuberant than the closed elevations on the north side. By and large, the differences in colour

Java-eiland, 1951 /
Java Island, 1951.

Java-eiland, 2004 /
Java Island, 2004.

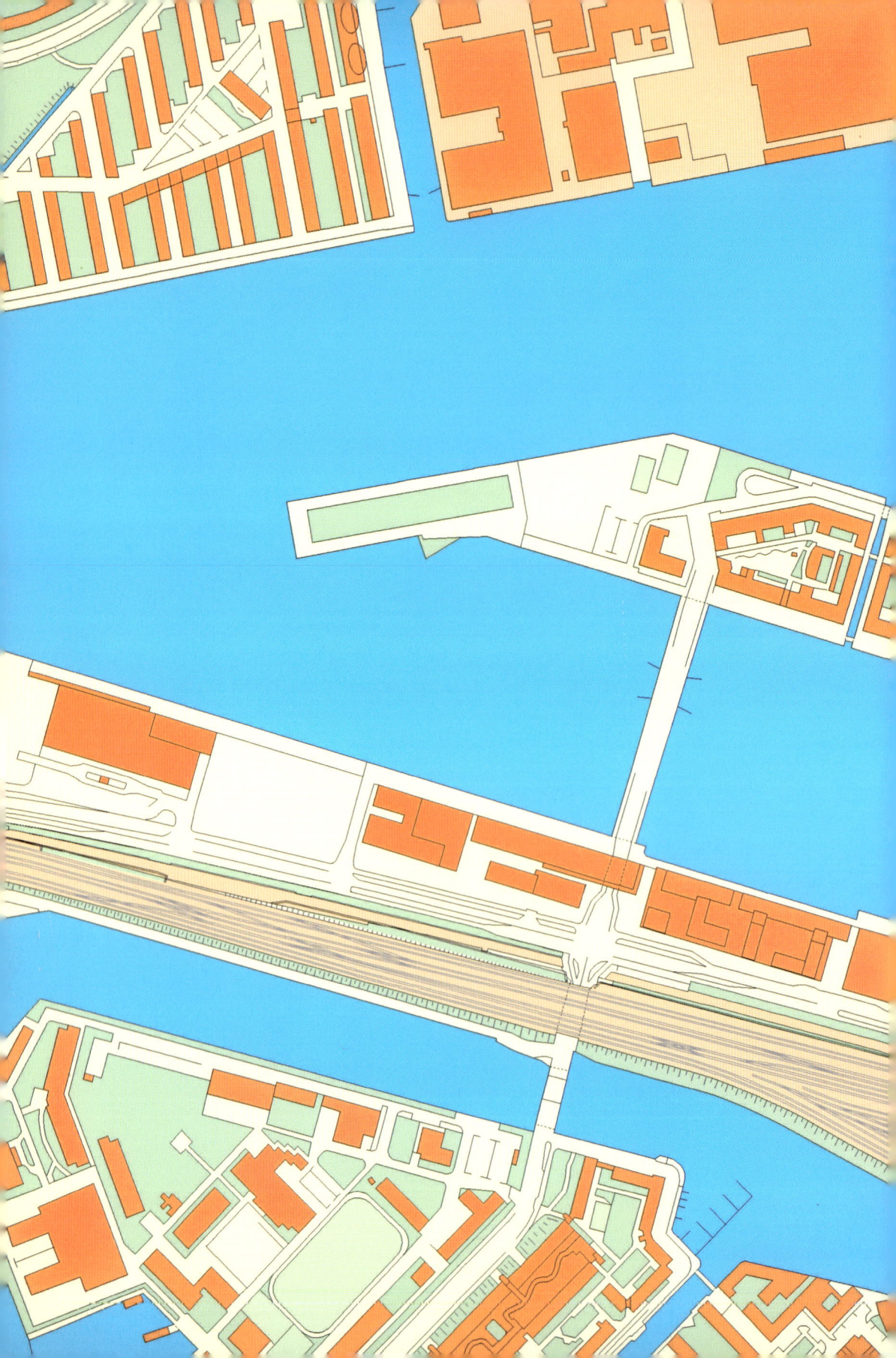

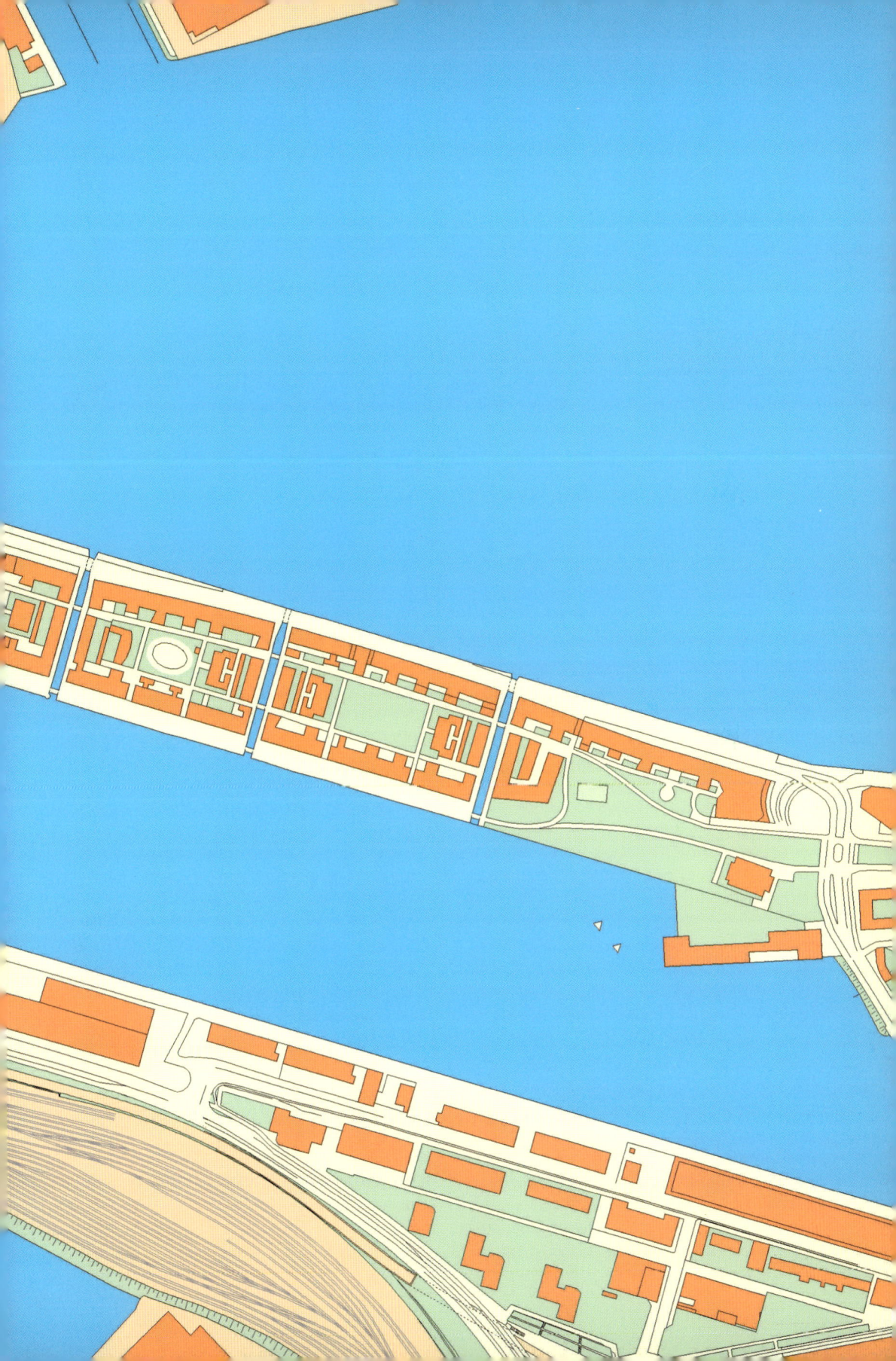

binnentuinen zijn met hun balkons en uitbouwen levendiger dan de gesloten gevels aan de noordkant. Over het algemeen geldt dat de verschillen in kleur en gevelindeling elkaar goed verdragen. Door een aantal eenvoudige richtlijnen, waaronder het aanbrengen van een gemeenschappelijke plint, is eenheid gecreëerd.

Belangrijk in het ontwerp van Soeters zijn de hoogteverschillen op het eiland. De binnentuinen zijn – mede doordat hieronder pareergarages liggen – hoger dan de kaden. Hiermee heeft Soeters bereikt dat de tuinen beschutting geven. De kaden van de dwarsgrachten liggen anderhalve meter lager dan die aan de noord- en de zuidkant, waardoor de overgang naar een intiemer woongebied wordt benadrukt.
De schaduwrijke grachtjes zijn met individuele grachtenpanden bebouwd. De meeste daarvan hebben een achtertuin en een dakterras dat uitzicht biedt op de binnentuinen en het water. Verschillende jonge architecten ontwierpen deze panden die net als de 'stempels' diverse malen op het eiland voorkomen. De grachtjes bestaan steeds uit een andere samenstelling van dezelfde pandjes waardoor ieder een andere verschijningsvorm heeft gekregen. Ook hebben de jonge architecten de ontwerpopdracht op verschillende manieren benaderd. John Bosch en Dana Ponec gebruikten de klassieke opzet van een grachtenpand terwijl Art Zaaijer een moderne variant op het oude thema realiseerde en Jos van Eldonk een postmodern pand ontwierp. De knipoog van Soeters naar de historische Amsterdamse grachtengordel wordt bij de grachtjes benadrukt door de romantische bruggetjes die de grachtjes aan de zuidzijde overspannen. Deze zijn ontworpen door de kunstenaars Rombouts & Droste en verbeelden met behulp van een speciaal door hen bedacht artistiek alfabet ieder een ander woord. De met baksteen beklede autobruggen zijn sober vormgegeven en passen meer bij het robuuste karakter van de noordkade.
In het overgangsgebied tussen het Java- en het KNSM-eiland is een park aangelegd. Vanaf hier is, dankzij een onbebouwde strook langs de zuidkade, een diagonale zichtlijn gecreëerd van het KNSM-eiland, over de IJ-haven, naar de Oostelijke Handelskade en de binnenstad. Op wat te zien is als een scharnierpunt staan ter weerszijde van de Verbindingsdam twee woongebouwen van het Zwitserse bureau Diener & Diener. Samen fungeren ze niet alleen als poort voor het woongebied dat

and facade layout works well. Unity has been created through a number of simple guidelines, including the use of a communal plinth.

The differences in height on the island are a key feature of Soeters' scheme. The courtyard gardens are – partly due to the parking garages underneath them – higher than the quays. As a result, the gardens provide shelter. The quays of the transverse canals are one and a half metres lower than the quays on the north and south side, as a result of which the transition to the more intimate residential area is emphasized. Individual canal houses have been built along the shady canals. Most of the houses have a back garden and a roof terrace which provides a view over the gardens and the water. Various young architects designed these buildings which, like the 'stamps', are repeated at various locations on the island. Each canal consists of a different combination of the same buildings, so that each has a different appearance. In addition, the architects have approached the design task in different ways. John Bosch and Dana Ponec used the classical scheme of a canal house, while Art Zaaijer realized a modern version of an old theme and Jos van Eldonk designed a postmodern building. Soeters' nod to Amsterdam's historic ring of canals is emphasized by the romantic little bridges over the canals on the south side. These were designed by the artists Rombouts & Droste and, with the aid of an artistic alphabet specially devised for the project, they each represent a different word. The road bridges are faced with brick and their austere design fits in with the sturdy character of the north quay. A park has been created in the transitional zone between Java Island and KNSM Island. From here, thanks to an unbuilt strip along the south quay, there is a diagonal sight line from KNSM Island, over IJ Haven, to Oostelijke Handelskade and the city centre. On a 'hinge point', on either side of the connecting dam Verbindingsdam, are two housing blocks by the Swiss office Diener & Diener. Together these function as a gateway to the residential area behind and also act as an intermediary between the two very different urbanistic visions on KNSM Island and Java Island. Perhaps the most spectacular location in the entire area is on the western tip of Java Island. There were lengthy discussions about what should be sited on this piece of land. It still lies vacant but is regularly used for various events. From here, the head of Java Island is accessed by a bridge, Jan Schaeferbrug (designed

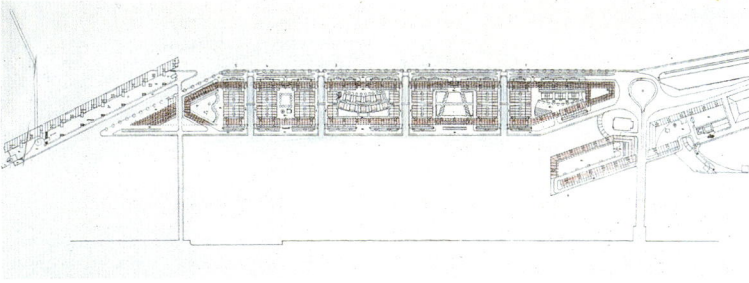

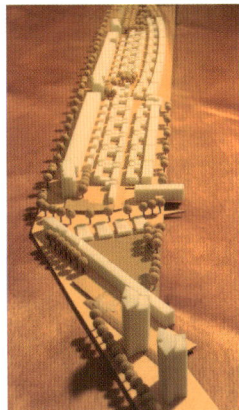

Stedebouwkundige visie
van Sjoerd Soeters.

Java-eiland, 2004.

Maquette stedebouw-
kundig plan van Rudy
Uytenhaak.

Urban design vision by
Sjoerd Soeters.

Java Island, 2004.

Model showing urban
design scheme by Rudy
Uytenhaak.

hierachter ligt, maar ook als intermediair tussen de twee verschillende stedebouwkundige visies op het KNSM- en het Java-eiland.

Misschien wel de meest spectaculaire locatie in het hele gebied bevindt zich op westpunt van het Java-eiland. Wat er op deze plek zou moeten komen is al lange tijd onderwerp van discussie. Voorlopig blijft het terrein open en dient het met enige regelmaat als manifestatieterrein. Vanaf deze plek wordt de kop van het Java-eiland ontsloten door de Jan Schaeferbrug (ontworpen door Ton Venhoeven) die dwars door het oude koelpakhuis De Zwijger is aangelegd en het eiland met de Oostelijke Handelskade en de binnenstad verbindt.

Net als bij het KNSM-eiland berust het plan voor het Java-eiland op een aantal krachtige stedebouwkundige randvoorwaarden en is de architectuur in veel opzichten opgevat als directe voortzetting van een reeks stedebouwkundige beslissingen. Hoewel er overeenkomsten zijn in de aanpak en in het gebruiken van historische referenties, is op het Java-eiland een totaal andere wijk ontstaan. De wijk is compact en homogeen terwijl het stedebouwkundig plan wordt gekenmerkt door een aantal polariteiten: eenheid en variatie, kleur en soberheid, hoog en laag, modern en historisch, open en besloten, individualisme en collectiviteit. Opvallend is dat een balans is gevonden tussen al deze tegenstellingen.

by Ton Venhoeven), which passes right through the former refrigerated warehouse 'De Zwijger' and connects the island with Oostelijke Handelskade and the city centre.

As in the case of KNSM Island, the scheme for Java Island is based on the rigorous requirements in the development brief and in many respects the architecture has been conceived as a direct sequel to a series of urbanistic decisions. Although there are similarities in the approach and in the use of historical references, a completely different district has been created on Java Island. It is compact and homogenous, whereas the urban design scheme is characterized by a number of polarities: unity and variation, colour and sobriety, high and low, modern and historical, open and enclosed, individualism and collectivity. What's striking here is that a balance has been found between all of these opposites.

Literatuur/Literature

Patty Huisman en Marjon Hulsegge, 'Wonen aan grachten op het Java-eiland', *DRO Publicaties* nr. 8, Amsterdam, 1994.
Ton Schaap, 'Bouwen aan het IJ, Het Oostelijk Haven-gebied groeit uit tot een volwaardige woonwijk', *DRO Publicaties* nr. 9, Amsterdam, 1993.
Marlies Buurman, Bernard Hulsman, Hans Ibelings, Allard Jolles, Ed Melet, Ton Schaap, e.a.,*Oostelijk Havengebied. Stedenbouw en architectuur*, NAi Uitgevers i.s.m. Dienst Ruimtelijke Ordening Amsterdam, Rotterdam , 2003.

Grondgebonden dichtheid

Borneo-Sporenburg

Ground-accessed density

De schiereilanden Borneo en Sporenburg werden tussen 1996 en 2000 bebouwd met een groot aantal laagbouwwoningen in een zeer hoge dichtheid (100 woningen per hectare) en een aantal grote appartementengebouwen.[10] De gekozen stedebouwkundige structuur wijkt sterk af van die in de andere deelgebieden in het Oostelijk Havengebied. Een uitgebreid onderzoek ging hieraan vooraf.

Zeer belangrijk voor de ontwikkeling van de schiereilanden was de nota van uitgangspunten (1990) waarin werd voorgesteld om de twee eilanden ter weerszijden van het smalste havenbekken, het Spoorwegbassin, als één gebied te ontwikkelen. Eerder was tussen deze eilanden een grote toegangsweg gepland die bij nader inzien werd geschrapt. Het verkeer zou beter via de IJ-boulevard en een tunnel (de Piet Heintunnel) kunnen worden geleid. In het verlengde van deze beslissing kon het Spoorwegbassin worden beschouwd als een 'waterplein', een verbindend element in plaats van een barrière.

Een andere belangrijke beslissing was de keuze voor laagbouw. Deze werd ingegeven door het feit dat de woningen in dit gebied tegelijk met die van het Java-eiland op de markt zouden komen. Doorslaggevend waren de wens om differentiatie in het woningaanbod aan te brengen en het belang van een woongebied met een ander karakter dan dat van de omliggende eilanden. Laagbouwwoningen zouden vooral in trek zijn bij gezinnen met kinderen. Ook vanuit stedebouwkundig oogpunt werd de beslissing onderstreept want lage bebouwing temidden van de hogere bebouwing van de omliggende eilanden zou gunstig zijn voor de oriëntatie en de herkenbaarheid van de woonbuurt.

De ontwikkeling startte in 1992. Toen besloot de projectgroep Oostelijk Havengebied dat

The peninsulas Borneo and Sporenburg were developed between 1996 and 2000. A large number of low-rise dwellings were built at a very high density (100 dwellings per hectare). Several large housing blocks were also realized.[10] The urbanistic structure here is very different from that in the other parts of Oostelijk Havengebied. A detailed study was carried out before work on the project commenced. The memorandum of principles (1990) was extremely important for the development of the area. It proposed that the two islands on either side of the narrowest dock, Spoorwegbassin, should be developed as a single area. A major access road had been projected between these two islands, but this plan was later scrapped in favour of a route via the IJ Boulevard and a tunnel (Piet Heintunnel). Spoorwegbassin was subsequently designated a 'water square', a connecting element instead of a barrier.

The decision to build low-rise here was also of major importance. It was prompted by the fact that the housing in this area would be coming onto the market at the same time as the housing on Java Island. A decisive factor was the desire to introduce differentiation in the housing market and to create a residential area with a different character from that of the surrounding islands. Low-rise housing would appeal in particular to families with children. The decision was also prompted by urbanistic considerations; low-rise development amid the taller development on the surrounding islands would be good for orientation and the recognizability of the neighbourhood. The project got underway in 1992. The Oostelijk Havengebied project group decided that approximately 2,150 housing units should be built, distributed over the two peninsulas, with seventy per cent in the market sector. The city council gave New Deal, a group

verdeeld over de twee schiereilanden, ongeveer 2.150 woningen gebouwd zouden moeten worden. Hiervan zou zeventig procent tot de marktsector behoren. New Deal, een collectief van woning-corporaties, kreeg van de gemeente toestemming om in samenwerking met DRO een stedebouw-kundig plan te ontwikkelen en een groot deel van de woningen te bouwen. Daarbij mocht het collectief de woningen en voorzieningen met volle-dige winst en risico realiseren.

Omdat het onderbrengen van 100 woningen per hectare in laagbouw een lastige opgave bleek, werd het plan dat Rudy Uytenhaak eerder voor het Java-eiland had gemaakt weer uit de la gehaald. Deze studie liet zien dat een zeer hoge dichtheid gehaald kon worden wanneer de woningen gestapeld ondergebracht zouden worden in een compacte bebouwing van smalle kavels met smalle straatjes ertussen. Vervolgens werd de opgave voorgelegd aan zes architectenbureaus: Rudy Uytenhaak, Claus en Kaan, Van Berkel & Bos, Heren 5, Holvast en Van Woerden en Liesbeth van der Pol. Deze bureaus ontwierpen zeer verschillende plannen, die allemaal bevestigden dat het mogelijk was om met een bouwhoogte van drie tot vier lagen een gevarieerde wijk te realiseren in de gewenste dichtheid. Dit impliceerde wel dat een groot deel van de woningen rug-aan-rug gebouwd zou moeten worden. In 1993 werd aan de bureaus van Wytze Patijn, Quadrat en West 8 gevraagd om op basis van de eerder geformuleerde uitgangspunten en de inmiddels verworven inzichten een stedebouw-kundige visie op de twee eilanden te geven.[11] Toen de resultaten daarvan bekend werden, bleek het plan van Adriaan Geuze van West 8 het enige te zijn dat alle uitgangspunten combineerde. Daarmee was dit plan het duidelijkste antwoord op de gestel-de vraag. Geuze bracht de grondontsloten wonin-gen onder in vier meter brede stroken van 35 meter diep en drie lagen hoog. Deze 'lamellen' worden afgewisseld met open stroken van dezelfde afmetingen. Zo ontstond een strenge herhaling van introverte laagbouwwoningen. Nadat het in samen-werking met Rudy Uytenhaak nog was verbeterd kon het worden uitgevoerd.

Zo is een woonwijk tot stand gekomen die wordt gekenmerkt door lange rijen rug-aan-rug-woningen met patio's of dakterrassen. Het naar binnen halen van de tuinen en het stapelen van de woningen, heeft naar binnen gekeerde woningen opgeleverd

of housing corporations, permission to draw up an urban design scheme and build a large proportion of the dwellings in collaboration with the city's planning department. Furthermore, New Deal was allowed to realize the housing and facilities with full profit and risk.

Because accommodating 100 dwellings per hectare in low-rise proved to be a difficult task, the plan Rudy Uytenhaak had previously produced for Java Island was consulted. This showed that an extremely high density could be achieved if the dwellings were stacked in a compact development on narrow plots with narrow streets in between. Six architectural offices – Rudy Uytenhaak, Claus en Kaan, Van Berkel & Bos, Heren 5, Holvast and Van Woerden, and Liesbeth van der Pol – were then invited to produce detailed schemes. Although they were very differ-ent, all of the schemes confirmed that it was possible to realize a varied district at the desired density with a building height of three to four storeys. However, a large proportion of the dwellings would have to be built back-to-back. In 1993, the offices of Wytze Patijn, Quadrat and West 8 were asked to present an urban design vision for the two islands, based on the principles previously formulated and the insights gained.[11] The scheme by Adriaan Geuze of West 8 was chosen because it was the only one which com-bined all of the principles and thus answered the brief. Geuze situated the ground-accesseddwellings in strips four metres wide, 35 metres deep and three storeys high. These strips alternated with open rows of the same dimensions. This gave rise to a strict repetition of introverted low-rise dwellings. The scheme was improved in collaboration with Rudy Uytenhaak and was then realized.

The result is a residential development characterized by long rows of back-to-back dwellings with patios or roof terraces. The inner gardens and stacked dwellings have given rise to inward-directed housing with a high degree of privacy. Of importance for the image is the fact that all of the dwellings have their own front door on the street and that a large proportion of the parking spaces are housed in the development. As a result, it was possible to keep most of the streets narrow. This gives rise to a sharp contrast between on the one hand the enclosed character of the dwellings and the streets, and the extensive view over the IJ on the other. Some thirty architectural offices were engaged to design the dwellings. They devised many different

91

Oostelijk Havengebied, 1948.   Borneo-Sporenburg, 2004.

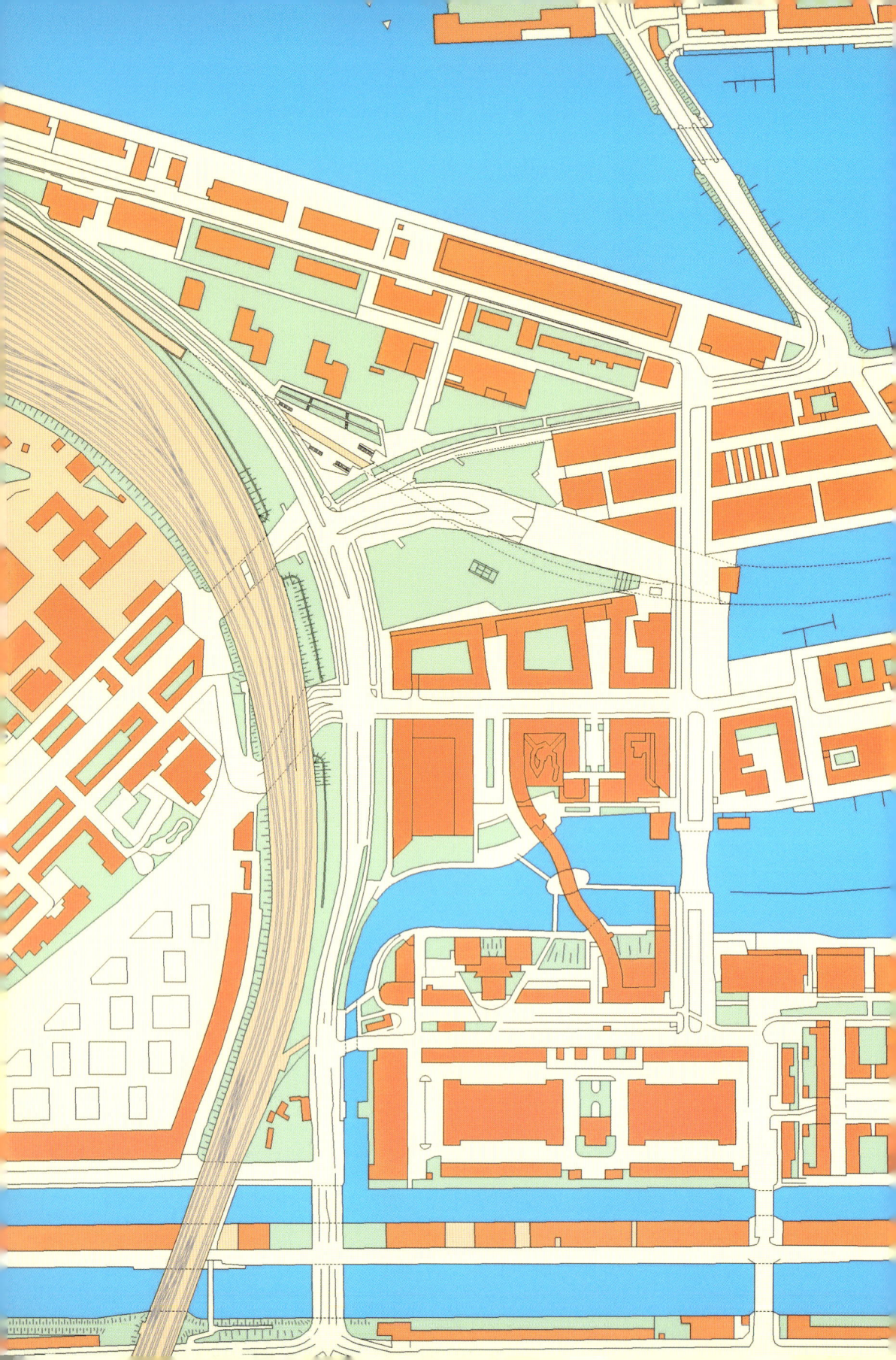

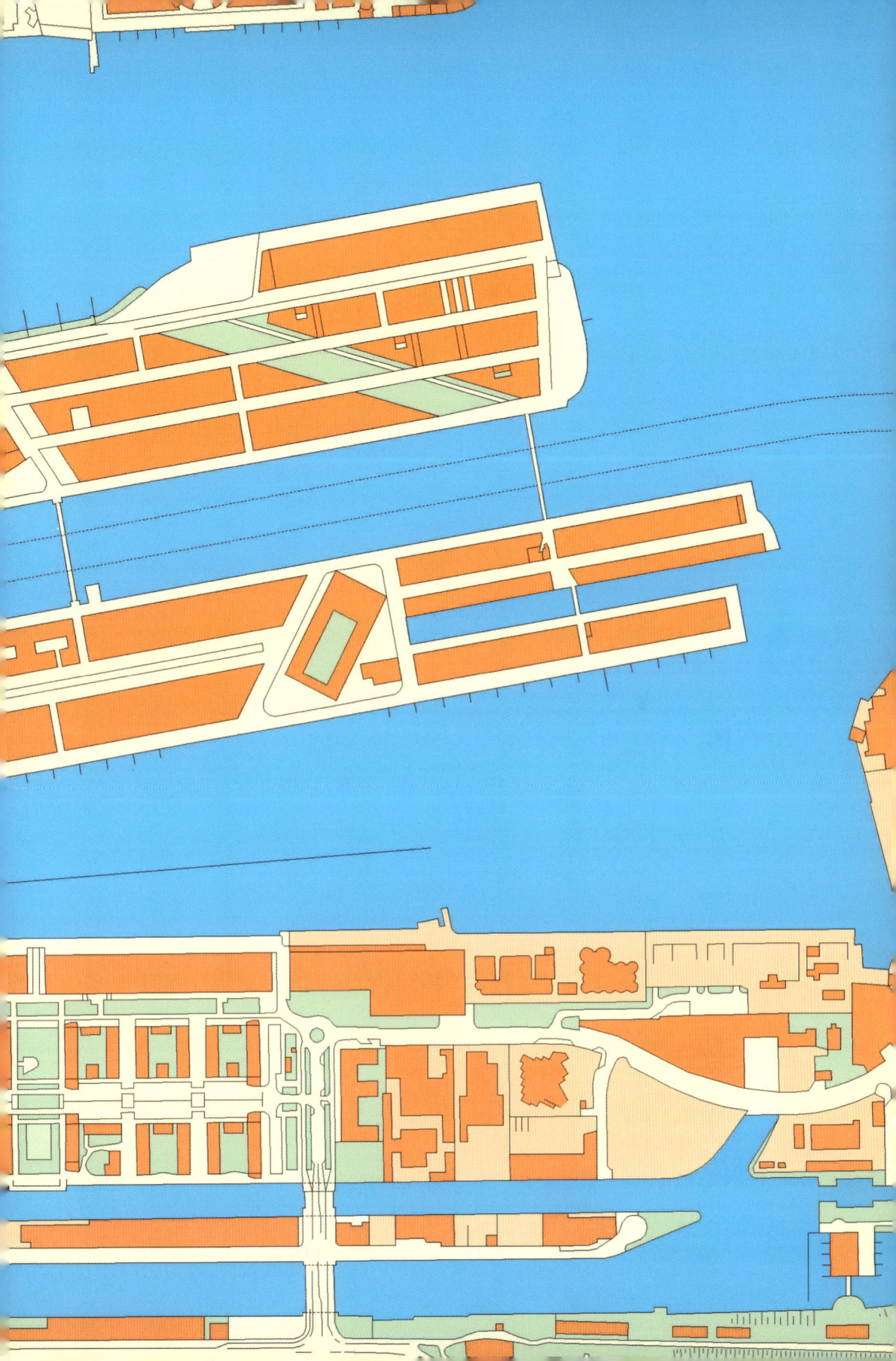

met een hoge mate aan privacy. Belangrijk voor het beeld is dat alle huizen een eigen voordeur aan de straat hebben en dat een groot deel van de parkeer-plekken in de bebouwing is ondergebracht. De straten konden hierdoor over het algemeen smal worden gehouden. Het resultaat is een scherp contrast tussen enerzijds de beslotenheid van de woningen en de straten en anderzijds het weidse uitzicht op het IJ.

Voor het ontwerpen van de woningen werden ruim dertig architectenbureaus aangetrokken die op basis van een prototype een groot aantal typen patio-woningen met een flexibele indeling ontwierpen. De meeste woningen hebben een 3,5 meter hoge begane grond die ruimte biedt voor tussenvloeren en galerijen. Bovendien dringt dankzij deze hoogte het daglicht tot diep in de woningen door. In de meeste huizen bevindt de woonkamer zich op de eerste verdieping, waardoor de scheiding tussen de openbare en de private ruimte scherp is aangezet. Het gebruik van de door de supervisor voorgeschre-ven materialen, vooral donkerrode baksteen, *western red cedar* en ijzer voor de schaarhekken, zorgt voor samenhang in het woongebied.

De door West 8 opgestelde randvoorwaarden dwongen de architecten tot de grootst mogelijke creativiteit. De resultaten hiervan bevinden zich veelal juist achter de gevels maar zijn in enkele gevallen ook aan het exterieur af te lezen. Dit is het geval bij de wigvormige woningen van Van Herk & De Kleijn, de afwisselend bebouwde en onbebouw-de kavels van M3H (volgens de oorspronkelijke opzet van Geuze) en de huizen van Neutelings Riedijk Architecten met hun zwevende uitbouwen van cederhout. Op de koppen van de schiereilanden zijn alle woningen een kwartslag gedraaid ten opzichte van de overheersende bouwrichting. Daarnaast onderscheiden ze zich van de andere woningen door hun materiaalgebruik.

Om de beoogde woningdichtheid te halen zijn tussen de laagbouwwoningen drie grote, hoge woongebouwen opgenomen. Deze blokken, opge-nomen in een reeks van zestig meter hoge torens in het gebied die zich vanaf de ringweg A10 als *landmarks* presenteren, lijken door hun verdraaide positie ten opzichte van de overige bebouwing te zijn ingeslagen als meteorieten maar zijn in werkelijkheid zorgvuldig gepositioneerd op zicht-lijnen naar markante punten in de omgeving. Zo is 'Pacman' van Koen van Velsen gericht op de Oranjesluizen, ligt het zilverkleurige gebouw 'The Whale' van Frits van Dongen in het verlengde van

types of patio dwellings with a flexible layout, based on a prototype. Most dwellings have a 3.5 metre high ground floor, which provides space for mezza-nines and galleries. Moreover, thanks to the height, there is maximum penetration of daylight. In most of the dwellings, the living room is on the first floor, as a result of which the distinction between public and private space is accentuated. The use of the materials prescribed by the supervisor, in particular dark red brick, western red cedar and iron for the railings, creates unity in the district. The development brief drawn up by West 8 demanded the greatest possible creativity and ingenuity from the architects. The results are largely inside the dwellings, but they are also visible on the exterior in a few cases; for example, the wedge-shaped dwellings by Van Herk & De Kleijn, the alternately built-on and unbuilt plots by M3H (in accordance with the original scheme by Geuze) and the dwellings with floating extensions in cedar wood by Neutelings Riedijk Architects. At the ends of the peninsulas, all of the dwellings have been rotated a quarter turn in relation to the predominant direction of the devel-opment. In addition, they are distinguished from the other dwellings by their materiality.

In order to achieve the intended housing density, three large, tall housing blocks have been built between the low-rise dwellings. Because of their rotated position in relation to the rest of the development, these blocks – part of a series of sixty-metre-high towers, which are landmarks visible from the A10 motorway – seem to have landed here like meteorites.

In reality, however, they are carefully positioned on sight lines to salient points in the surrounding area. For example, 'Pacman' by Koen van Velsen is oriented towards the locks Oranjesluizen, the silver building 'The Whale' by Frits van Dongen stands in line with the Verbindingsdam and 'Fountainhead' by Kees Christiaanse will, if it is realized, be situated in a sight line over IJ-haven. A unique experiment was carried out on the north side of a former inner dock on Borneo. Here, sixty plots were released to buyers who, together with their chosen architect, designed and realized their ideal home. Here, too, the designs had to meet the strict requirements laid down in the development brief. The project can be seen as a reflection of the ideas that pre-vailed in public housing in the nineties. These were increasingly determined by the dwelling preferences of housing consumers, particularly affluent middle-class consumers. The clients and the council regarded

Panamakade, 2004.

Vrije kavels Scheeps-
timmermanstraat, 2004.

Private plots Scheeps-
timmermanstraat, 2004.

de Verbindingsdam en moet 'Fountainhead' van Kees Christiaanse komen te liggen in de zichtlijn over de IJ-haven. Van dit laatste gebouw is nog niet duidelijk of het zal worden gerealiseerd. Aan de noordkant van een voormalige binnenhaven op het schiereiland Borneo werd een bijzonder experiment uitgevoerd. Hier werden zestig kavels uitgegeven aan kopers die samen met een zelf gekozen architect hun ideale huis konden realiseren. Ook voor deze huizen golden strenge randvoorwaarden. Het project kan gezien worden als een afspiegeling van de in de jaren negentig heersende ideeën in de volkshuisvesting die in toenemende mate werden bepaald door de woonwensen van de woonconsumenten, vooral van de welgestelde middenklasse. Het experiment werd door de opdrachtgevers en de gemeente als succesvol beschouwd en krijgt een vervolg op Steigereiland in IJburg.

Met de voltooiing van Borneo en Sporenburg was de nieuwe woonwijk in het Oostelijk Havengebied bijna gereed. De bebouwing van het centrumgebied de 'Rietlanden' kwam enkele jaren later, in 2004, gereed. Doordat de ontwikkeling over een periode van meer dan vijfentwintig jaar plaats vond, vormt het eilandenrijk met zijn zeer verschillende stedebouwkundige structuren, een afspiegeling van de opeenvolgende ideeën en mogelijkheden in de stedebouw, architectuur en de volkshuisvesting.

the experiment as a success and it is to be repeated on Steigereiland in IJburg.

With the realization of Borneo and Sporenburg, the new residential district in Oostelijk Havengebied was almost complete. The central area, the 'Rietlanden', was completed a few years later, in 2004. Because the development of Oostelijk Havengebied took place over a period of more than twenty-five years, the cluster of islands with their very different urbanistic structures reflects the successive ideas and possibilities in urban design, architecture and public housing.

Noten

10. De Oostelijke Handelskade is nog in ontwikkeling maar hoort niet bij het plangebied van het Oostelijk Havengebied.
11. Patijn nam de ruimte en het uitzicht als uitgangspunt in zijn ontwerp en ontwierp een parklandschap waarin de woningen grotendeels toch in grote woongebouwen werden ondergebracht. In het plan van Quadrat werd de openbare ruimte als ordenend element opgevat en diende het Spoorwegbassin als centraal waterplein. De verschillende vervoersstromen kregen ieder hun eigen positie; de auto's laag en het langzame verkeer hoog.

Literatuur/Literature

Lia de Lange en Ton Schaap, 'Borneo en Sporenburg. Een nieuwe wijk in het Oostelijk Havengebied', *Plan Amsterdam* nr. 2, Amsterdam, 1995.
Ton Schaap, 'Stads Arcadië', *Plan Amsterdam* nr. 5/6, Amsterdam, 1998.
Marlies Buurman, Bernard Hulsman, Hans Ibelings, Allard Jolles, Ed Melet, Ton Schaap, e.a., *Oostelijk Havengebied. Stedenbouw en architectuur*, NAi Uitgevers i.s.m. Dienst Ruimtelijke Ordening Amsterdam, Rotterdam, 2003.

Notes

10. Oostelijke Handelskade is still being developed, but is not part of the planning area of Oostelijk Havengebied.
11. Patijn's scheme took the space and the view as its departure-point. Patijn designed a park landscape in which most of the dwellings were housed in large apartment blocks. In the scheme by Quadrat, the public space was an ordering element and Spoorwegbassin functioned as a central 'water square'. The various traffic streams were given different positions; cars low and slow traffic high.

Van hoog naar laag

Bijlmermeer (vernieuwing/renewal)

From high to low

In 1966 werd in een polder nabij Amsterdam – de Bijlmermeer – begonnen met de bouw van een nieuwe wijk die ruimte moest bieden aan jonge gezinnen en mensen afkomstig uit stadsvernieuwingswijken. Het stedebouwkundig plan van de Amsterdamse dienst Publieke Werken (1956) voorzag in 40.000 woningen waarvan negentig procent zou worden ondergebracht in 'op industriële wijze' te vervaardigen hoogbouw. Het plan berustte op het moderne gedachtegoed van CIAM (Congrès Internationaux d'Architecture Moderne, opgericht in 1928). In de Bijlmer werd een radicale scheiding van de functies wonen, werken en recreatie en verkeer gerealiseerd, ervan uitgaande dat zo – anders dan in de grote steden van na de industriële revolutie – een hygiënische, groene, ruime, lichte en dus gezonde stad zou ontstaan. De strikte ruimtelijke scheiding van functies zou bovendien een functionele stad opleveren. Er kwam een rechthoekig stelsel van verhoogde autowegen, waarbinnen, in een groene ruimte, honingraatvormige flats van tien bouwlagen werden neergezet. Voorzieningen werden geconcentreerd onder wegdekken en parkeergarages.[12] Sociaal gezien werd de periode waarin de Bijlmer gestalte kreeg, bepaald door een geloof in de maakbaarheid van de samenleving. De Bijlmer zou een wijk moeten worden waarin men samen zou wonen en werken en samen verantwoordelijk zou zijn voor de gemeenschappelijke woonomgeving. Deze gedachte is onder meer te zien aan de identieke woonblokken waarin de individuele woning niet herkenbaar is, en in de collectieve ruimten voor jongeren en kinderopvang.
De bouw werd voortvarend ter hand genomen: al in 1968 konden de eerste bewoners in hun flat trekken. Maar nog ver voor de voltooiing van de Bijlmer, barstte de kritiek los. Er was

In 1966, in a polder (the Bijlmermeer) near Amsterdam, work began on the construction of a new district intended for young families and residents from the city's urban renewal districts. The urban design scheme by Amsterdam's public works department (1956) provided for 40,000 dwellings, ninety per cent of which was to be housed in high-rise built in an 'industrialized way'. The plan was based on the modern ideas of CIAM (Congrès Internationaux d'Architecture Moderne, set up in 1928). In the Bijlmer, there was a radical separation of residential, work, recreational and traffic functions, the idea being that, in contrast to large cities since the industrial revolution, this would give rise to a hygienic, green, spacious, light and thus healthy city. The strict spatial separation of functions would moreover produce a functional city. A rectangular system of raised roads was constructed, within which honeycomb-shaped, ten-storey flats were erected in green space. Facilities were concentrated underneath road decks and parking garages.[12] Socially, the period in which the Bijlmer took shape was determined by a belief in the makeability of society. The Bijlmer was to be a district where people would live and work together and be collectively responsible for the communal living environment. This idea can be seen, for example, in the identical housing blocks in which the individual dwelling is not distinguishable, and in the collective spaces for young people and for day-care facilities. Construction took place at a brisk pace: the first residents moved into their new homes as early as 1968. However, criticism of the Bijlmer was being voiced long before its completion. Its massiveness, uniformity and the strict separation of slow and fast traffic excited negative comment. The raised roads came in for particular criticism, because they created unsafe areas

commentaar op de massaliteit, de eenvormigheid en het strenge onderscheid tussen het langzame en het snelle verkeer. Vooral op de verhoogde wegen kwam veel kritiek want die zorgden voor onoverzichtelijke en sociaal onveilige plekken. De ruimtelijke problemen werden nog verzwaard door een aantal sociaal-economische en uitvoeringsproblemen. Zo werd er in de uitvoering bezuinigd waardoor liftopgangen werden geschrapt. Er ontstond een andere bevolkingssamenstelling dan verwacht, onder andere door de trek van de geschoolde arbeidersklasse naar groeikernen en het stagneren van de doorstroom uit stadsvernieuwingswijken. Met het onafhankelijk worden van Suriname in 1975 kwam bovendien een groot aantal Surinamers naar de Bijlmer. Zo werd de Bijlmer een wijk waar vooral de minder kansrijken kwamen te wonen.

In 1990 startten het stadsdeel, de gemeente en woningcorporatie Nieuw Amsterdam, een integrale vernieuwingsoperatie waarbij de wijk zowel ruimtelijk, sociaal, als beheertechnisch werd aangepakt. Deze aanpak was het resultaat van een jarenlange zoektocht en discussie over de toekomst van de problematische wijk. Gaandeweg werd algemeen de noodzaak ingezien van de sloop van flats en vervangende nieuwbouw waardoor het mogelijk werd meer variatie aan te brengen in het woningaanbod (meer koopwoningen) en in de bebouwing. Er werd gestreefd naar levendigheid, stedelijkheid en meer sociale veiligheid, onder meer door ruimte voor bedrijven in de flats aan te bieden, nieuwe centrumgebieden te creëren en de openbare ruimte anders in te richten. Het in 1992 opgerichte Projectbureau Vernieuwing Bijlmermeer begeleidde de vernieuwing. Ditmaal was de aanpak – ondanks het integrale karakter van de ingrepen – buurtgewijs. Het gebied werd opgedeeld in kleinere gebieden die door verschillende stedebouwkundigen werden uitgewerkt. De 'Stuurgroep vernieuwing Bijlmer'[13] zette de grote lijnen uit en bedacht de uitgangspunten waarmee de stedebouwkundigen die de deelgebieden zouden gaan ontwerpen, rekening moesten houden. Zo werd onder meer vastgesteld dat de Bijlmerdreef – de centrale verkeersas tussen de Gooiseweg en het nieuwe centrum Ganzenhoef – grotendeels zou worden verlaagd tot het maaiveldniveau en dat de aanliggende garages zouden worden gesloopt. Het openbare gebied zou duidelijker worden ingericht met straten, pleinen en publieke gebouwen. Een begin werd gemaakt in de G-buurt, het gebied ter weerszijden van de Bijlmerdreef.

where surveillance was difficult. The spatial problems were moreover aggravated by a number of socio-economic problems and problems with the project's realization. For example, during construction cutbacks were made, as a result of which facilities such as lifts were scrapped. The social and ethnic composition of the Bijlmer was not as had originally been envisaged, partly because skilled workers moved to overspill towns and the streams of relocatees from the urban renewal districts came to a standstill. Moreover, when Dutch Guiana became independent in 1975, a large number of Surinamese from the former colony moved to the Bijlmer. The Bijlmer became an area where the less fortunate in society came to live.

In 1990, the district council, the city council and the housing corporation Nieuw Amsterdam launched an integrated regeneration operation in which the district was dealt with spatially, socially and as regards management. This approach was the result of a lengthy study into and debate on the future of the problematic district. It was generally recognized that the flats should be demolished and replaced by new-build so that greater variety could be introduced in the housing market (more owner-occupied dwellings) and in the building development. The aim was to create vibrancy, urbanity and greater public security by, for example, providing commercial space in the flats, by creating new urban centres and by reorganizing the public space. The Project Office for the Renewal of the Bijlmermeer, which was set up in 1992, supervised the operation. This time – in spite of the integrated character of the interventions – the approach was neighbourhood specific. The area was divided into smaller districts which were then fleshed out by various urban planners. The Bijlmer Renewal Steering Committee[13] mapped out the main lines and devised the basic principles which the urban planners had to bear in mind when designing the individual areas. For example, it was decided that most of Bijlmerdreef – the central traffic axis between Gooiseweg and the new centre Ganzenhoef – would be lowered to ground level and that the adjacent garages would be demolished. The public space would be more clearly organized with streets, squares and public buildings. A start was made in G district, the area on either side of Bijlmerdreef.

Donald Lambert of the office Kraaijvanger-Urbis was engaged to draw up an urban design scheme for

99

Bijlmermeer in aanbouw, 1975 /
Bijlmermeer under construction, 1975.

Verlaagde Bijlmerdreef met laagbouwwijken, 2004 /
Lowered Bijlmerdreef with low-rise districts, 2004.

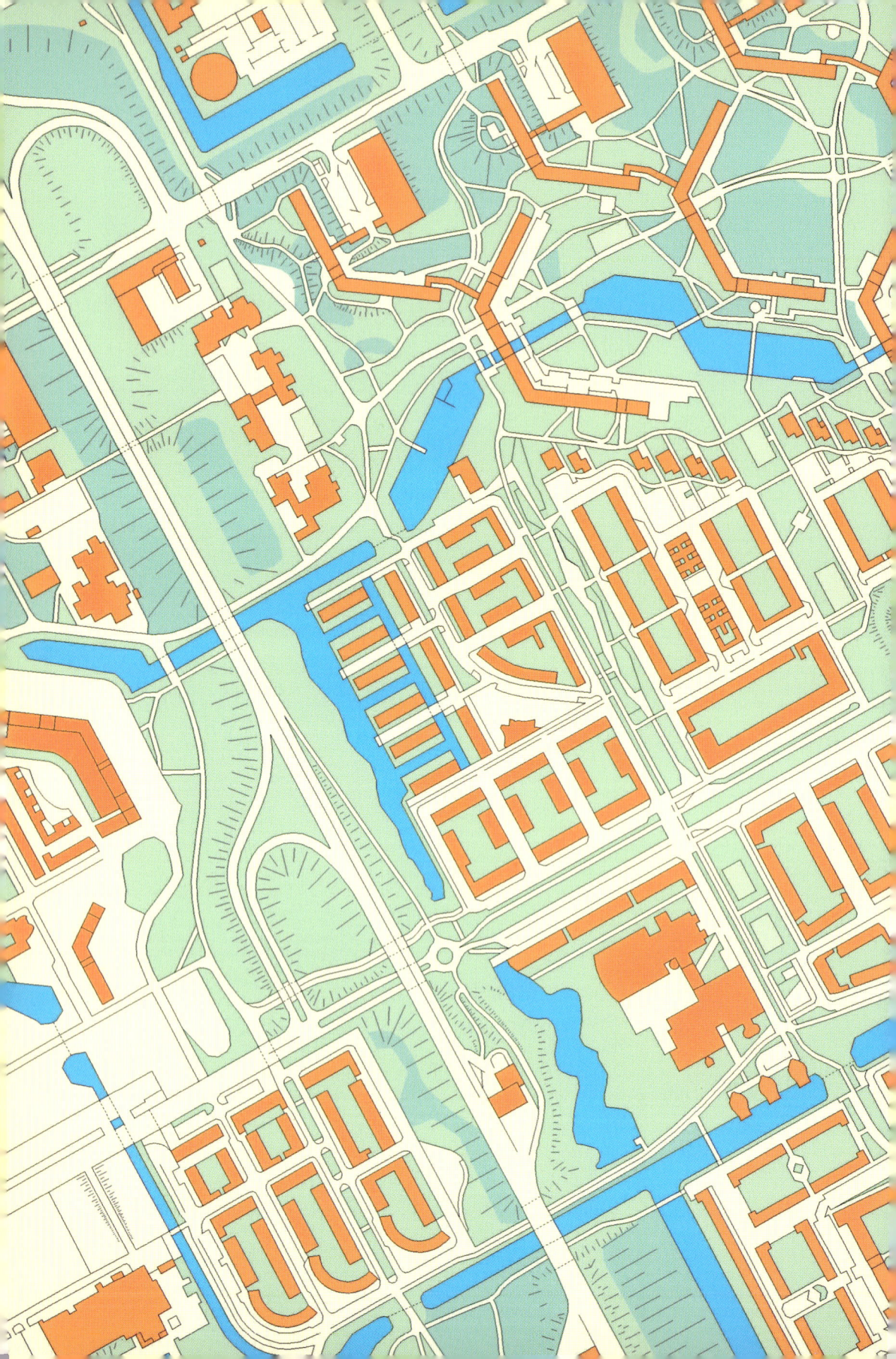

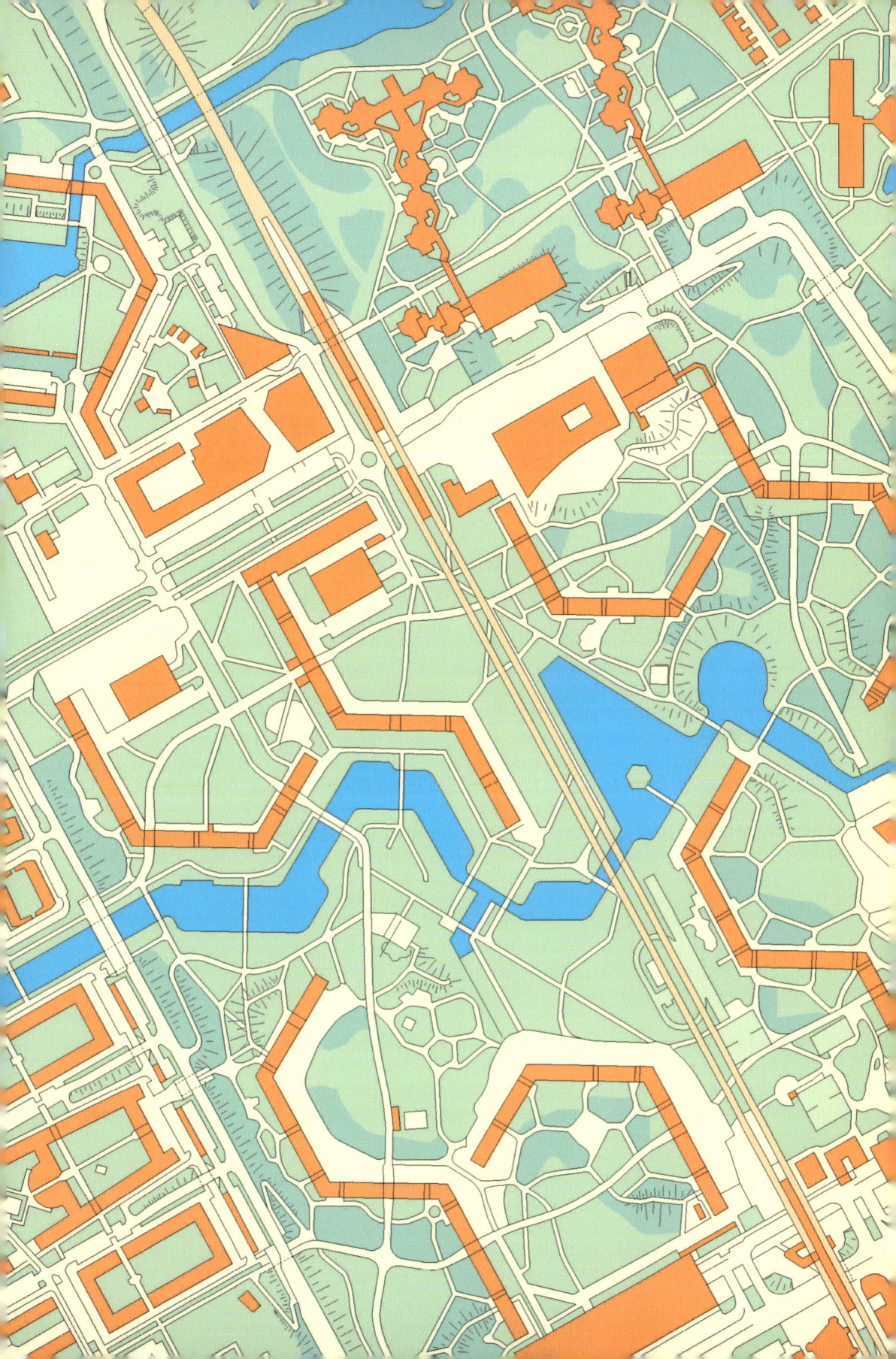

Donald Lambert van het bureau Kraaijvanger-Urbis werd aangetrokken om een stedebouwkundig plan te maken voor de G-buurt. Na een analyse van de buurt werd duidelijk dat de belangrijke kwaliteiten van de Bijlmer – het groen, het water, de privacy en de goede openbaarvervoersverbinding met de binnenstad – ook na de vernieuwing goed tot uiting moesten komen. De nadelen van de grootschaligheid van de honingraatstructuur en van de onduidelijkheden in het wegenstelsel moesten zoveel mogelijk worden ondervangen.

Lambert bedacht een nieuwe structuur waarbij de helderheid van de buurt voorop stond. Er werd onderscheid gemaakt tussen vier zogenaamde 'bouwstenen' in de wijk: dreven, groene banen, woonbuurtjes en honingraatensembles (te handhaven hoogbouw). Voor de inrichting van elk van deze elementen werden aparte richtlijnen geschreven. De Bijlmerdreef werd als belangrijkste verkeersader van het gebied gehandhaafd.[14] De verlaagde weg werd ontworpen als een 'avenue' met een brede middenberm met hoge bomen. De middenstrook werd gereserveerd voor een openbaarvervoersverbinding. Aan beide kanten van de weg kwamen ferme wanden met zogenaamde 'BeBo's'. Deze gestapelde 'beneden-/bovenwoningen' kregen een duidelijke relatie met de straat, onder meer doordat iedere woning een eigen voordeur aan de straat kreeg. Ook werd met de wanden een belangrijke fysieke grens getrokken tussen de verkeersader en de achterliggende bebouwing.

Haaks op de dreef werden 'groene banen' en 'witte stroken' onderscheiden. De groene banen boden ruimte voor openbaar groen, sport, en recreatie. De witte banen werden door verschillende architecten ingericht als woonwijken met laag- en middenhoogbouw: wijken met stoepen en auto's voor de deur. De overgang van de laagbouw naar de hoge, gehandhaafde flats werd gevormd door gebouwen van acht verdiepingen, zogenaamde 'passtukken'.

Zoals in zoveel naoorlogse wijken bestaat de kern van de opgave in de Bijlmer uit renovatie, sloop en nieuwbouw in een bestaande wijk en het verweven van het nieuwe met het oude. In het geval van de Bijlmer zijn er echter extreme overgangen: van hoogbouw naar laagbouw, van grootschaligheid naar kleinschaligheid, van functiescheiding naar functiemenging. Dat maakt de opgave complex. Inmiddels is de stedebouwkundige vernieuwing overal zichtbaar: dreven zijn verlaagd, flats zijn gesloopt en vervangen door laagbouw en er is meer

G district. Following an analysis of the neighbourhood, it became clear that the Bijlmer's principal qualities – green space, water, privacy and an excellent public transport connection with the city centre – should remain prominent features after the renewal operation. Drawbacks such as the large scale of the honeycomb structure and the lack of clarity in the road system were to be obviated wherever possible. Lambert devised a new structure in which the clarity of the neighbourhood was uppermost. Four 'constituent elements' were distinguished in the area: avenues, green strips housing estates and honeycomb ensembles (retained highrise). Separate guidelines were drawn up for the organization of each of these elements. Bijlmerdreef was retained as the area's most important traffic artery.[14] The lowered road was designed as an avenue with a wide central reservation with tall trees. The centre lane was reserved for a public transport connection. Robust walls with so-called 'BeBos' were built on either side of the road. These stacked 'up-down dwellings' had a clear relationship with the street because, among other things, each dwelling was provided with a front door on the street. In addition, the walls formed an important physical boundary between the traffic artery and the development behind. 'Green strips' and 'white strips' were distinguished at right angles to Bijlmerdreef. The green strips provided space for public greenery, sport and recreation. Various architects organized the white strips as residential areas with low-rise and medium-rise: residential areas with pavements and cars in the street. Eight-storey buildings, so-called 'passtukken' (a building typology specific to the Bijlmer) acted as a transition between the low-rise and the retained tall flats.

As in so many postwar districts, the central task in the Bijlmer consists of renovation, demolition and new-build in an existing neighbourhood and the interweaving of the old and the new. In the case of the Bijlmer, however, the transitions are extreme: from high-rise to low-rise, from a large scale to a small scale, from the separation of functions to a mix of functions. That makes the project complex. Now, urban renewal is everywhere in evidence: the avenues have been lowered, flats have been demolished and replaced by new-build and there is greater variety in the development. As a result, the radical break with the original ideas of the Bijlmer's designers is also clearly visible. The modern vision is gradually giving way to new urban design visions.

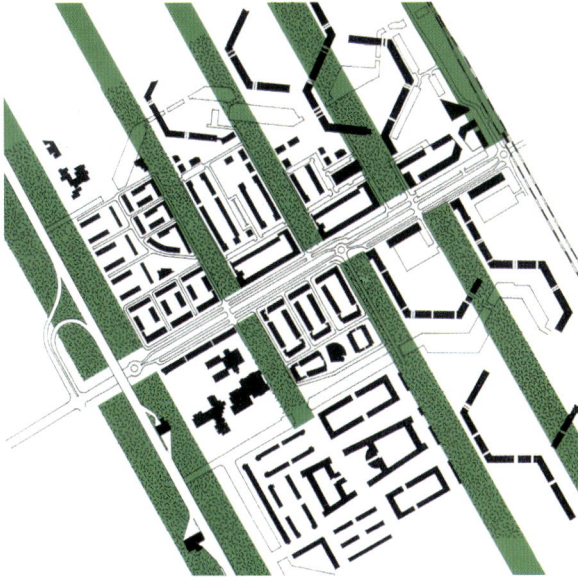

Plankaart Kraaijvanger-
Urbis met 'groene banen'
en 'witte stroken'.

De verlaagde Bijlmerdreef.

Oud en nieuw naast elkaar.

Planning map by
Kraaijvanger-Urbis with
'green bands' and 'white
strips'.

The lowered Bijlmerdreef.

Old and new next to each
other.

variatie in de bebouwing. Hiermee is ook de radicale breuk met de oorspronkelijke ideeën van de ontwerpers van de Bijlmer zichtbaar. Het moderne visioen maakt geleidelijk plaats voor nieuwe stedebouwkundige visies. De G-buurt staat als eerste uitwerking model voor de totale vernieuwingsoperatie in de Bijlmer. Wanneer de gehele operatie is voltooid, zal de Bijlmer een volwassen stadsdeel zijn, niet volgroeid. Tegen die tijd is in de Bijlmer een collage van stedebouwkundige ideeën ontstaan, tevens een collage van denkbeelden over de stad.

As the first area to be completed, G district serves as a model for the entire renewal operation in the Bijlmer. When this operation is complete, the Bijlmer will be a fully-fledged city district, but not full grown. By that time, a collage of urbanistic ideas will have evolved in the Bijlmer, which will also be a collage of ideas about the city.

Noten

12. Opvallend is dat tijdens de bouw van de Bijlmer in de binnenstad de stadsvernieuwing op gang kwam waarbij een totaal andere benadering centraal stond. Het mengen van functies werd belangrijk en het inpassen van nieuwe bebouwing in de bestaande stad.

13. De Stuurgroep Vernieuwing Bijlmermeer werd in 1991 opgericht en zou in haar anderhalfjarige bestaan de richtlijnen voor de fysiekruimtelijke vernieuwing van de Bijlmer uiteenzetten. In haar eindrapportage *Werk met werk maken* pleitte de stuurgroep voor sloop, renovatie en nieuwbouw. De stuurgroep, onder voorzitterschap van Dirk Frieling, bestond onder anderen uit Ab Vos, René Grotendorst, Ien Dales en Tineke van den Klinkenberg.

14. Deze ingreep was een variant op een studie van Rem Koolhaas uit 1986. Koolhaas ontwierp een nieuwe samenhang tussen maaiveld, verkeers-, en voorzieningenstructuur. De 'Bijlmerstrip' werd bedacht als nieuw centrumgebied voor de hele Bijlmer.

Literatuur/Literature

Dick Bruijne, Dorine van Hoogstraten et al., *Amsterdam Zuidoost, Centrumgebied Zuidoost en stedelijke vernieuwing Bijlmermeer 1992-2010/ Amsterdam Southeast, Centre Area Southeast and the urban renewal in the Bijlmermeer 1992-2010*, Uitgeverij THOTH Bussum, 2002.
Archis 1997/3, Bijlmermeer special.
Kuiper Compagnons, *De Bijlmer is mijn stad. Visie voor de ruimtelijke vernieuwing van de Bijlmermeer*, Amsterdam Zuidoost, voorjaar 1997.

Notes

12. It is noteworthy that during the construction of the Bijlmer, urban renewal in the city centre got underway, but here there was a totally different approach; a mix of functions and the integration of new development in the existing city were of central importance.

13. The Bijlmermeer Renewal Steering Committee was set up in 1992 and in the one and a half years of its existence it laid down the guidelines for the physical-spatial renewal of the Bijlmer. In its final report, 'Werk met werk maken' ('create work with work'), the steering committee advocated demolition, renovation and new-build. The steering committee consisted of: Dirk Frieling, Ab Vos, René Grotendorst, Ien Dales and Tineke van den Klinkenberg.

14. This intervention was a variant of a study by Rem Koolhaas in 1986. Koolhaas designed a new relationship between ground level, traffic and facilities structure. The 'Bijlmer strip' was devised as a new urban centre for the entire district.

Van Amsterdamse Poort tot ArenA Boulevard

Centrumgebied Zuidoost

From Amsterdamse Poort to ArenA Boulevard

In de jaren zestig werd in een poldergebied ten zuidoosten van Amsterdam de grootschalige woonwijk de 'Bijlmermeer' gebouwd. De wijk werd als een satellietstad bij Amsterdam gebouwd, op grote afstand van de bestaande stad.

De Bijlmermeer kwam tot stand op basis van een stedebouwkundig plan van de afdeling Stadsontwikkeling van de dienst Publieke Werken. Dit plan voorzag in een gemengd programma, met 900 m² woongebied, 250 hectare industriegebied, 200 hectare gebied voor bijzondere bestemmingen en 450 hectare recreatiegebied. Het was een veelomvattend plan waarin de ruimtelijke samenhang van de verschillende onderdelen een grote rol speelde. De woningen, grotendeels ondergebracht in honingraatvormige flats, kwamen ten oosten van de spoorlijn naar Utrecht te liggen. Aan deze zijde werd ook het stadsdeelcentrum gebouwd, op een goed bereikbare locatie dicht bij het spoor en de geplande metrolijn. Hier verrees in de jaren tachtig het winkelcentrum 'Amsterdamse Poort' waarin ook het stadsdeelkantoor en voorzieningen van sociaal-culturele aard een plek kregen. De bedrijventerreinen werden aan de andere kant van het spoor aangelegd, op een strook grond langs de snelweg A2.

Omdat de aanleg van de metrolijn langer op zich liet wachten dan voorzien (de aanleg startte in 1971 en Station Bijlmer werd pas in 1977 geopend) moest de Bijlmer het lange tijd stellen zonder goede verbinding met de binnenstad. Tegelijkertijd werd de geïsoleerde ligging van de Bijlmer versterkt door de onzichtbaarheid vanaf de snelwegen A1 en A2 waardoor de wijk ook visueel geen deel van de stad uitmaakte. De kritiek, onder meer op de massaliteit en uniformiteit van de nieuwbouwwijk, barstte al snel in volle hevigheid los en sommige delen

The large-scale residential development the 'Bijlmermeer' was built in the sixties in the polders to the southeast of Amsterdam. This new district was built as a satellite town, at a considerable distance from the existing city. The Bijlmermeer was based on an urban design scheme by the urban development agency, part of the city's public works department. This scheme provided for a mixed programme, with 900 m2 for residential development, a 250-hectare industrial zone, 200 hectares for special functions and 450 hectares for recreational purposes. It was a comprehensive plan in which the spatial cohesion of the various components played a key role. The dwellings, most of which were housed in honeycomb-shaped flats, were built to the east of the railway line to Utrecht. The district's centre was also built on this side, on a well-accessed site close to the railway line and the projected metro. In the eighties, the shopping centre 'Amsterdamse Poort', which also contained the district council offices and social and cultural facilities, was added to the site. Business parks were constructed on the other side of the railway line, on a strip of land along the A2 motorway.

Because construction of the metro line took longer than had been anticipated (construction began in 1971 and Bijlmer Station did not open until 1977), the Bijlmer had to manage for some considerable time without a good connection with the city centre. Furthermore, the Bijlmer's isolation was reinforced by the fact that it was not visible from the A1 and A2 motorways, so that visually, too, it did not form part of the city.

The new district was immediately and fiercely criticized, in particular for its massiveness and uniformity, and some parts of the Bijlmer were not completed in accordance with the original

van de Bijlmer werden niet afgebouwd volgens de oorspronkelijke plannen maar gerealiseerd in laag-bouw. Als gevolg daarvan deed zich in de tweede helft van de jaren tachtig een belangrijke koers-wijziging voor in de discussie over de toekomst van de Bijlmer. In 1987 werd het stadsdeel Zuidoost ingesteld en kreeg de Bijlmer zijn eigen afdeling Ruimtelijke Ontwikkeling. Belangrijke doelstel-lingen, naast verdichting en het creëren van gevari-eerde leefmilieus, waren vanaf dat moment het verhogen van het voorzieningenniveau en het aan-trekken van nieuwe bevolkingsgroepen waaronder werknemers van het bedrijventerrein Amstel III. Ook werd beoogd om van Zuidoost een tweede centrum van Amsterdam te maken, waarbij Amstel III en de Amsterdamse Poort samen als economische motor voor de Bijlmer zouden moeten fungeren. De spoor-dijk tussen beide gebieden vormde in deze opzet echter een grote barrière.

Vanaf begin jaren negentig is door DRO – onder supervisie van Pi de Bruijn – gewerkt aan een plan voor een nieuw centrumgebied aan de westzijde van de spoordijk. In dit ontwerp werd het in aanbouw zijnde voetbalstadion – aanvankelijk bedoeld voor de Olympische Spelen – in de plannen betrokken. De aantrekkingskracht van het stadion met een transferium bleek al snel groot. Bedrijven toonden belangstelling om zich hier, in de nabijheid van het transferium en het station te vestigen. Aanvankelijk waren er alleen kantoren en grootschalige winkels gepland, maar De Bruijn stuurde aan op het toe-voegen van meer uitgaansfuncties om zo het gebied een bovenlokale aantrekkingskracht te geven. Het ontwerp is gebaseerd op het creëren van een verbinding tussen de oost- en de westkant van het spoor door middel van een 70 meter brede en 600 meter lange diagonale as, de ArenA Boulevard. Deze boulevard is te zien als een langwerpige stedelijke ruimte, ingericht als een autovrije straat die voet-gangers toegang geeft tot alle uitgaansgelegen-heden.
De as doorsnijdt het rechthoekige gebied en leidt onder het spoor naar het winkelcentrum Amster-damse Poort. Het westelijke uiteinde van de as wordt in de toekomst door een 150 meter hoge woontoren beëindigd, de oostelijke kant eindigt in een plein voor het winkelcentrum Amsterdamse Poort. Omdat er een klein hoogteverschil is tussen beide gebieden, loopt de boulevard naar het plein toe geleidelijk af en eindigt hij voor het winkel-centrum in een verdiept plein.

plans but rather were realized as low-rise. As a consequence, in the second half of the eighties there was a major change of tack in the debate on the future of the Bijlmer. In 1987, Zuidoost (south-east) urban district was established and the Bijlmer was given its own spatial development agency. In addition to densification and the creation of varied living environments, key objectives were to raise the level of facilities and to attract new sections of the population, including employees in the business park Amstel III. Another aim was for Zuidoost to become Amsterdam's second centre, with Amstel III and Amsterdamse Poort functioning together as the economic driving force in the Bijlmermeer. However, the railway embankment formed a major barrier between these two areas.

In the early nineties, the city's planning department (DRO) – under the supervision of Pi de Bruijn – began working on a scheme for a new centre area on the west side of the railway embankment. In this scheme, the football stadium (which had originally been intended for the Olympic Games and was already under construction) was included in the plans. The stadium, with a transferium, soon proved to be a major attraction. Companies were keen to locate here, close to the transferium and the station. Initially only offices and large shops were planned but De Bruijn wanted more entertainment functions to be included in order to attract visitors from a wide area. The scheme is based on the creation of a connection between the east and the west side of the railway line by means of a 70 metre wide and 600 metre long diagonal axis, the ArenA Boulevard. This boulevard can be seen as an elongated urban space, laid out as a car-free street which gives pedestrians access to the entertainment facilities. The axis bisects the rectangular area and leads under the railway line to the shopping centre Amsterdamse Poort. The Western end of the axis will in the future be terminated by a 150 metre-high residential tower. As regards the eastern end, because there is a slight difference in height between the two areas, the boulevard slopes gradually down towards Amsterdamse Poort and terminates in front of this shopping centre in a sunken plaza.
On the boulevard, a programme of shops, theatres, bars and restaurants, a multiplex cinema and other entertainment facilities are under construction. These are housed in massive buildings whose scale fits in with that of the boulevard and the stadium. In contrast to the business parks to the south of the

Amsterdamse Poort in aanbouw, 1985. Boven het toekomstige ArenA-gebied /
Amsterdamse Poort under construction, 1985. Top right the future ArenA area.

ArenA-gebied, 2004 /
ArenA area, 2004.

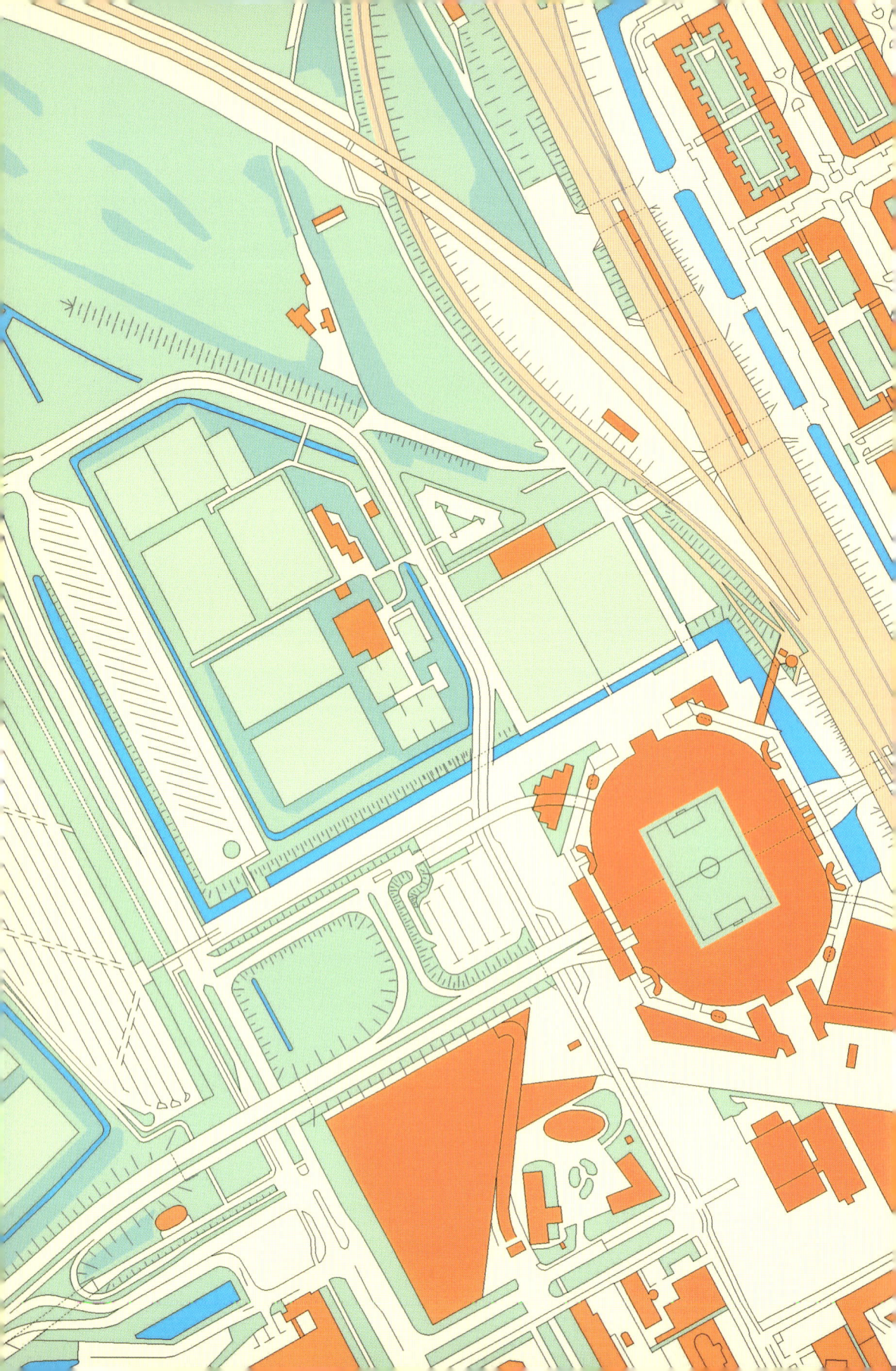

Aan de boulevard is een programma van winkels, theaters, horeca, een megabioscoop en andere uitgaansgelegenheden in wording, grotendeels ondergebracht in forse gebouwen die in maat passen bij de schaal van de boulevard en het stadion. De bebouwing is – in tegenstelling tot de bedrijventerreinen ten zuiden van het gebied – direct langs de rooilijn geplaatst waardoor strakke, stedelijke wanden zijn ontstaan die een zekere beslotenheid uitstralen. Ten zuiden van de boulevard ontstaat een gebouwencluster met een grondvlak in de vorm van een driehoek. Hierin zijn vooral de uitgaansgelegenheden ondergebracht, zoals een megabioscoop, een concerthal en het toekomstige GETZ Entertainmentcenter.

Aan de noordkant van de boulevard is rondom het stadion een 12 tot 15 meter hoge plint gebouwd die ook hier voor een duidelijke wand zorgt. In de plint zijn winkels, horeca en kantoren ondergebracht. In de bouwstroken ten westen en ten zuiden van de boulevard zijn hoge kantoorgebouwen gerealiseerd die het centrum al van verre zichtbaar maken.[15] Het autoverkeer wordt met een verkeerslus rond het centrumgebied geleid.

De spil van het stedebouwkundig plan wordt gevormd door het nieuwe station 'Amsterdam Bijlmer ArenA' dat naar verwacht in 2007 gereedkomt. Dankzij het transparante ontwerp van Nicholas Grimshaw en de brede doorgang onder de sporen, wordt niet alleen een ruimtelijke maar ook een visuele en gevoelsmatige verbinding tussen beide gebieden mogelijk. Wanneer het station gereedkomt, zal echter moeten blijken of de barrièrewerking van het spoor echt is weggenomen, of de werknemers uit het werkgebied gaan winkelen in de Amsterdamse Poort, en of andersom de bewoners van de Bijlmer hun ontspanning in het ArenA-gebied gaan zoeken. Wel is duidelijk dat het zich heeft ontwikkeld van een geïsoleerd werkgebied tot een goed bereikbaar subcentrum van de inmiddels policentrische stad. Het maakt op dit moment deel uit van een boogvormig werkgebied dat zich uitstrekt van Hoofddorp en Schiphol, via de Zuidas naar Amstel III en om die reden is het bij bedrijven erg in trek. Door het gevarieerde aanbod van functies en de goede bereikbaarheid heeft het ArenA-gebied ook betekenis voor de hele regio. Deze regionale positie op werk- en uitgaansgebied is tekenend voor de het feit dat de voormalige 'wijk' de Bijlmermeer zowel fysiek als psychologisch is uitgegroeid tot een onlosmakelijk onderdeel van stad.

area, the development is situated directly along the building line, giving rise to taut urban walls with a certain contained character. To the south of the boulevard is a cluster of buildings with a triangular footprint. These contain mainly entertainment facilities such as a multiplex, a concert hall and the GETZ entertainment centre.

On the north side of the boulevard, a 12 to 15 metrehigh plinth has been built around the stadium, giving rise, here too, to a clear urban wall. The plinth contains shops, bars, restaurants and offices. Tall office buildings have been realized in the strips of development to the west and south of the boulevard, as a result of which the centre is visible from a considerable distance.[15] A traffic loop directs car traffic around the centre area.

The new station 'Amsterdam Bijlmer ArenA', scheduled for completion in 2007, is the pivot of the urban design scheme. Thanks to the transparent design by Nicholas Grimshaw and the wide underpass underneath the railway line, not only a spatial, but also a visual and perceptual connection between the two areas is possible. When the station is completed, it remains to be seen, however, whether the barrier effect of the railway line really has been removed, whether those who work in the business park will shop in Amsterdamse Poort, and whether residents of the Bijlmer will make use of the entertainment facilities in the ArenA area. What is clear is that the ArenA area has developed from an isolated work area into an easily accessible sub-centre of the polycentric city. It now forms part of an arcuate work area which extends from Hoofddorp and Schiphol, via the South Axis, to Amstel III, and for this reason companies are eager to locate here. Because of the varied functions and excellent accessibility, the ArenA area is important not only for the Bijlmer and Amsterdam, but for the entire region. This regional position as an area for work and entertainment is illustrative of the fact that the former 'district' the Bijlmermeer has developed both physically and psychologically into an integral part of the city.

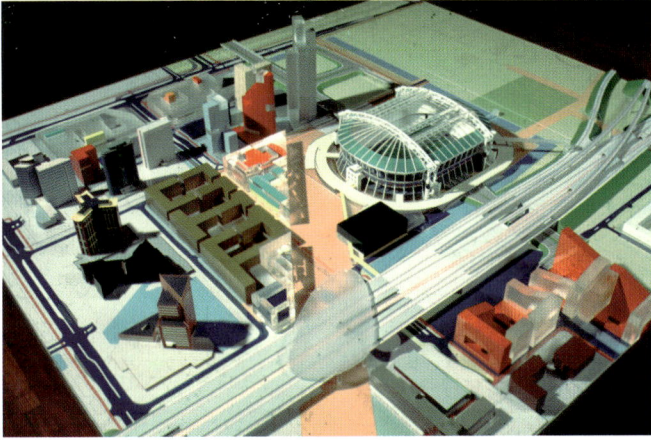

Driedimensionaal plan
Centrumgebied Zuidoost,
DRO i.s.m. Pi de Bruijn,
1997.

Station Bijlmer ArenA.
Ontwerp: Nicholas
Grimshaw & Partners
i.s.m. Arcadis.

ArenA Boulevard, 2005.

Three-dimensional plan
Southeast Centre Area,
DRO in association with
Pi de Bruijn, 1997.

Bijlmer ArenA Station.
Design: Nicholas Grimshaw
& Partners in association
with Arcadis.

ArenA-gebied met op de achtergrond de Utrechtboog in aanbouw. Deze directe spoorverbinding tussen de Bijlmer en Schiphol wordt in 2005 opgeleverd.

ArenA area with in the background Utrechtboog under construction. This direct rail link between the Bijlmer and Schiphol is due for completion in 2005.

Noten

15. Omdat er te weinig ruimte was om de gewenste kantoorruimte in laagbouw te realiseren, werd hoogbouw in het gebied toegestaan.

Literatuur/Literature

'Werken aan de infrastructuur', in: *Archis* 1997/3, Bijlmermeer special.
Dick Bruijne, Dorine van Hoogstraten et al., *Amsterdam Zuidoost, Centrumgebied Zuidoost en stedelijke vernieuwing Bijlmermeer 1992-2010 / Amsterdam Southeast, Centre Area Southeast and the urban renewal in the Bijlmermeer 1992-2010*, Uitgeverij THOTH, Bussum, 2002.

Notes

15. Because there was insufficient space to be able to realize the desired office space in low-rise, permission was given for high-rise in the area.

Zoeken naar veelzijdigheid

Zuidwest Kwadrant (Osdorp)

The search for multi facetedness

Na de Tweede Wereldoorlog werd Amsterdam in het westen uitgebreid met vijf tuinsteden: Slotermeer (1951), Geuzenveld (1953), Slotervaart (1954), Overtoomse Veld (1955) en Osdorp (1957). Dit gebeurde volgens het Algemeen Uitbreidingsplan (AUP, 1935) van Cornelis van Eesteren. De moderne stad werd door Van Eesteren gezien als functioneel systeem, gebaseerd op een helder raamwerk of grid, opgebouwd uit netwerken van wegen, groen en water. Het patroon van de openbare ruimte liet ruimte over aan de tussenliggende woongebieden die later nog door verschillende ontwerpers konden worden ingevuld. Het plan was voor de oorlog bedacht, maar de uitwerking kon pas na de oorlog ter hand worden genomen. Daarbij moest het plan ook worden aangepast aan de veranderde omstandigheden en toen heersende ideeën in de stedebouw. Onder druk van de woningnood werden in een hoog tempo en met weinig geld, veel woningen neergezet. De wens licht, lucht en ruimte in de stad te brengen, verdrong het gesloten bouwblok. Er werd druk geëxperimenteerd en de stadsplattegrond laat goed zien hoe het half-open bouwblok geleidelijk plaats maakte voor het open bouwblok. Hoewel de tuinsteden volgens de oorspronkelijk plannen vooral bebouwd zouden worden met laagbouwwoningen, werd strokenbouw in meerdere woonlagen veelvuldig toegepast. Met de stroken werd een hovenstructuur gevormd waarin laagbouw, middelhoog- en hoogbouw elkaar afwisselen.

In de jaren negentig blijkt dat er veel is veranderd. De destijds gebouwde woningen, bedoeld voor jonge gezinnen met een modaal inkomen, worden inmiddels bewoond door een gemengde groep van ouderen en jonge starters zonder kinderen, en grote gezinnen met een

After the Second World War, Amsterdam expanded westwards when five garden suburbs were constructed: Slotermeer (1951), Geuzenveld (1953), Slotervaart (1954), Overtoomse Veld (1955) and Osdorp (1957). This took place in accordance with the General Extension Plan (AUP, 1935) by Cornelis van Eesteren. Van Eesteren saw the modern city as a functional system based on a lucid framework or grid which was composed of networks of roads, green space and water. The pattern of the public space left room for residential areas in between, which could be fleshed out later by various designers. The plan was drawn up before the war, but it wasn't elaborated until after the war had ended. Furthermore, it had to be adapted to the changed circumstances and the prevailing ideas in urban planning. Under pressure from the housing shortage, a great many dwellings were built very quickly and cheaply. Housing characterized by light, air and space supplanted the perimeter block. Experiments with dwelling types were carried out and the city plan shows how the half-open block gradually made way for the open block. Although according to the original plans, the garden suburbs were to be primarily low-rise developments, a large quantity of row housing with several storeys was also built. The rows formed a courtyard structure in which there was a mix of low-rise, medium-rise and high-rise.

By the nineties, the area had changed considerably. The original housing, designed for young families with an average income, was now occupied by a mixed group of elderly people and young couples without children, as well as large families with a low income. In order to prevent the more affluent residents from moving to attractive residential districts such

laag inkomen. Om te voorkomen dat de koop-krachtige bewoners wegtrekken naar aantrekkelijke woonwijken als De Aker en Nieuw Sloten en verder weg, is een grotere variatie in het woningaanbod nodig. Een ander belangrijk aandachtspunt is de verslechterde technische kwaliteit van de woningen en van de openbare ruimte. Daar komt bij dat de gemeente binnen de gemeentegrenzen moet bouwen. De verdichting van de zo open Westelijke Tuinsteden ligt voor de hand.

Het bestuur van de vier betrokken stadsdelen, de gemeente en de woningbouwverenigingen bundel-den in 2001 hun krachten en kwamen met het *Ontwikkelingsplan Richting Parkstad 2015* dat op dit moment op verschillende plekken in de Weste-lijke Tuinsteden in uitvoering is.[16] *Parkstad 2015* is gericht op het versterken van de regionale en stede-lijke positie van het gebied en op het verbeteren van de bereikbaarheid, de kwaliteit van groen en water, het creëren van meer afwisseling en menging in het aanbod van woon- en werkmilieus, en op andere vormen van gebruik en beheer van de openbare ruimte. Belangrijke veranderingen zijn de verdich-ting langs de ringspoorzone, aan de koppen van de Sloterplas en langs de stadsstraten.

De Westelijke Tuinsteden zijn opgedeeld in ver-nieuwingsgebieden met elk een eigen supervisie-team of supervisor als verantwoordelijke voor het stedebouwkundig plan, de strategie en de spel-regels. Deze supervisoren worden aangestuurd door het Kwaliteitsteam Parkstad dat ook de samenhang tussen de vernieuwingsgebieden moet bewaken. Opvallend is dat de opdrachtgevers de monotonie van het AUP het liefst willen doorbreken en afzonderlijke buurten willen creëren met ieder een eigen karakter. Hiertoe is een kaart opgesteld met negen verschillende 'leefmilieus', variërend van 'hoog stedelijk' tot 'tuinstad' en 'buitenplaatsen' (zie p. 29).

De opgave voor het hele gebied bestaat uit: sloop en vervanging van 13.000 woningen (een kwart van de woningvoorraad) en het bijbouwen van 11.000 woningen. Voor economische functies wordt gere-kend op 500.000 m². In plaats van functiescheiding staat het mengen in zowel de bebouwing als in de openbare ruimte voorop. Bij dit alles woedt de discussie over het oorspronkelijk open karakter van de tuinsteden en in hoeverre dit aangetast wordt door de beoogde verdichting.

Het Zuidwest Kwadrant, het eerste gebied in de Westelijke Tuinsteden dat op de schop is gegaan,

as De Aker and Nieuw Sloten, a greater variety of housing was needed. Another important point requiring attention was the poor technical quality of the housing and the public space. Furthermore, new development had to be inside the municipal boundaries. Densification of the very open garden suburbs Westelijke Tuinsteden was an obvious choice. The four district councils involved, the city council and the housing associations joined forces in 2001 and produced the *Ontwikkelingsplan Richting Parkstad 2015* (Development plan towards a park city 2015), which is currently being realized at various locations in the Westelijke Tuinsteden.[16] *Parkstad 2015* (Park City 2015) is aimed at strength-ening the area's regional and urban position and at improving accessibility, the quality of green space and water, creating a greater variety and a greater mix of living and working environments and other types of use and management of the public space. Major changes include densification along the rail-way zone, at the ends of the lake Sloterplas and along the urban streets.

The Westelijke Tuinsteden are divided into renewal areas, each with its own supervisory team or super-visor responsible for the urban design scheme, the strategy and the rules of play. These supervisors are directed by the 'park city quality team', which also monitors the cohesion between the renewal areas. It is noteworthy that the project's clients want to break up the monotony of the AUP and create individual neighbourhoods with their own character. To this end, a map has been drawn up with nine different 'living environments', ranging from 'high urban' to 'garden suburb' and 'country estates' (see p. 29).

The task for the entire area consists of: the demoli-tion and replacement of 13,000 dwellings (a quarter of the housing stock) and the construction of an additional 11,000 housing units. 500,000 m² has been earmarked for economic functions. Instead of the separation of functions, the aim is a mix of development and of public space. There is an on-going debate about the original open character of the garden suburbs and the extent to which this will be spoiled by the envisaged densification.

As an exemplary project (together with Overtoomse Veld Noord and Buurt Ne9en in Geuzenveld), the Zuidwest Kwadrant ('Southwest Quadrant') is the first area in the Westelijke Tuinsteden to be dealt with and work is now in progress. The area is situated to the southwest of Sloterplas and

Zuidwest Kwadrant, 1970 /   Zuidwest Kwadrant, 2004 /
Southwest Quadrant, 1970.   Southwest Quadrant, 2004.

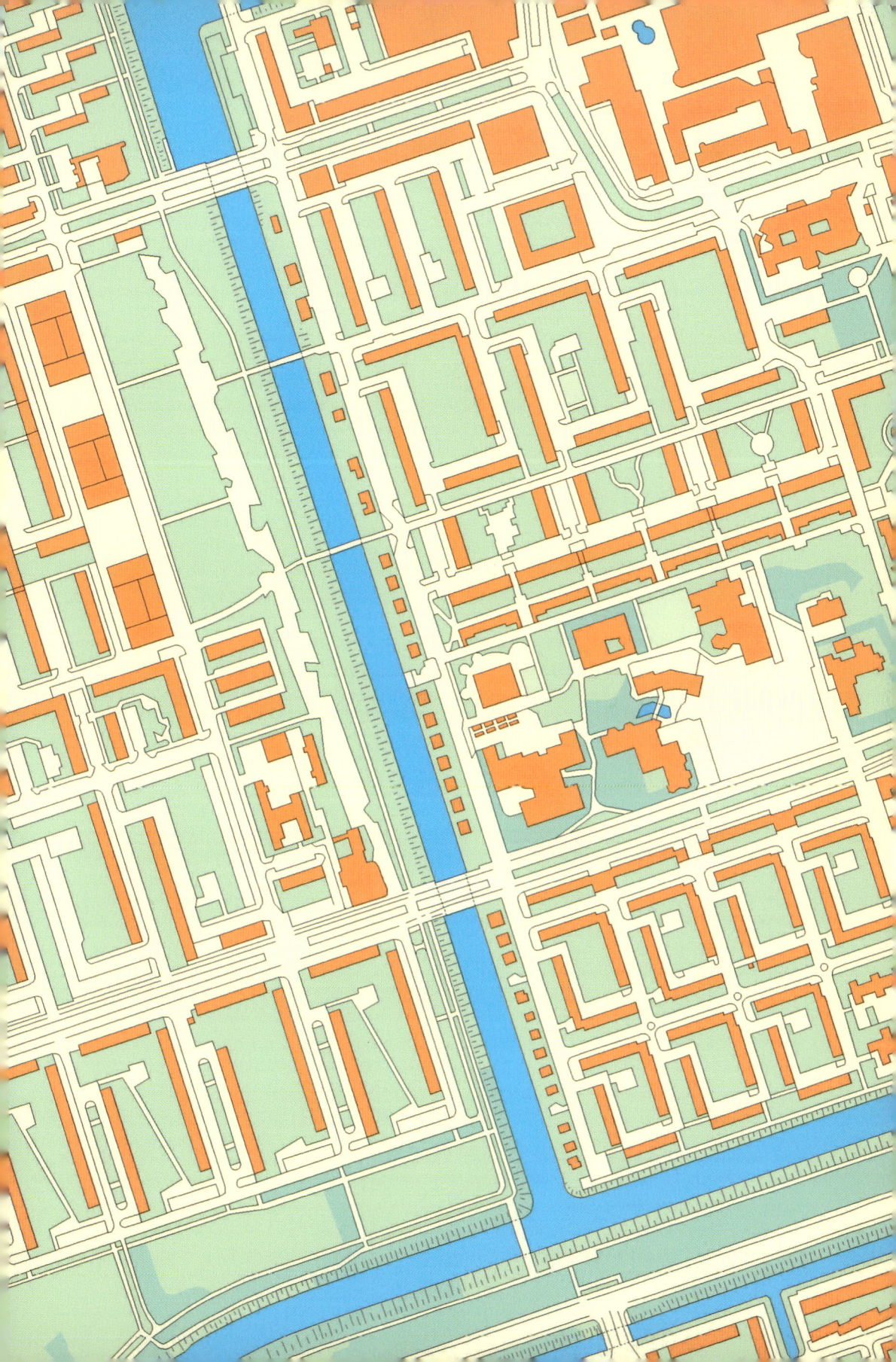

is (samen met Overtoomse Veld Noord en Buurt Ne9en in Geuzenveld) als voorbeeldproject, vooruitlopend op *Richting Parkstad 2015* in uitvoering genomen. Het gebied ligt ten zuidwesten van de Sloterplas en bestaat uit vrijstaande, hoge gebouwen die zijn neergezet als losse stroken of gegroepeerd in haken. Opvallend is de ruime opzet van de verkaveling in deze buurt.

Het stedebouwkundig plan voor de herstructurering van het Zuidwest Kwadrant werd in opdracht van de corporaties en stadsdeel Osdorp gemaakt door De Nijl Architecten. De opgave bestaat op dit moment uit de renovatie van 850 woningen, de sloop van 1.400 van de 2.800 woningen en het bijbouwen van 2.400 nieuwe woningen. Om adequaat te kunnen reageren op de voortdurende wijzigingen in de opgave kwam De Nijl met een plan dat uitgaat van de bestaande indeling van de buurt in 'randen' en 'velden'. De randen (die de velden omgeven) zijn geen traditionele gevelwanden maar structurerende gebieden: groene stroken of repetities van bouwblokken. In het Zuidwest Kwadrant bestaan de randen uit twee groenstroken en twee winkelstraten. De randen worden volgens het plan van De Nijl – inspelend op de veranderende relatie van het gebied met de omgeving – opnieuw ingericht. Omdat de Pieter Calandlaan als doorgangsroute in belang toeneemt, krijgt de laan een nieuw profiel (met de doorgetrokken tramlijn naar De Aker) en wordt de meeste bebouwing erlangs vervangen door nieuwbouw. Hierin komt veel winkel- en bedrijfsruimte waarmee de functie van stadsstraat wordt verstevigd. Ook de groenstroken zijn van betekenis veranderd. Het zijn niet langer voorbodes van het (voorheen onbebouwde) buitengebied maar ze fungeren nu als groenvoorziening voor de wijk. Beide groenstroken worden volgens het plan opnieuw ingericht. Het Jan van Zutphenplantsoen wordt ingericht als waterpark. De lage duplexwoningen aan de randen worden gesloopt zodat de tuinen van de blokken ten zuiden van de Calandlaan ruimtelijk bij het plantsoen betrokken kunnen worden. De groenstrook naast de Hoekenesgracht wordt verbreed en ingericht als stadspark. Door twee haakse groenstroken te creëren wordt de achtergelegen strokenbouw bij het stadspark getrokken. De randen van de nieuwe parken worden architectonisch bepaald door reeksen van nieuwe gebouwen. Bij de inrichting van de velden is een duidelijk onderscheid tussen openbaar en privé-gebied aan-

comprises tall, freestanding buildings which are arranged in separate rows or are grouped in an L-shaped configuration. The spacious plot layout is a striking feature of this neighbourhood.

De architectural firm De Nijl Architects was commissioned by the housing corporations and Osdorp district council to draw up the urban design scheme for the restructuring of the Zuidwest Kwadrant. The project now comprises the renovation of 850 dwellings, the demolition of 1,400 of the existing 2,800 dwellings and the construction of 2,400 new dwellings. In order to be able to adequately respond to the constantly evolving situation, De Nijl produced a scheme based on the existing division of the neighbourhood in 'edges' and 'fields'. The edges (which surround the fields) are not traditional facade frontages, but rather structuring areas: green strips or repetitions of blocks. In the Zuidwest Kwadrant, the edges consist of two green strips and two shopping streets. The edges are to be reorganized in accordance with the scheme by De Nijl in order to reflect the area's changing relationship with its surroundings. Because Pieter Calandlaan is becoming increasingly important as a route for through traffic it is to be given a new profile (with the extended tram line to De Aker). Most of the development along it will be replaced by newbuild. This will include a substantial amount of retail and commercial space, as a result of which the function of the urban street will be reinforced. The green areas also have a new significance. They are no longer preludes to the (previously unbuilt) countryside, but rather they now function as green space for the neighbourhood. Both green areas are to be reorganized in accordance with the plan. Jan van Zutphenplantsoen is to become a water park. The maisonettes on the edges are to be demolished so that the gardens of the blocks to the south of Calandlaan can be spatially related to Jan van Zutphenplantsoen. The green strip next to Hoekenesgracht is to be widened and laid out as an urban park. By creating two L-shaped green spaces, the row housing will be related to the urban park. The edges of the new parks are to be architecturally determined by a series of new buildings.
With regard to the organization of the fields, there is a clear distinction between public and private areas, the boundaries between what is public, private or communal are clearly designed. A good example of this is the introduction of fences

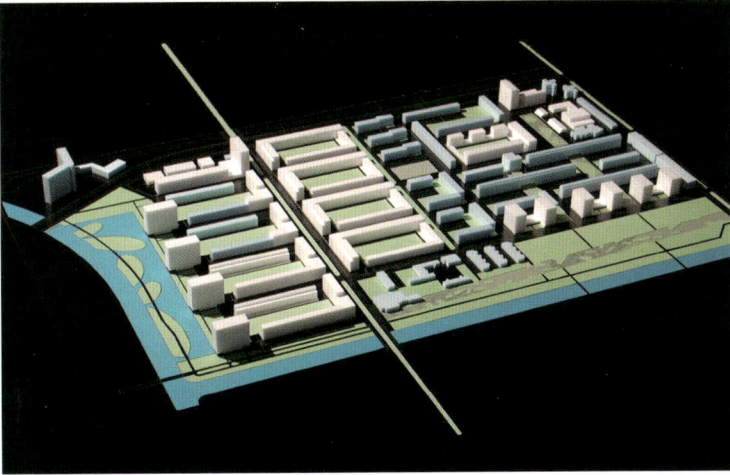

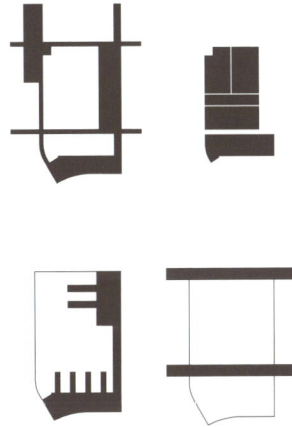

Maquette.

Model.

Plankaart.

Planning map.

Randen en velden, groen-
stroken en stadsstraten.

Edges and fields, green
strips and urban streets.

Voor het stadspark
ontwierp De Nijl drie
complexen, ieder bestaand
uit een basement met
daarop twee torens.

For the urban park, De Nijl
designed three complexes,
each comprising a base-
ment with two towers on
top.

gegeven, grenzen tussen wat publiek, privaat of gemeenschappelijk is, worden duidelijk vorm-gegeven. Een goed voorbeeld hiervan is de intro-ductie van hekken om de nieuwe tuinen bij de Van Ekingenstraat. Voorts is de strategie van De Nijl gericht op het overzichtelijk indelen van de velden. De plannen worden per veld verder ontwikkeld waarbij steeds een relatie wordt gezocht met de vernieuwde randen.

Inmiddels zijn veel woningen gerenoveerd of gesloopt, zijn nieuwe woningen gebouwd en er is een park aangelegd. Wat opvalt aan de benadering in het Zuidwest Kwadrant is dat De Nijl zich vooral heeft gericht op de grote schaal, op de reorganisatie van grondgebruik, de vernieuwing van grote open-bare ruimten en de koppeling daarvan met de ver-nieuwing van de woningvoorraad. In die zin is deze benadering vergelijkbaar met de grootschalige vernieuwingsoperatie in de Bijlmer. De ingrepen gebeuren gebiedsgewijs, op het niveau van de infrastructuur en de wijk. De benadering is open en schept ruimte voor de toekomstige ontwikkelingen van de stad. De keerzijde van de medaille is de drei-ging van het gebrek aan samenhang. Dit zal nog moeten blijken. Het idee echter dat de stad nooit af is, is nergens zo goed zichtbaar als in de Westelijke Tuinsteden. Het is dan ook niet voor niets dat Endry van Velzen van De Nijl het werken aan het Zuidwest Kwadrant ooit beschreef als een laboratoriumstudie, en 'het sleutelen aan een draaiende motor'. Het ver-nieuwingsproces is en blijft voorlopig in volle gang.

around the new gardens near Van Ekingenstraat. In addition, De Nijl's strategy is aimed at an orderly arrangement of the fields. The plans for each field are being developed further. The aim is to relate the fields to the redeveloped edges.

Many dwellings have now been renovated or demolished, new housing has been built and a park has been created. What strikes one most about De Nijl's approach in the Zuidwest Kwadrant is that the focus is on the large scale, the reorganization of land use, the renewal of large public spaces and on linking this with the renewal of the housing stock. In that respect, De Nijl's approach is compar-able to the large-scale renewal operation in the Bijlmer. The interventions are area specific, at the level of the infrastructure and the district. The approach is open and creates space for future developments. A downside is that there is a danger of a lack of cohesion. We shall have to wait and see. The idea that the city is never complete is nowhere more clearly visible than in the Westelijke Tuin-steden. It is not for nothing, then, that Endry van Velzen of De Nijl once described working on the Zuidwest Kwadrant as a laboratory study and 'tinkering with a running engine'. The renewal process is well underway and will continue for some time.

Noten

16. Voor de begeleiding werd Bureau Parkstad in het leven geroepen en voor het gebied werd een andere naam bedacht: Nieuw West.

Literatuur/Literature

Richting Parkstad 2015. Ont-wikkelingsplan voor de ver-nieuwing (samenvatting), Bureau Parkstad, 2001.
De Nijl, *Als we huizen bouwen, praten en schrijven we,* NAi Uitgevers, Rotterdam, 1998.
Jaqueline Tellinga, 'Geen neo-postmoderne frutsels', in: *De grote Verbouwing, Verandering van naoorlogse wijken,* Uitgeverij 010 Rotterdam, 2004.
De tweede impuls. Vernieu-wing van de Westelijke Tuinsteden, Supplement bij *Stedebouw & Ruimtelijke Ordening* 2004/4, NIROV, Den Haag, 2004.

Notes

16. The project office 'Bureau Parkstad' was set up for the overall supervision of the scheme. The area is to have a new name: Nieuw West.

Van fabrieksterrein tot park

Westergasfabriekterrein

From industrial site to park

Het terrein van de voormalige Westergasfabriek ligt ten westen van het Centraal Station, tussen het spoor richting Haarlem en de Haarlemmervaart. Beide begrenzingen waren in het verleden belangrijke verkeersaders voor Amsterdam: de Haarlemmervaart was tot ver in de negentiende eeuw (tot de komst van de trein) een belangrijke transportroute naar Haarlem en de spoorlijn naar Haarlem, in 1839 in gebruik genomen, was de eerste van Nederland. In het oosten sluit het terrein aan op het Westerpark, en maakt samen daarmee deel uit van de Brettenzone, een groengebied dat als een smalle strook langs de Haarlemmervaart tot Halfweg loopt. De Westergasfabriek werd in 1883 gebouwd als steenkolengasfabriek waar gas uit steenkool werd gehaald voor de verlichting van Amsterdam. De architectuur van de fabrieksgebouwen is karakteristiek voor het werk van de architect Isaac Gosschalk. Hij heeft er in zijn ontwerp naar gestreefd de strenge voorwaarden waaraan fabrieksgebouwen moesten voldoen, te verbinden met 'voor het oog aangename vormen'. Dit heeft hij gedaan door de gebouwen rode bakstenen trapgevels met sierlijke ornamenten te geven waardoor ze op het eerste gezicht meer op huizen lijken dan op fabrieken. Toen in 1960 de gasbel bij Slochteren werd gevonden, werd de gasproductie uit steenkool gestopt en werd het terrein jarenlang alleen nog gebruikt als opslag- en parkeerplaats. In 1992 verliet het Gemeentelijk Energiebedrijf het terrein definitief. De leeggekomen fabrieksgebouwen konden vanaf dat moment door het stadsdeel worden verhuurd. De voormalige gasfabriek werd een belangrijke locatie voor kunst-, theater- en muziekmanifestaties.

Van alle plannen die werden bedacht was het idee om van het terrein een park te maken het

The site of the former gasworks 'Westergasfabriek' lies to the west of Amsterdam's Central Station, between the railway line to Haarlem and the canal Haarlemmervaart. Both boundaries used to be major traffic arteries: well into the nineteenth century (until the arrival of the railway), Haarlemmervaart was an important transport route to Haarlem, while the railway line to Haarlem, which opened in 1839, was the first in the Netherlands. In the east, the site adjoins Westerpark and, together with this park, forms part of the Brettenzone, a narrow green strip which runs along Haarlemmervaart to Halfweg. The gasworks was built in 1883 as a coal gasworks where gas was manufactured from coal in order to illuminate the city. The architecture of the factory buildings is characteristic of the work of the architect Isaac Gosschalk. In his design, Gosschalk sought to meet the stringent requirements for factory buildings, while at the same time creating 'forms pleasing to the eye'. He achieved this by giving the buildings red brick stepped gables with decorative ornamentation. As a result, at first glance they look more like houses than factory buildings. When in 1960 a natural gas deposit was discovered near Slochteren, gas production from coal ceased and for many years the gasworks site was used for storage and as a car park. In 1992, the Municipal Power Company vacated the site for good. The district council subsequently rented out the empty factory buildings. The former gasworks became an important venue for artistic, theatrical and music events.

There were various plans for the site, but the proposal to turn it into a park was the most concrete.[17] Because most of the buildings were listed, they had to be incorporated in the design. In 1996, Westerpark district council organized

meest concrete.[17] Al snel werd duidelijk dat bij de planvorming rekening moest worden gehouden met het feit dat het merendeel van de gebouwen op de Rijksmonumentenlijst was geplaatst en dus moest worden opgenomen in het plan.

In 1996 schreef het stadsdeel Westerpark een besloten prijsvraag uit onder de landschaps-architecten Michael van Gessel, Adriaan Geuze, Kathryn Gustafson, Edwin Santhagens en Lodewijk Wiegersma. Hen werd gevraagd om een integraal plan voor de gebouwen en het park te maken, waarbij het nieuwe park behalve een groene schakel tussen het oude Westerpark en de Brettenzone, een plek van grote allure zou moeten worden. Tot de randvoorwaarden behoorde onder meer dat het park zowel op de behoeften van buurtbewoners en de huurders van de gebouwen zou worden afgestemd, als bezoekers van ver zou moeten aan-trekken. De aanwezige natuur zou zo veel mogelijk behouden moeten blijven.

In 1997 koos de stadsdeelraad, op advies van een jury, voor het ontwerp dat Gustafson in samen-werking met Francine Houben van Mecanoo Architecten had gemaakt. Dit plan voldeed het beste aan de uiteenlopende eisen en werd geprezen vanwege de heldere opbouw en de wisselwerking tussen architectuur en landschapsarchitectuur.[18] Houben was van meet af aan bij het ontwerp van Gustafson betrokken waardoor in het parkontwerp goed kon worden aangesloten bij de toekomstige functies van de gebouwen.

Gedurende de uitwerking van het ontwerp werden buurtbewoners en gebruikers van het terrein bij de planvorming betrokken en uitgenodigd om ideeën in te brengen. Voor de renovatie en de ontwikkeling van de gebouwen werd projectontwikkelaar MAB aangetrokken.

Het ontwerp van Kathryn Gustafson voorziet in een glooiend landschap waarin een patroon van verschil-lende sferen elkaar afwisselen rondom de negen-tiende-eeuwse industriegebouwen. De ruggengraat van het plan wordt gevormd door een centrale as die van oost naar west loopt en verschillende plekken met elkaar verbindt. Een tweede verbindingsroute wordt gevormd door een diagonaal, bosrijk pad. Dit verbindt het oude Westerpark in het noordoosten met een gebouwencluster in het zuidwesten van het park. Centraal ligt een groot manifestatieveld dat aan de noordkant, dichtbij de sporen, wordt begrensd door een waterpartij waar sproeiers een (geluidswerende) watersluier kunnen vormen. Ook

a limited competition. The landscape architects Michael van Gessel, Adriaan Geuze, Kathryn Gustafson, Edwin Santhagens and Lodewijk Wiegersma were invited to produce an integrated scheme for the buildings and the park, in which the new park would be both a green link between the old Westerpark and the Brettenzone, and a place with an imposing character. The brief included the requirement that the park was to be attuned to the needs of local residents and users of the buildings, but it was also to attract visitors from far and wide. The existing nature was to be retained wherever possible.

In 1997, on the advice of a jury, the district council chose the design that Kathryn Gustafson had made in collaboration with Francine Houben of Mecanoo Architects. This scheme met the various require-ments and was commended for its clear structure and the interplay between architecture and land-scape architecture.[18] Houben had worked on the project from the outset, as a result of which the park design related well to the future functions of the buildings.

Local residents and users of the site were involved in the planning process and were invited to contribute ideas. The property developer MAB was engaged to carry out the renovation and redevelopment of the buildings.

Gustafson's design provides for an undulating land-scape in which various ambiences are ranged around the nineteenth-century industrial buildings. The backbone of the plan is the central axis which runs from east to west and connects different areas. A diagonal, wooded path forms a second connecting route. This links the old Westerpark in the north-east with a cluster of buildings in the south-west of the park. In the centre is a large field where events are held. This is bounded on the north side, close to the railway lines, by a water feature in which spray jets produce a (sound-damping) veil of water. There is also an 'Amphitheatre' here with grassy slopes. An important feature of the design is the theme 'change': Gustafson proposed a park which would offer different experiences in space and in time (with the seasons). To this end, the park was divided into a number of areas, each with its own character. These different ambiences, together with their appropriate names, were intended to lend coher-ence to the various functions in the buildings and establish a relationship between the latter and the park. For example, the purification plant, the engine

De Westergasfabriek, 1969 / Westergasfabriekterrein, 2004 /
Wester Gasworks, 1969. Wester Gasworks site, 2004.

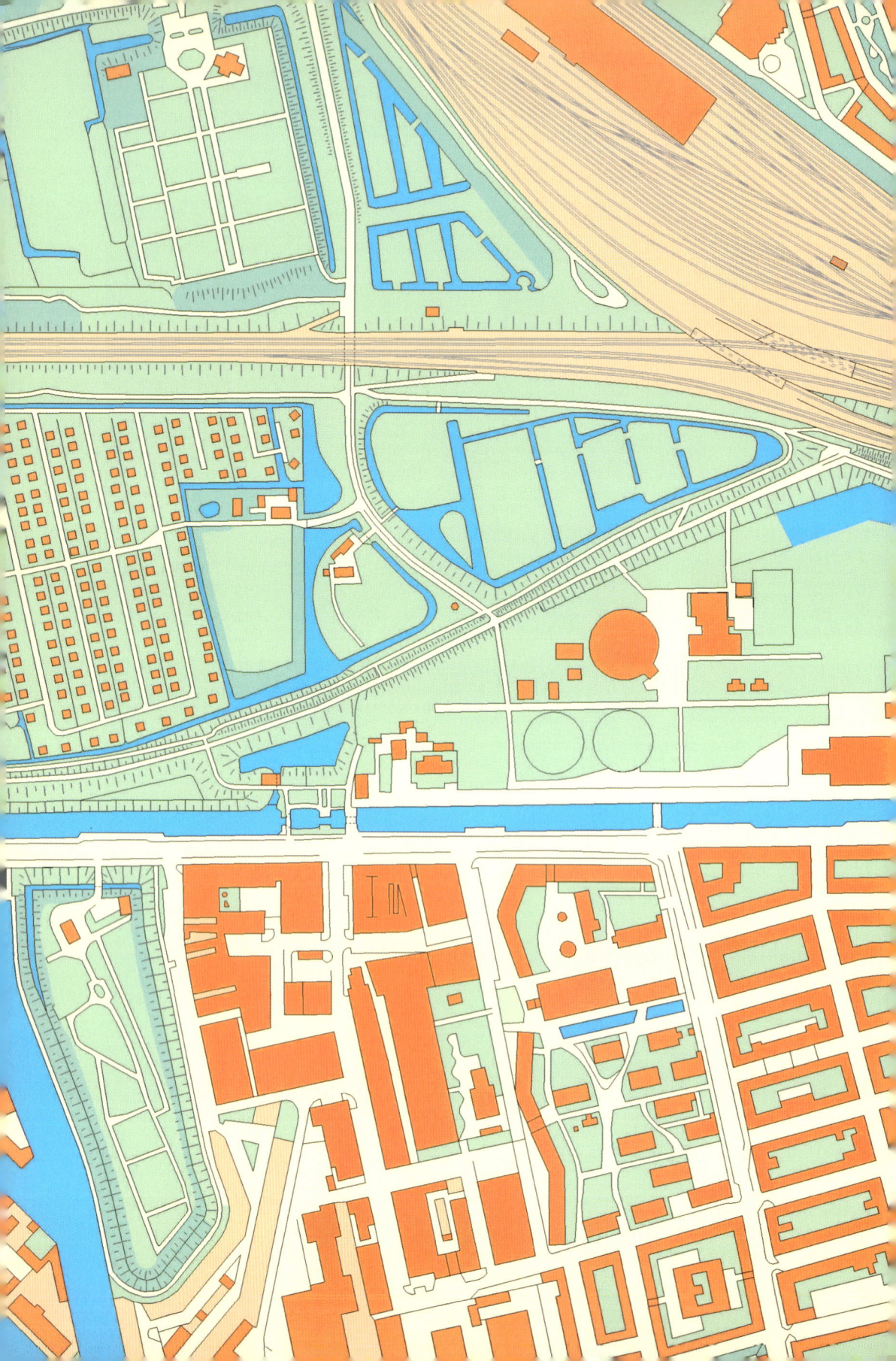

ligt hier een 'Amfitheater' met grastaluds. Belangrijk in het ontwerp van Gustafson is het thema verandering: ze stelde een park voor dat zowel in ruimte als in tijd (met de seizoenen) verschillende ervaringen zou bieden. Hiertoe werd het park opgedeeld in een aantal plekken die ieder een ander karakter hebben. De hiervoor bedachte sferen met bijbehorende namen, moesten bovendien een soort redactionele samenhang brengen in het geheel van functies van de gebouwen, en een relatie leggen tussen het park en de gebouwen. Zo vormen het zuiveringsgebouw, het machinegebouw en het ketelhuis samen 'The Village', een theaterdorp met culturele voorzieningen en horecafuncties. In het westelijk deel van het park, bij het regulateurshuis en het ketelhuis, ligt 'Cité des Arts', een kunstenstad waar, deels in nieuwbouw, ruimte is voor studio's en ateliers. In het hart van het park, bij de grote gashouder en het transformatorhuis, liggen 'Het Spektakeldorp' en 'Het Kinderdorp'.

Naast het inbrengen van deze thematiek heeft Gustafson in het parkontwerp de veranderende houding van de mens ten opzichte van de omgeving en het landschap willen verbeelden. Zo wordt het park aan de oostkant bepaald door de formele, historische vormen van een stadspark. Hier bestaat de beplanting uit gecultiveerde, strak onderhouden bomen en planten. Het middengebied, met het manifestatieterrein en een sportveld, weerspiegelt het gebruik van het landschap als plek voor sport en recreatie. De westkant geeft een beeld van meer actuele ideeën over het in harmonie leven met de omgeving. Hier gaan de beplanting en het water van de zogenaamde *wetgardens* geleidelijk over in het omliggende landschap.

Het plan van Gustafson sluit aan de randen goed aan op de omliggende groengebieden. Een bomenrij in de noordwestelijke hoek vormt een overgang naar de Brettenzone en de waterpartijen in het westelijke deel gaan een relatie aan met het aangrenzende polderlandschap.

De aanleg van het nieuwe park heeft tussen 1999 en 2003 gestalte gekregen. Een belangrijk probleem dat daarbij eerst moest worden opgelost, was de sanering van de vervuilde grond op het terrein. Dankzij een financiële toezegging van het ministerie van VROM kon een zogenaamde leeflaag van schone grond worden aangelegd waarna de invulling van het park kon beginnen.[19] In september 2003 is het park, ondanks het feit dat nog niet alle gebouwen waren gerenoveerd, officieel in gebruik

building and the boiler house form 'The Village', a theatre village with cultural facilities and bar and restaurant functions. In the western part of the park, near the regulator building and the boiler house, is 'Cité des Arts', an arts city with, partly housed in new-build, space for studios and workshops. In the heart of the park, near the large gasholder and the transformer kiosk, are 'The Spectacle Village' and 'The Children's Village'.

In addition to these themes, in her design Gustafson has sought to represent people's changing attitude towards the environment and the landscape. For example, on the east side the park is determined by the formal, historical forms of a city park. Here, the planting consists of cultivated, carefully maintained trees and plants. The central area, with the events site and a sports field, reflects the use of the landscape as a place for sport and recreation. The west side represents current ideas about living in harmony with the environment. Here, the planting and the water of the so-called 'wet gardens' gradually merge into the surrounding landscape.

At the edges, Gustafson's design dovetails with the surrounding green areas. A row of trees in the northwestern corner acts as a transition to the Brettenzone, while the water features in the western part of the park enter into a relationship with the adjoining polder landscape.

The new park took shape between 1999 and 2003. A major problem was the decontamination of the polluted ground on the site. With financial assistance from the Ministry of Housing, Spatial Planning and the Environment (VROM), a so-called 'living layer' of clean soil was applied, after which work on the creation of the park could begin.[19] Although some of the buildings had yet to be renovated, the park was officially opened in September 2003. With the redevelopment of the gasworks site, an area of major importance for Amsterdam's industrial and cultural history has been preserved. In addition, a new park, which is a place for relaxation and recreation for local residents and visitors alike, has been created within the city boundaries. The combination of these factors makes the park unique. The interplay of park, culture and activity has given rise to a dynamic meeting place on the former industrial site.

Definitief parkontwerp
Kathryn Gustafson.

Westergasfabriekterrein,
2004.

Final park design by
Kathryn Gustafson.

Wester Gasworks site, 2004.

genomen. Belangrijk is dat met de herinrichting van het Westergasfabriekterrein een gebied is behouden dat voor de industriële en culturele geschiedenis van Amsterdam van groot belang is. Daarnaast is aantrekkelijk dat binnen de grenzen van de stad een nieuw park is gecreëerd dat een rust- en recreatieplek vormt voor zowel buurtbewoners als mensen die van buiten de stad komen. De combinatie van deze factoren maakt het park bijzonder. Het samenspel van park, cultuur en bedrijvigheid heeft van het voormalige industrieterrein een dynamische ontmoetingsplek gemaakt.

Noten

17. Toen in de jaren tachtig de uitbreiding van de spoorlijnen ertoe leidde dat een groot deel van de Overbrakerbinnenpolder verloren ging, kwamen buurtbewoners in opstand. Ze richtten de vereniging *Vrienden van het Westerpark* op en zetten zich vanaf dat moment in voor de parkfunctie van het Westergasfabriekterrein.

18. Francine Houben van Mecanoo werd gevraagd om de supervisie te voeren over de te renoveren gebouwen en toe te zien op de samenhang tussen de verschillende functies in de gebouwen.

19. Vanwege deze duurzame ontwikkeling en het intensief ruimtegebruik hebben zowel het Ministerie van VROM als het Amerikaanse Ministerie voor Milieu (EPA) de Westergasfabriek tot voorbeeldproject benoemd.

Literatuur/Literature

Olof Koekebakker, *Cultuurpark Westergasfabriek. Transformaties van een industrieterrein*, NAi Uitgevers, Rotterdam, 2003.

Notes

17. When in the eighties the extension of the railway lines resulted in the loss of a large part of Overbrakerbinnenpolder, local residents protested. They set up the society 'Friends of Westerpark' and campaigned for a park function on the site of the former gasworks.

18. Francine Houben of Mecanoo was asked to supervise the renovation of the buildings and coordinate the re-use scheme.

19. Because of this sustainable development and the intensive use of space, both the Ministry of VROM and the American Ministry for the Environment (EPA) have designated Wester Gasworks an exemplary project.

Stad tussen twee buurten

Zuidas

City between two

neighbourhoods

De kiem voor de ontwikkeling van de Zuidas werd al in het Structuurplan van 1974 gelegd. Dit plan was onder meer gericht op het beschermen van de woonfunctie in de oude wijken en het in goede banen leiden van de 'cityvorming' van Amsterdam. In de binnenstad was geen plek meer om de groei in de dienstverlening op te vangen en daarom werden, op de rand van de vooroorlogse stad, nevencentra aangewezen. Hiertoe behoorden Sloterdijk, Riekerpolder en 'Station Zuid' (nu Station WTC). Bij het aanwijzen van deze centra werd rekening gehouden met de toenemende spreiding van wonen en werken over een steeds groter gebied en de regionale positie van deze aangewezen locaties.[20]

Rondom Station Zuid, dat in het verlengde van de Minervalaan in Amsterdam Zuid ligt (en ooit volgens H.P. Berlage de monumentale bekroning van die laan had moeten worden), vestigden zich al snel kantoren waarvoor in de binnenstad geen plek meer was. Dit gebeurde in eerste instantie sluipenderwijs, zonder gemeentelijke regie. Bij de vestiging speelden de komst van het spoor en de snelweg tussen 1978 en 1993 een belangrijke rol. Een van de eerste bedrijven die zich hier vestigden was de NMB-bank. Later volgden onder meer het Kantongerecht en het World Trade Center.

Toen in 1992 de beslissing viel om het nieuwe hoofdkantoor van de ABN AMRO bank aan de ring A10-Zuid te vestigen, betekende dit een belangrijke stimulans voor de verdere ontwikkeling van het gebied tot een kantoorlocatie. De bank koos voor de locatie vanwege de goede bereikbaarheid, de nabijheid van Schiphol en het goede imago van de omringende buurten. Ook de nog te verwachten infrastructurele ontwikkelingen in het gebied speelden hierbij een rol. Vanaf 1992, na een studie naar de

The seed for the development of the Zuidas ('South Axis') was sown in the Structure Plan of 1974. This plan was aimed at, among other things, preserving the residential function in the old districts and directing urban core formation. There was no space in the city centre to accommodate the growth of services and so sub-centres were designated on the edge of the prewar city. These included Sloterdijk, Riekerpolder and 'Station Zuid' (now WTC Station). When designating these centres, the council took account of the fact that residential and work functions were spread over an ever-larger area and of the regional position of the designated sites.[20] Around Station Zuid, which lies at the end of Minervalaan in South Amsterdam (and which according to H.P. Berlage should have been that avenue's monumental crowning feature), offices soon sprouted up because of the lack of space in the city centre. At first, this took place on an ad hoc basis, without any orchestration by the council. The opening of a rail and motorway link here between 1978 and 1993 played an important role in the development of the area. One of the first organizations to locate here was the NMB Bank, followed by the law courts and the World Trade Center, among others.

When in 1992 the decision was taken to build the new headquarters of the ABN AMRO Bank on the southern section of the A10 ring road, this gave a major impetus to the further development of the area into an office location. The bank chose the location because of its excellent accessibility, the proximity of Schiphol and the positive image of the surrounding neighbourhoods. The expected infrastructural developments in the area also played a role. In 1992, following a study into the planning possibilities of the arcuate area between Schiphol and

planologische mogelijkheden van het boogvormige gebied tussen Schiphol en Duivendrecht, kwam de ontwikkeling van het gebied ter weerszijden van de zuidelijke ringweg A10 en rond het station (de Zuidas) in een stroomversnelling.[21]

De eerste studies voor het gebied gingen uit van Amsterdam als een policentrische stad waarvan de Zuidas, net zo goed als de binnenstad, één van de kernen is met een eigen gezicht. Ook van invloed op de plannen was dat de aandacht van de gemeente langzamerhand verschoof van monofunctionele bedrijvenlocaties naar gemengde gebieden met zowel woningen als kantoren.
Op advies van stedebouwkundige Dirk Frieling zette de gemeente in op het realiseren van een toplocatie voor kantoren, het afzwakken van de barrièrewerking van de A10 en het creëren van een verbindingszone tussen Amsterdam Zuid en Buitenveldert. Drie modellen werden gemaakt waarbij het 'dijkmodel' uitging van een uitbreiding van de infrastructuur op de huidige plek en het overbouwen van de bundel infrastructuur. Het 'dekmodel' bestond uit het creëren van een nieuw maaiveld op twaalf meter hoogte. Volgens het 'dokmodel' zouden de ringweg en de trein- en metrosporen, over een afstand van een ruime kilometer ondergronds gebracht worden. Hierdoor zou bovengronds ruimte komen voor bebouwing, pleinen, openbare ruimte en parken zodat een schakel tussen de twee buurten gevormd zou kunnen worden. Het laatste plan genoot van meet af aan de voorkeur.
In 1998 werden de ideeën voor het gebied door de Dienst Ruimtelijke Ordening (DRO) vastgelegd in het *Masterplan Zuidas*. Men ging er vanuit dat bij uitvoering van het dokmodel 650.000 m² kantoorruimte, tenminste 1.500 woningen en 6.500 m² voorzieningen zoals winkels, scholen, musea, sportvelden en groen zouden kunnen worden gerealiseerd.[22] Vanwege de omvang van het project en de lange ontwikkelingstermijn (ruim dertig jaar) werd een stapsgewijze ontwikkeling voorgesteld en werd een 'vlakkenplan' gepresenteerd met een mogelijke programmatische invulling per deelgebied. Door het gebied stap voor stap in ontwikkeling te nemen zou steeds kunnen worden ingespeeld op nieuwe ontwikkelingen en inzichten.

De stedebouwkundige structuur van de Zuidas, zoals vastgesteld in het masterplan, wordt bepaald door een overzichtelijk stratenpatroon. Vanuit

Duivendrecht, the development of the area on either side of the southern ring road and around the station (the Zuidas) gained momentum.[21]

The first studies for the area were premised on Amsterdam as a polycentric city, with the Zuidas one of the centres with its own character, just like the city centre. Another factor influencing the plans was that the council's focus was gradually shifting from monofunctional business parks to mixed-use areas with both housing and offices. On the advice of the urban planner Dirk Frieling, the council worked towards the realization of a prime office location, the reduction of the barrier effect of the A10 and the creation of a connecting zone between South Amsterdam and Buitenveldert. Three models were produced. The 'dike model' was based on the expansion of the infrastructure on the existing site and on building over the infrastructure cluster. The 'deck model' consisted of the creation of a new ground level at a height of twelve metres. In the 'dock model', the ring road and the railway and metro lines were to be relocated underground over a distance of approximately one kilometre. This would free up space aboveground for buildings, squares, public space and parks, so that a link could be formed between the two neighbourhoods. From the outset, there was a strong preference for the latter plan. In 1998, the ideas for the area were laid down by the city's planning department (DRO) in the *Zuidas Masterplan*. It was assumed that – with the dock model – 650,000 m² of office space, at least 1,500 dwellings and 6,500 m² of facilities, such as shops, schools, museums, sports fields and green space, could be realized.[22] Because of the size of the project and the lengthy construction period (at least thirty years), a phased development was proposed and a 'sector plan' was presented with a possible programmatic infill for each sub-area. By developing the area in stages, it would be possible to respond to new developments and ideas.

The urbanistic structure of the Zuidas, as laid down in the masterplan, is determined by an orderly street pattern. From South Amsterdam, three north-south roads are to be extended over the Zuidas as connecting routes to the south. Together with a number of east-west orientated roads, these create a regular pattern of rectangular plots. The extended Minervalaan will be centrally situated in the area, and will terminate to the south of the station in an elongated square. In the south, the crowning centrepiece of

De Ringweg Zuid in aanleg, 1978 /
The Southern Ring Road under construction, 1978.

De Zuidas, 2004 /
South Axis, 2004.

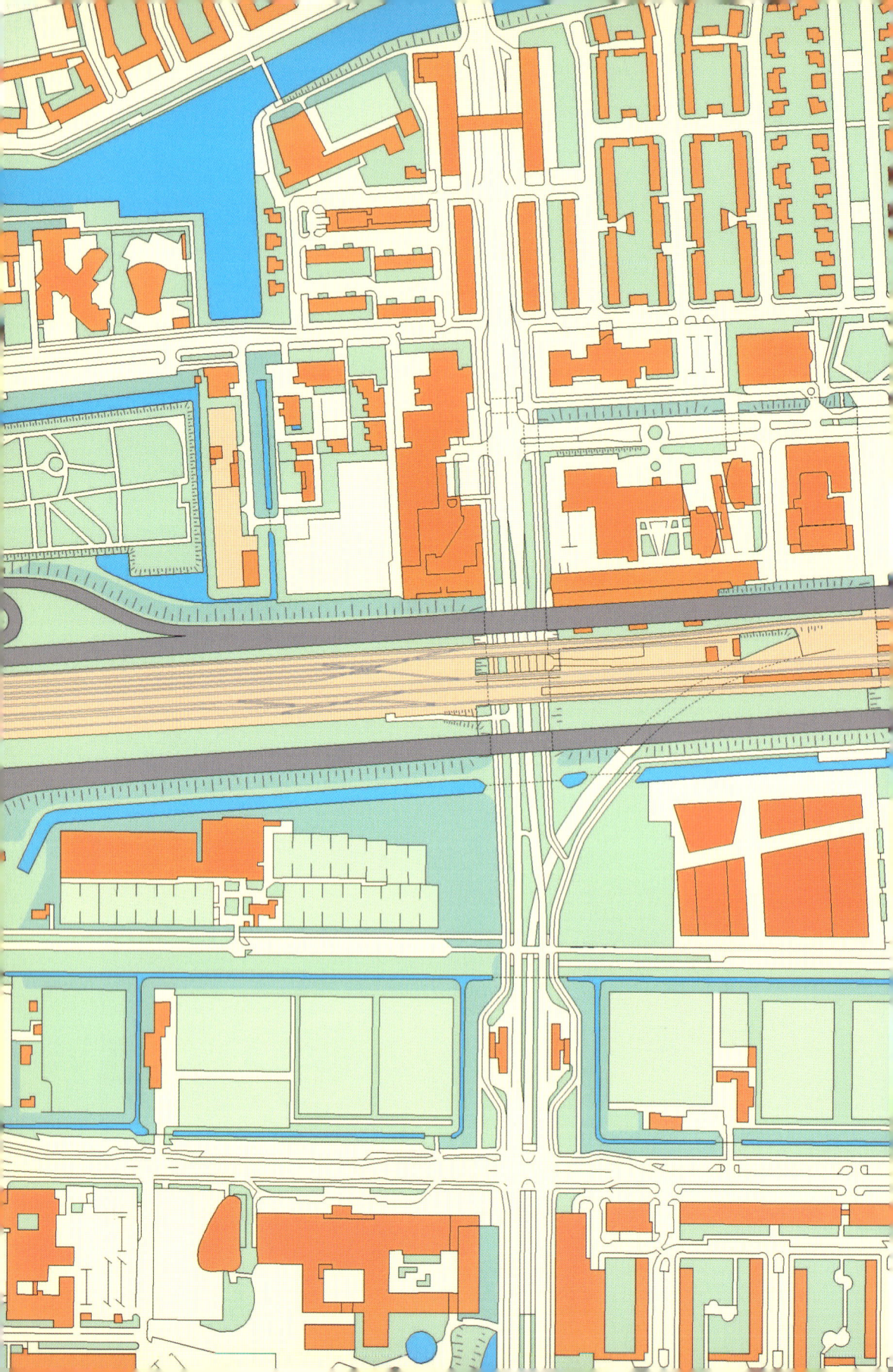

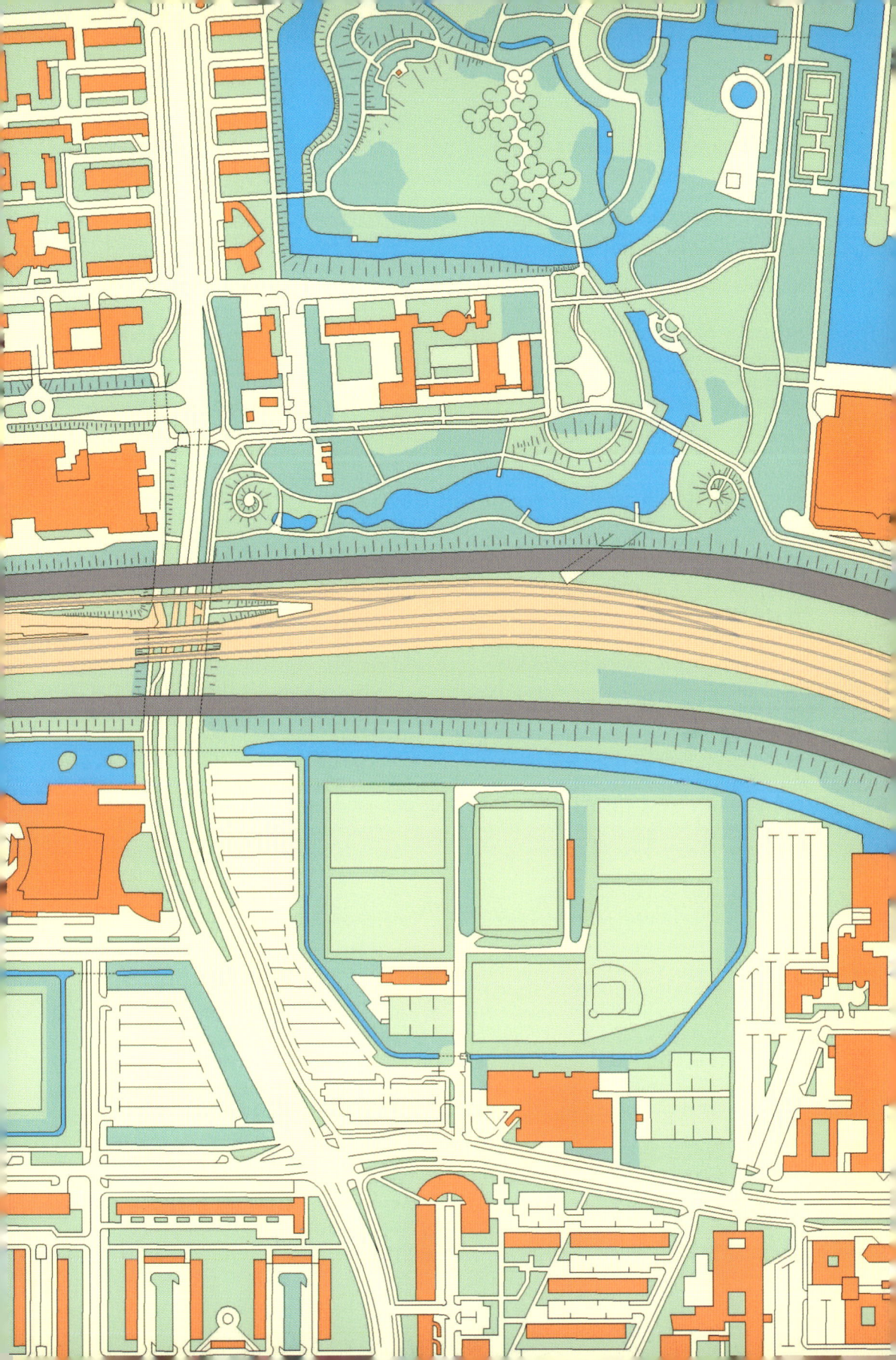

Amsterdam Zuid worden drie noord-zuid straten als verbindingsroutes over de Zuidas naar het zuiden doorgetrokken. Samen met een aantal oost-west gerichte straten creëren deze een regelmatig patroon van rechthoekige kavels. Centraal in het gebied komt de doorgetrokken Minervalaan te liggen die ten zuiden van het station eindigt in een langwerpig plein. In het zuiden zal de as worden bekroond door 'Amsterdam Symphony', een multi-functioneel complex met onder andere een vijf-sterrenhotel, appartementen, kantoorruimten en een museum. Dit hoge complex zal fungeren als verwijzing naar de ooit door Berlage geplande monumentale bekroning van de as.

Rond de vervoersknoop komt het kerngebied van de Zuidas te liggen. Hier wordt de bebouwingsdicht-heid, bovenop het station, het hoogst. 100 meter hoge torens zullen dit gebied van verre zichtbaar maken. De bebouwing in het kerngebied krijgt in het plan van Pi de Bruijn (aangesteld als stadsont-werper) en DRO een driedelige opbouw. De voet van de gebouwen zal bestaan uit een tien meter hoge plint met twee bouwlagen. Hierin komen voorzieningen zoals winkels, galeries en bedrijfs-restaurants. Boven de plint komt een vijftien meter hoge onderbouw met kantoren en woningen. Deze laag moet zorgen voor eenheid in het gebied. Bovenop deze bebouwing wordt een wereld van daktuinen gecreëerd die tijdens kantooruren open-baar zijn en aansluiten bij het groene karakter van Buitenveldert. Ze moeten het gebrek aan groen op straat compenseren en spelen een rol in de water-huishouding. Het derde punt wordt gevormd door de maximaal honderd meter hoge torens.

De deelgebieden rond de kern krijgen ieder een andere verkavelingsopzet, steeds passend bij de omgeving. Naar de randen toe wordt de bebouwing lager. Zo wordt ook variatie in woon- en werk-milieus gecreëerd.

De groenstructuur speelt een belangrijke rol in het gebied. Aan de oostzijde ligt het Beatrixpark dat over de tunnel heen wordt doorgetrokken en wordt verbonden met een nieuw park aan de zuidzijde. Aan de westzijde van de Zuidas komt een tweede nieuwe groene ruimte, op de plek van de tunnel-ingang. Een belangrijke groene verbinding tussen oost en west wordt gevormd door de Zuidelijke Wandelweg die al van oudsher door het gebied loopt.

Op termijn komen er op de Zuidas 10.000 woningen bij en werken er 53.000 mensen meer dan nu het geval is. Hoe het gebied er uiteindelijk uit zal zien

the axis will be 'Amsterdam Symphony', a multifunc-tional complex with, among other things, a five-star hotel, apartments, office spaces and a museum. This tall complex will function as a reference to the monumental crowning feature planned by Berlage. The core area of the Zuidas will be situated around the transport node. Here, on top of the station, the building density will be highest. 100 metre-high towers will pinpoint the area from a great distance. In the scheme by Pi de Bruijn (who was appointed as city designer) and the planning department, the development in this core area will have a tripartite structure. The base of the buildings will comprise a ten-metre high plinth with two storeys. This will house facilities such as shops, galleries and company restaurants. Above the plinth there will be a fifteen-metre-high structure with offices and dwellings. This storey is intended to provide unity in the area. On top of this development, a world of roof gardens is to be created. The gardens will be open to the public during office hours and will link in with the green character of Buitenveldert. They are intended to compensate for the lack of greenery at street level and play a role in the water management. The third point comprises the towers with a maximum height of one hundred metres. Each of the sub-areas around the core area will have a different plot lay-out appropriate to its surroundings. The develop-ment will be lower towards the edges. This will give rise to a variety of living and working environments. Green space plays a key role in the area. On the east side is Beatrix Park, which will be extended over the tunnel and will be linked to a new park on the south side. On the west side of the Zuidas, there is to be a second new green space, on the site of the tunnel entrance. The 'Zuidelijke Wandelweg' (the 'Southern Way'), an age-old footpath through the area, will be an important green connection between east and west.

In the future, there will be an additional 10,000 dwellings in the Zuidas and 53,000 more people will work there than is the case at present. What the area will ultimately look like is dependent not only on the architecture and the level of facilities, but also on the chosen solution for the infrastructure. The dock model, for example, will have major con-sequences for the building density in the core area and thus for the appearance of the entire Zuidas. In January 2004, the city council, central government and private enterprise opted for the dock model and since then have been striving to get the infra-structure cluster located underground.

Plankaart Zuidas.

Planning map Zuidas.

Toekomstbeeld Zuidas als
de infrastructuur onder-
gronds gaat.

Future image Zuidas if the
infrastructure is located
underground.

is niet alleen afhankelijk van de architectuur en het voorzieningenniveau, maar ook van de oplossing die gekozen wordt voor de infrastructuur. Wel of geen dokmodel maakt een groot verschil voor de bebouwingsdichtheid in het kerngebied en daarmee het aanzien van de Zuidas. De gemeente, het Rijk en private partijen hebben in januari 2004 gekozen voor het dokmodel en zetten zich sindsdien in om de infrastructuurbundel onder de grond te krijgen. Intussen zijn de eerste deelgebieden opgeleverd of in aanbouw. Met het zichtbaar groeiende deel-gebied Mahler4 aan de A10 (oplevering tussen 2005 en 2007) wordt de toekomstige allure van het gebied zichtbaar. Duidelijk is dat Amsterdam zich met de ontwikkeling van de Zuidas richt op het zuiden en de ontwikkeling van Schiphol; dé economische katalysator in de Amsterdamse regio.

Meanwhile, the first sub-areas have been completed or are under construction. With Mahler4 (scheduled for completion between 2005 and 2007) taking shape next to the A10, the imposing character of this area is already becoming apparent. It is clear that with the development of the Zuidas, Amsterdam is orientating itself to the south and the development of Schiphol; the economic catalyst in the region.

Noten

20. Dienst Ruimtelijke Orde-ning, Gemeente Amsterdam, *Stadsplan Amsterdam, Toe-komstvisies op de ruimtelijke ontwikkeling van de stad 1928-2003*, p.25.

21. Ten tijde van de eerste onderzoeken naar de ontwik-keling van het boogvormige gebied tussen Schiphol en Duivendrecht werd deze zone de 'Zuidas' genoemd. Het Masterplan Zuidas (1998) werd gemaakt voor het 'kerngebied' van deze boog, rondom het station. In de volksmond is dit kerngebied de Zuidas gaan heten.

22. Deze cijfers zijn de afge-lopen jaren meerdere malen bijgesteld. In 2004 wordt uitgegaan van 985.000 m^2 kantoorruimte, 8.700 wonin-gen en 300.000 m^2 voorzie-ningen

Literatuur

Marlies Buurman, Maarten Kloos (red.), *Godin van de Zuidas, De Minervalaan, as in tijd en ruimte*, ARCAM, Amsterdam, 1999.
Visie Zuidas. Stand van zaken 2004, Projectbureau Zuidas, Amsterdam, 2004.
Cees Geldof, Harry Wien, 'Mahler4, Wonen en werken in het hart van de Zuidas', *Plan Amsterdam* nr. 6, Dienst Ruimtelijke Ordening, Amsterdam, 2004.

Notes

20. DRO, Amsterdam City Council, *Stadsplan Amsterdam. Toekomstvisies op de ruimtelijke ontwikkeling van de stad 1928-2003*, p. 25.

21. At the time of the first studies into the development of the arcuate area between Schiphol and Duivendrecht, this zone was called the 'Zuidas' (South Axis). The South Axis Masterplan (1998) was produced for the 'core area' of this arc, around the station. This core area is now popularly called the 'Zuidas' (South Axis).

22. These figures have been adjusted several times in recent years. In 2004, 985,000 m^2 of office space, 8,700 dwellings and 300.000 m^2 of facilities were envisaged.

Het lijmen van twee buurten
Geuzenbaan
Connecting two neighbourhoods

Wie de vogelvluchttekeningen van het AUP uit 1935 bekijkt (zie pp. 28-29), ziet wat ooit de bedoeling was: een netwerk van elkaar kruisende wegen zou Nieuw West voorzien van een heldere ontsluiting. In dit raamwerk speelden drie in noordzuidrichting lopende hoofdwegen een belangrijke rol: zij verbonden de in het noordwesten gelegen havens met de zuidwestkant van de stad, met de snelweg naar Den Haag (A4) en heel belangrijk, met Schiphol. De meest oostelijke van deze drie wegen ligt in het verlengde van de Coentunnel en kent men nu als de A10. De meest westelijke van de drie kwam er lange tijd niet maar wordt op dit moment, op een iets westelijker locatie, aangelegd als de 'Westrandweg' (A5). Met de middelste van de drie liep het anders. Deze weg had dwars door Geuzenveld – over de Abraham Kuyperlaan doorgetrokken moeten worden naar de Geerban om verder naar het zuiden een verbinding te maken met de A4. Mede door de versnipperde aanleg van de tuinsteden ontstond twijfel over de doorgaande weg. De blokkade die werd opgeworpen door de bouw van het centrum van Osdorp, maakte de aanleg nog onwaarschijnlijker. Alleen het eerste stuk in Geuzenveld werd aangelegd, als verhoogde weg van de Haarlemmerweg tot het Lambertus Zijlplein. Op de rest van het tracé hield men steeds een reservering. Ook in de bebouwing hield men rekening met de mogelijkheid dat de weg ooit nog naar het zuiden zou worden doorgetrokken maar de verhoogde weg bleek al snel een barrière tussen twee buurten.

In de jaren negentig maakte het stadsdeel plannen voor de herstructurering van de gebieden ter weerszijden van de Burgemeester Roëllstraat en de Abraham Kuyperlaan en rond het Lambertus Zijlplein. Net als in andere delen

Anyone who looks at the bird's eye view drawings of the AUP (see pp. 28-29) sees what the original intention was: a network of intersecting roads was to provide Nieuw West with a lucid access system. Three main north-south roads played a key role in this grid: they connected the docks in the northwest with the southwest side of the city, with the motorway to The Hague (A4) and, extremely important, with Schiphol. The easternmost of these three roads is now a continuation of Coentunnel and is otherwise known as the A10. The western most of the three was delayed for many years but is currently under construction at a location slightly further to the west; this is 'Westrandweg' (A5). The middle road was to have bisected the district of Geuzenveld – over Abraham Kuyperlaan –, extending as far as Geerban in order to link up with the A4 further south. However, partly because of the fragmented development of the garden suburbs, serious doubts arose regarding the road. The blockade created by the construction of the centre of Osdorp made the road's construction even more unlikely. Only the first section in Geuzenveld was built, as a raised road from Haarlemmerweg to Lambertus Zijlplein. The rest of the route was put on hold. The possibility that the road might one day be extended southwards was taken into account when plans were made for development in the area. However, the raised road soon proved to be a spatial barrier between two neighbourhoods.

In the nineties, the district council drew up plans for the restructuring of the areas on either side of Burgemeester Röelstraat and Abraham Kuyperlaan and around the square Lambertus Zijlplein. The aim here, as in the other parts of the Westelijke Tuinsteden, was to revitalize and

van de Westelijke Tuinsteden was men uit op het opknappen en nieuw leven inblazen van de verouderde woonbuurten en openbare ruimten. De wens om koopwoningen te realiseren en daarmee een gevarieerder woningaanbod tot stand te brengen, gaf de eerste aanzet tot de plannen. Na een zoektocht binnen het stadsdeel naar geschikte locaties besloot men het dijklichaam van de Abraham Kuyperlaan af te graven en de vrijgekomen gronden te gebruiken voor woningbouw. Deze ingreep maakte het niet alleen mogelijk de wijk te verdichten maar ook om de twee buurten ter weerszijden hiervan met elkaar te verbinden. De snelle verbinding met het Westelijk Havengebied ging hiermee verloren maar de interne samenhang van de wijk zou toenemen. De belangrijkste ontsluitingsroute zou verplaatst worden naar een ring van wegen binnen de wijk. Het plan werd in 1997 in een nota van uitgangspunten vastgelegd. Het programma bestond uit ruim 700 woningen (dit werden er later ruim 1000) waarvan het grootste deel in de koopsector en met verdiepte parkeergarages, een voorzieningengebouw in het centrum en twee scholen.

Tussen 1998 en 2001 heeft het bureau SVP Architectuur en Stedebouw in opdracht van het stadsdeel een ontwerp gemaakt voor de vernieuwing van het Lambertus Zijlplein en omgeving. De eerste fasen zijn in 2002 uitgevoerd. Naar verwachting zal het hele plan in 2008 gereed zijn. Het ontwerp is gestoeld op de wijzigingen in de verkeersstructuur. Door de afgraving van het dijklichaam van de Abraham Kuyperlaan en de verhoogde aansluiting op de Burgemeester Roëllstraat kwam een L-vormige bouwlocatie beschikbaar waarbij het Lambertus Zijlplein het scharnierpunt vormde. De voet van de L werd als verkeersweg opgeheven. Het verkeer van de Roëllstraat wordt nu via de Dr. H. Colijnstraat over de nieuwe 'ring' rond de wijk geleid. Alleen de tram volgt nog zijn oude route naar het Lambertus Zijlplein en eindigt daar in een keerlus. Aan de noordzijde van dit tramtracé zijn drie woontorens gebouwd. Ten zuiden van de keerlus sluit een appartementengebouw de Geuzenbaan, en daarmee het oorspronkelijke tracé richting Geerban, definitief af. Het Lambertus Zijlplein is volgens het plan van SVP opnieuw ingericht en heeft letterlijk een centrale plek gekregen in de nieuwe buurt. Het plein kon bevrijd worden uit een geïsoleerde en naar binnen gerichte ligging. Het water van de Albardagracht werd naar het zuiden doorgetrokken waardoor het

renovate the shabby residential areas and the public space. The initial impetus for the plans was the desire to build owner-occupied dwellings, thereby creating a more varied housing market. Following a search for suitable sites within the district, it was decided that the Abraham Kuyperlaan embankment should be levelled and the freed up land used for housing. This intervention made it possible to condense the district and, moreover, to connect the two neighbourhoods on either side of this road. There would no longer be a fast connection with Westelijk Havengebied, but the district's internal cohesion would be enhanced as a result. The major access route in the area was to be relocated to a ring of roads within the district. The plan was laid down in 1977 in a memorandum of principles. The programme comprised some 700 dwellings (almost 1,000 were eventually built), most of which were in the owner-occupied sector, with sunken parking garages, the doubling of the shopping centre's existing floor area, a facilities building in the centre and two schools.

In 1998 the office SVP Architecture and Urban Planning was commissioned by the district council to draw up a scheme for the renewal of Lambertus Zijlplein and the surrounding area. The first phases were completed in 2002. The entire scheme is scheduled for completion in 2008. The plan is based on alterations in the traffic structure. As a result of the levelling of the Abraham Kuyperlaan embankment and the raised connection with Burgemeester Röellstraat, an L-shaped site, in which Lambertus Zijlplein formed the pivot point, became available. The base of the L, the area between Lambertus Zijlplein and Dr. H. Colijnstraat, ceased to be a traffic route. The traffic on Burgemeester Röellstraat was then re-routed via Dr. H. Colijnstraat over the new 'ring road' through the district. Only the tram still follows its old route to Lambertus Zijlplein and terminates there in a loop. Three residential towers have been built on the north side of this tram line. To the south of the terminus, a block of flats closes off De Geuzenbaan, and thus the original route of Geerban.
Lambertus Zijlplein has been reorganized in accordance with a plan by Grontmij and is now literally a central feature of the new neighbourhood. The square no longer has an isolated and introverted position. The canal Albardagracht has been extended southwards so that Lambertus Zijlplein is now situated on a new water feature

Dijklichaam Abraham Kuyperlaan en omgeving, 1968 /
Abraham Kuyperlaan embankment and surrounding area, 1968.

De Geuzenbaan op de plek van de Abraham Kuyperlaan, 2004 /
Geuzenbaan on the site of Abraham Kuyperlaan, 2004.

Lambertus Zijlplein aan een nieuwe waterpartij is komen te liggen en visueel met het noordelijke deel van de buurt wordt verbonden. Langs de waterpartij zijn vier woontorens neergezet. Naast het plein, aan de kop van de gracht, is een zestien verdiepingen hoge woontoren als een landmark geplaatst.

Ten noorden van het winkelcentrum en verder langs de Albardagracht zijn appartementengebouwen gepland. De twee delen van de Albardagracht zijn weer met elkaar verbonden waardoor zowel in noordzuidelijke richting als in oostwestelijke richting een belangrijke zichtlijn is ontstaan. Langs de gracht zijn een voet- en fietspad aangelegd. Ten noorden van de Albardagracht is het complex 'Geuzentuinen' gebouwd. Het bevat 138 woningen ondergebracht in drie complexen met besloten binnentuinen. Het idee om de bebouwing beter te laten aansluiten op de openbare ruimte door de entrees en de woningen zo veel mogelijk op de straat te oriënteren, is hier duidelijk zichtbaar. Hoewel de hoven en tuinen niet openbaar zijn, hebben ook deze een uitstraling naar de straat. Het meest noordelijke deel van de Geuzenbaan wordt als laatste ontwikkeld. Na het afbreken van het viaduct boven de Haarlemmerweg is een gelijkvloerse kruising ten oosten van de Geuzenbaan aangelegd. Daardoor is op de kop van de Geuzenbaan ruimte vrijgekomen voor laagbouwwoningen die door een hoog gebouw van de Haarlemmerweg worden afgeschermd. Dit gebouw zal door zijn prominente ligging aan de Haarlemmerweg vooral als een poort of markeringspunt werken.

Het plan voor de Geuzenbaan wijkt af van de meeste andere herstructureringsopgaven in de Westelijke Tuinsteden omdat in dit gebied nauwelijks bebouwing gesloopt hoefde te worden maar wel grote infrastructurele ingrepen zijn gepleegd om de locatie beschikbaar te krijgen. De stedelijke vernieuwing bestond hier in eerste instantie uit verdichting. Het plan van SVP heeft met eenvoudige ingrepen op stedebouwkundig niveau het stadsdeel ingrijpend veranderd. De buurt heeft een rustiger karakter gekregen en de verkeersafwikkeling is logischer. Op het niveau van de openbare ruimte is met kleine ingrepen grote kwaliteit toegevoegd, zoals met de waterpartij bij het Lambertus Zijlplein en het plein langs de Ruys de Beerenbrouckstraat. Ook zijn bestaande stedelijke ruimtes, zoals het Lambertus Zijlplein en de groenstrook langs de Geuzentuinen, verbeterd. De grootste impact van het plan is natuurlijk de verbinding van twee buurten.

and is visually connected with the northern part of the neighbourhood. Four residential towers have been built next to the water. A sixteen-storey residential tower, which functions as a landmark in the neighbourhood, has been constructed next to the square, at the end of the extended canal. Apartment blocks are projected to the north of the shopping centre and further along Albardagracht. The two sections of Albardagracht have been reconnected, giving rise to an important sight line in the north-south and the east-west direction. A footpath and a cycle path have been created alongthe canal. The complex 'Geuzentuinen' has been built to the north of Albardagracht. It comprises 138 dwellings in three blocks with private courtyard gardens. By orientating entrances and dwellings to the street wherever possible, the new development relates well to the public space. Although the courtyard gardens are not accessible to the public, they do have a visual impact on the street.

The northernmost section of Geuzenbaan is to be developed last. Following the demolition of the viaduct above Haarlemmerweg, an intersection is to be built to the east of De Geuzenbaan. As a result, land will be freed up at the end of De Geuzenbaan for low-rise housing, which will be screened from Haarlemmerweg by a tall building. Because of its prominent position on Haarlemmerweg, this building will function as a gateway or landmark for the new neighbourhood behind it.

The scheme for De Geuzenbaan is different from most of the other restructuring projects in the Westelijke Tuinsteden because hardly any buildings needed to be demolished in the area, although major infrastructural interventions were carried out in order to free up the location. Urban renewal here consisted first and foremost of densification. By means of simple interventions at the urbanistic level, the scheme by SVP has transformed the neighbourhood. It now has a more restful character and the traffic flow is more logical. At the level of the public space, new quality has been added through small-scale interventions such as, for example, the water feature near Lambertus Zijlplein and the square on Ruys Beerenbrouckstraat. In addition, existing urban spaces, such as the area around Lambertus Zijlplein, Albardagracht and the green strip along Geuzentuinen, have been improved. The scheme's greatest strength is of course that it connects two neighbourhoods.

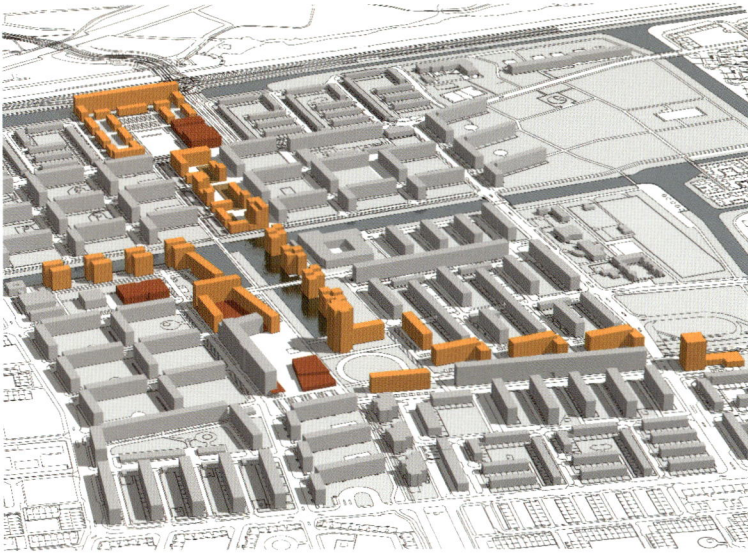

Stedebouwkundig plan SVP Architectuur en Stedenbouw.	Urban design scheme SVP Architectuur en Stedenbouw.
Verkeersstructuur: hoofd-structuur (rood), tramlijn (paars) en langzaam verkeerroute (oranje).	Traffic structure: main access system (red), tram line (purple) and slow traffic route (orange).
Lambertus Zijlplein.	Lambertus Zijlplein.
Geuzentuinen (links).	Geuzentuinen (left).

Het project 'Geuzen tuinen' by FARO Architecten /
The project 'Geuzen tuinen' by FARO Architects.

Overbouwen en verbinden

Bos en Lommerplein

Building over and connecting

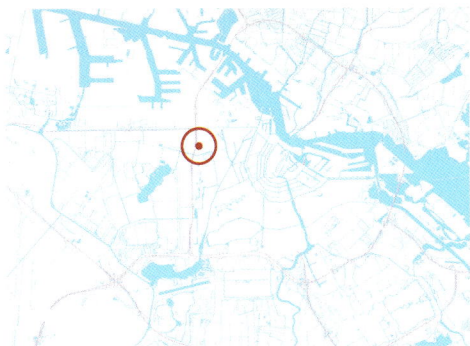

Het stedebouwkundig plan voor de wijk 'Bos en Lommer' (1935) vormde de eerste uitwerking van het AUP. Het plan was monumentaal van opzet, met symmetrisch ten opzichte van een centrale as en een verkeersplein geordende bouwblokken. Vanaf het plein liepen twee hoofdwegen schuin zuidwaarts waardoor een wegenpatroon in de vorm van een vork werd gevormd. Cornelis van Eesteren, de ontwerper van het plan, probeerde de overgang van het gesloten bouwblok naar de open stroken-verkaveling rond het Bos en Lommerplein zo soepel mogelijk te laten verlopen. De bestaande bebouwing van de Hoofdweg (de zuidoostelijke 'punt' van de vork) kon hij zo gemakkelijk ver-knopen met de moderne strokenbouw van zijn eigen plan. Het plein was door Van Eesteren ont-worpen als een ruim opgezette plek met een monumentaal openbaar gebouw en een markt-plein als centrale ontmoetingsplek voor de wijk. Maar met deze spil van het plan liep het in de uitvoering anders.

Het westelijke deel van de ringweg A10 bracht sinds de aanleg begin jaren zestig een rigou-reuze scheiding aan tussen de vooroorlogse stad en de naoorlogse Westelijke Tuinsteden. De weg volgde het tracé dat al in het AUP was uitgestip-peld als 'parkweg' maar werd niet uitgevoerd als een op maaiveld gelegen stadsstraat maar als een stadsautosnelweg waar 90 km per uur mocht worden gereden. Deze aanpassing betekende onder meer dat de weg breder werd dan beoogd en dat er voor de overige geplande verkeers-soorten als trams, fietsers en voetgangers geen ruimte meer overbleef. Deze verandering kon in veel stedebouwkundige plannen rond de ringweg nog worden ingepast maar in het al deels uitgevoerde ontwerp voor het Bos en Lommerplein kon de autosnelweg niet worden

The urban design scheme for the district 'Bos en Lommer' (1935) was the first part of the AUP to be fleshed out. The scheme was monumental in character, with blocks arranged symmetrically in relation to a central axis and a 'traffic square'. From the square, two main roads ran diagonally southwards, giving rise to a fork-shaped road pattern. Cornelis van Eesteren, the scheme's designer, sought to make the transition from the perimeter block to the open row layout around Bos en Lommerplein as smooth as possible. He was thus able to tie in the existing development on Hoofdweg (the fork's southeasterly 'tip') with the modern row housing in his own scheme. Van Eesteren designed the square as a spacious site with a monumental public building and a marketplace as a central meeting place for the district. However, this pivot of the scheme was not realized quite as planned.

Since its construction in the early sixties, the western section of the A10 ring road had rigorously separated the prewar city from the postwar Westelijke Tuinsteden. The road followed the route that had been marked out in the AUP as a 'parkway' but it was not realized as an urban street at ground level, but rather as an urban motorway with a maximum speed limit of 90 km per hour. This modification meant, among other things, that the road was wider than had been intended so that there was no space for the other projected types of traffic, such as trams, cyclists and pedestrians. The road could easily be incorporated in many of the urban design schemes in the area, but not in the partially realized scheme for Bos en Lommer-plein. The design's monumental symmetry had to be abandoned and the A10 was so con-structed that it swept past the square in a gentle curve. Although the motorway was sunken near

opgenomen. De monumentale symmetrie van het ontwerp moest worden opgegeven en de A10 werd met een lichte buiging langs het plein gevoerd. Hoewel de snelweg bij het plein verdiept werd uitgevoerd en een viaduct de buurten ter weerszijde van de A10 verbond, veroorzaakte de snelweg toch een grote scheiding in de wijk. Rondom het plein werden losse invullingen gepleegd waardoor de ruimtelijke samenhang steeds meer geweld werd aangedaan.

In de jaren negentig werd bij gebrek aan uitbreidingsgebieden in de stad, onderzoek gedaan naar de mogelijkheden tot verdichting in de zone rondom de westelijke A10. Amsterdam werd omringd door gebieden waar op dat moment niet meer gebouwd kon worden. Milieuhinder door Schiphol en de havens, en cultuurhistorische waarden van het omringende landschap bepaalden de grenzen van de stad. Bovendien werd het beleid bewust in toenemende mate gericht op het bouwen binnen de stadsgrenzen en op het creëren van woningen in aantrekkelijke en multifunctionele omgevingen. Verdichting, optimalisering en stedelijke vernieuwing waren de trefwoorden van het nieuwe beleid. De Dienst Ruimtelijke Ordening deed onderzoek naar de mogelijkheden om de ringweg te integreren in het stedelijk weefsel en de gebieden ter weerszijden van de A10 beter met elkaar te verbinden.[23] Het Bos en Lommerplein-project was onderdeel van dit grote project.
Al vanaf 1988 werd door het stadsdeel gewerkt aan een plan om de A10 bij het Bos en Lommerplein te overbouwen. De belangrijkste uitgangspunten waren het opheffen van de barrièrewerking van de A10, het maken van een nieuw stadsdeelcentrum, het verbeteren van het ruimtegebruik en het oplossen van de geluidsproblematiek. Daarbij wilde het stadsdeel de buurt een sociaal-economisch impuls geven. Door de betrokkenheid van vele partijen – waaronder Rijkswaterstaat als beheerder van de snelweg, de op- en afritten én de lucht boven de weg – was het proces gecompliceerd. Pas toen Rijkswaterstaat in 2001 aangaf het project 'kansrijk te willen begeleiden' en groot onderhoud aan de weg te willen plegen, kwam het project van de grond.

Het stedebouwkundig plan werd door een ontwerpteam onder supervisie van Peter Verscheuren (Wissing Stedenbouw) gemaakt. In het team waren de stedebouwkundige en de landschapsontwerper van het stadsdeel vertegenwoordigd, plus een aantal

the square and a viaduct connected the neighbourhoods on either side, it still formed a major barrier in the district. Individual infill projects were realized around the square, which spoiled the area's spatial coherence.

Because of the lack of expansion areas in the city, in the nineties, a study was carried out into the feasibility of densification in the zone around the western section of the A10. Amsterdam was surrounded by areas where new development was impossible. Environmental pollution by Schiphol and the docks and the cultural-historical values of the surrounding landscape determined the city's boundaries. Moreover, municipal policy was increasingly geared towards building inside the city boundaries and the creation of housing in attractive and multifunctional environments. Densification, optimization and urban renewal were the buzz words in the new policy. The city's planning department carried out a study into the possibility of integrating the ring road in the urban fabric and of reconnecting the areas on either side of the A10.[23] The Bos en Lommerplein scheme was part of this large-scale project.
The district council began working on a plan to build over the A10 near Bos en Lommerplein as early as 1988. The key points of the scheme were the elimination of the road's barrier effect, the creation of a new district centre, the improvement of the use of space and the solution of the noise problem. In addition, the council wanted to give the district a socio-economic impetus. Because many different parties were involved – including the State Department of Roads and Waterways, which managed the motorway, the slip roads and the air above the road – the process was complicated. It was not until 2001 when the department stated that it was willing to supervise the project and that it would carry out major maintenance work on the road, that the project got off the ground.

The urban design scheme was drawn up by a design team headed by Peter Verscheuren (Wissing Stedenbouw). The team included the district's urban planner and landscape designer and a number of architects.[24] The area was divided up into four subareas: Gulden Winckelplantsoen with the marketplace; the section of the A10 to be built over; Bos en Lommerplantsoen and Jan van Schaffelaarplantsoen. The first two areas were completed in 2004.

147

Bos en Lommerplein, 1968.   Bos en Lommerplein, 2004.

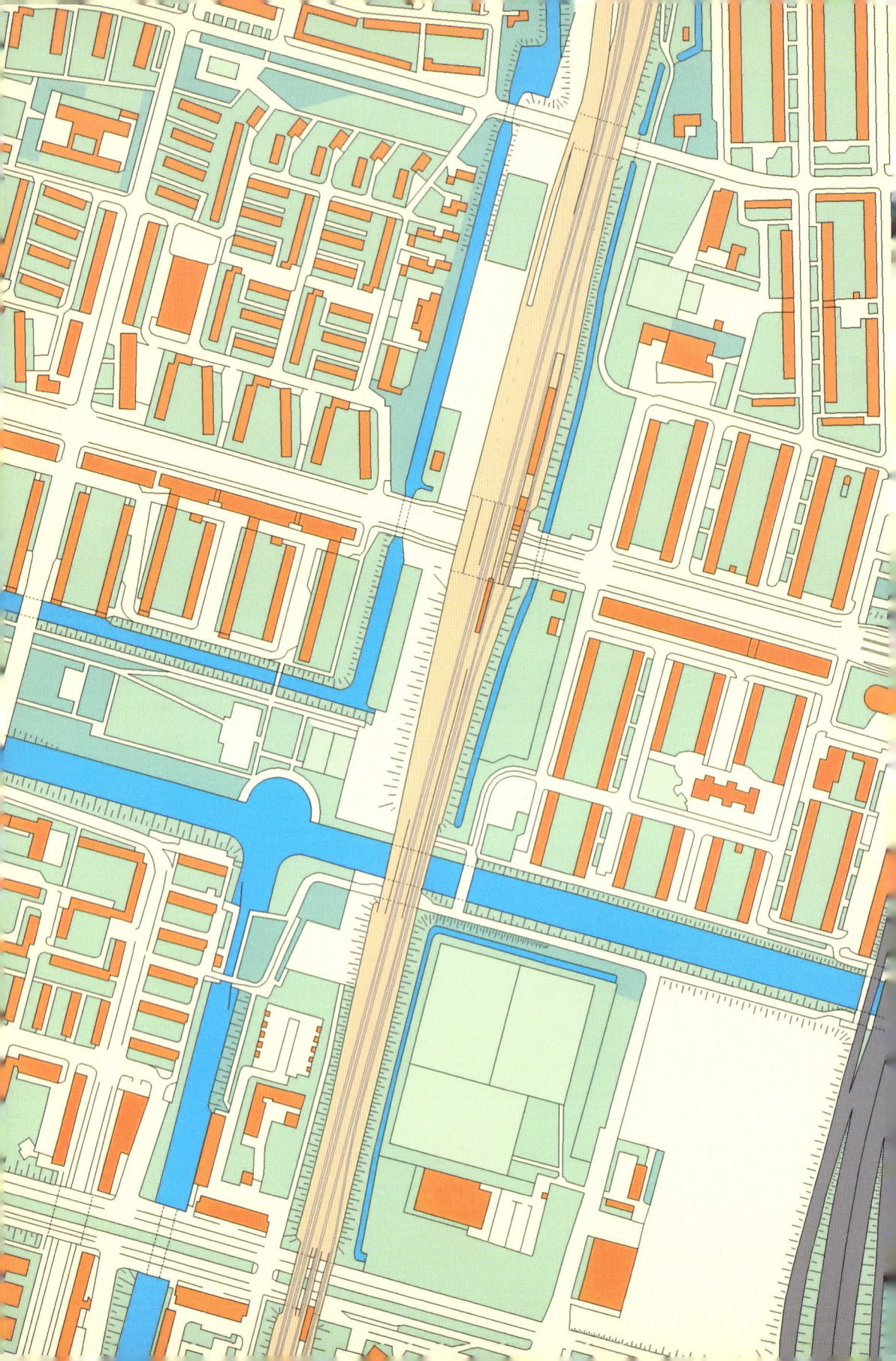

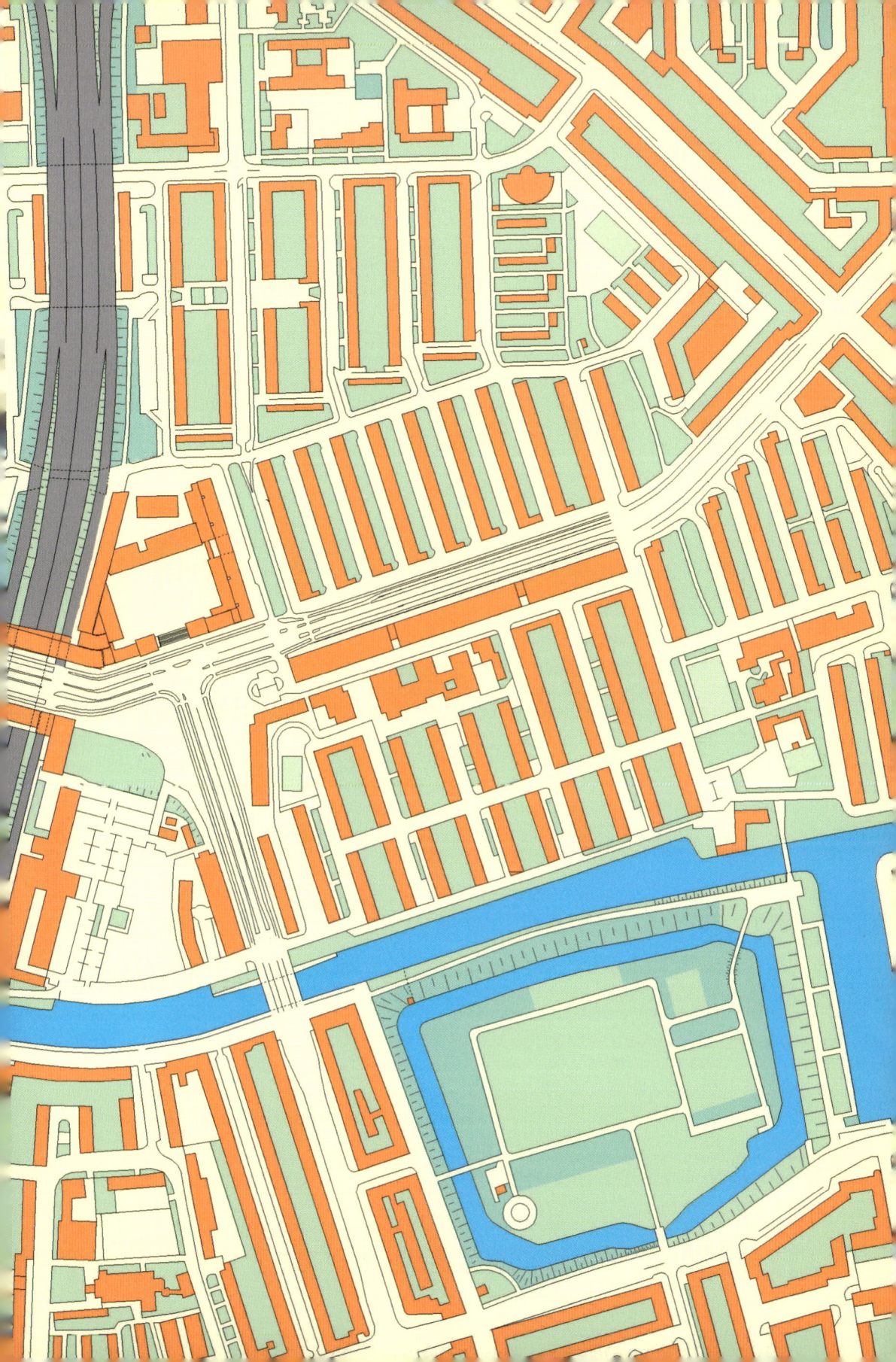

betrokken architecten.[24] Het gebied werd opgedeeld in vier deelgebieden: het Gulden Winckelplantsoen met het marktplein; de overbouwing
van de A10; het Bos en Lommerplantsoen en het
Jan van Schaffelaarplantsoen. Hiervan zijn de eerste
twee in 2004 voltooid.

De kern van het plan bestaat uit het beter benutten
en intensiveren van de aanwezige (verkeers)ruimte.
De Hoofdweg is opgevat als de centrale as die
visueel wordt beëindigd in het vernieuwde Gulden
Winckelplantsoen. Waar deze weg voorheen uit-
mondde in een rotonde ligt nu een T-kruising. Door
deze ingreep is meer ruimte vrijgekomen voor
bebouwing en kon een duidelijker begrenzing van
het plein worden gevormd. Op de hoek van de
Hoofdweg en de Bos en Lommerweg komt aan de
westkant een woongebouw. Het ligt voor de hand
dat de hoek aan de overzijde ook wordt bebouwd
zodat de symmetrische opzet van de Hoofdweg
wordt voltooid. Op de plek van het Gulden Winckelplantsoen is zo veel mogelijk aansluiting gezocht
bij de stedebouwkundige structuur van de buurt.
De bestaande rooilijnen aan de Bos en Lommerweg
zijn doorgetrokken en de straat naast het Gulden
Winckelplantsoen is rechtgetrokken om de nieuwbouw aan deze kant een rechte wand te kunnen
geven. Ook met de bouwhoogte van de nieuwbouw
is aansluiting gezocht bij de omliggende bebouwing. Er is een besloten marktplein gecreëerd met
de hoofdentree aan de Bos en Lommerweg. Het
plein ligt verhoogd, op een ondergrondse parkeergarage. In de bebouwing rondom de markt bevinden zich op de begane grond winkels en daarboven
woningen, kantoren, het nieuwe stadsdeelkantoor,
een bibliotheek en wijkvoorzieningen.
Het meest kenmerkende onderdeel van het plan
is de overbouwing van de ringweg met twee bruggebouwen. Ook hier sluiten de gevelrooilijnen
aan op de bestaande bebouwing langs de Bos en
Lommerweg. Het zuidelijke bruggebouw heeft op
de plek waar de Bos en Lommerweg een knik maakt
een toren gekregen die een belangrijk markeringspunt in de wijk vormt. Het Bos en Lommerplantsoen
wordt, wanneer de parkeerplaatsen van het GAK-
gebouw ondergronds zijn gebracht, ingericht als
park. De entree komt te liggen aan de Bos en
Lommerweg en krijgt visueel een verbinding met
het nieuwe marktplein. Het Jan van Schaffelaarplantsoen wordt als laatste deelgebied uitgevoerd.
Hier komen woningen rondom een gemeenschappelijke, besloten binnentuin. Het gehele plan is
vermoedelijk in 2008 gereed.

The main aim of the plan is to make better use of
and to intensify the existing (traffic) space. Hoofdweg is the central axis, which is visually terminated
by the revamped Gulden Winckelplantsoen. The
road now leads to a T-junction, where there used to
be a roundabout. As a result of this intervention,
space was freed up for development and the square
now has a clearer boundary. On the corner of
Hoofdweg and Bos en Lommerweg, a residential
building is to be constructed on the west side. The
corner on the opposite side will also be built on in
order to complete the symmetry of Hoofdweg.
Where possible, Gulden Winckelplantsoen has been
linked in with the urbanistic structure of the neighbourhood. The existing building lines on Bos en
Lommerweg have been extended and the street next
to Gulden Winckelplantsoen has been straightened
in order to give the new-build on this side a straight
frontage. The building height of the new development is also in keeping with the surrounding
development. A closed market square has been
created, whose main entrance is situated on Bos
en Lommerweg. The square is raised and is situated
on top of an underground parking garage.
The development around the market square contains shops on the ground floor, above which are
dwellings, offices, the new district council office,
a library and local amenities. The defining feature
of the scheme are the two bridge buildings over
the ring road. Here too, the building lines are in
keeping with the existing development on Bos en
Lommerweg. At the point where Bos en Lommerweg
bends, the southern bridge building has a tower
which forms an important landmark in the area.
When the parking spaces of the GAK building are
relocated underground, Bos en Lommerplantsoen
will be turned into a park. The entrance will be on
Bos en Lommerweg and will be visually connected
with the new market square. Jan van Schaffelaarplantsoen will be the last sub-area to be completed.
Here, housing is to be built around a communal,
closed courtyard garden. The entire scheme will
probably be completed in 2008.

The spectacle of the Bos en Lommerplein project
lies primarily in the two bridge buildings above the
A10. In addition, the project is a good example of
the optimization of space. For this reason, it has
already been designated as an exemplary project
as part of the Urban Renewal Innovation Programme
of the Ministry of Housing, Spatial Planning and
the Environment. The public-private partnership

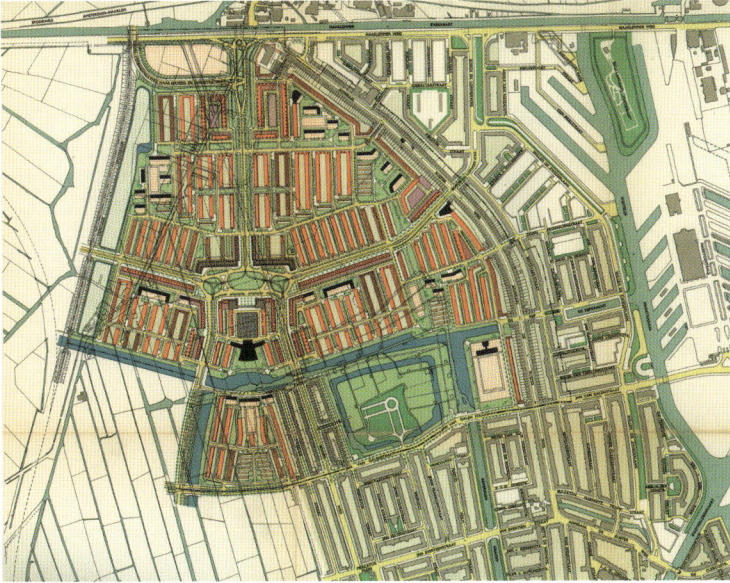

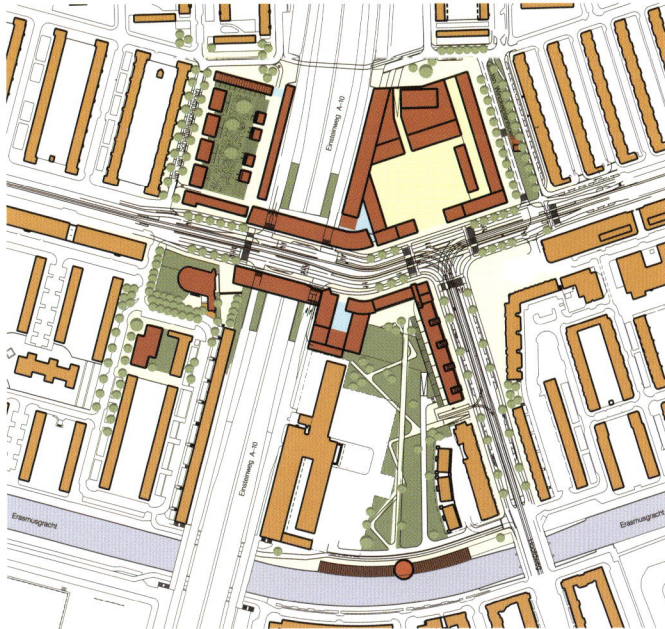

151

Herzien uitbreidingsplan
'West' (Plan 'Bosch en
Lommer'), Dienst Publieke
Werken, afdeling Stads-
ontwikkeling, 1935.

Ring A10.

Stedebouwkundig plan.

Revised expansion plan
'West' ('Bosch en Lommer'
Plan), Public Works
Department, Town
Planning Department,
1935.

Ring road A10.

Urban design scheme.

Het spektakel van het Bos en Lommerplein-project zit vooral in de twee bruggebouwen boven de A10. Daarnaast is het project een goed voorbeeld van het optimaliseren van ruimtegebruik. Het werd daarom al aangemerkt als voorbeeldproject in het kader van het Innovatie Programma Stedelijke Vernieuwing (IPSV) van het Ministerie van VROM. Om dit allemaal voor elkaar te krijgen is de publiek-private samenwerking tussen het Rijk, de Gemeente Amsterdam en private partijen van groot belang geweest. Voor de buurt zit het belang echter in de stedebouwkundige verbinding tussen de twee buurten ter weerszijde van de weg, en in de schepping van een nieuw overzichtelijk centrumgebied. Als geheel symboliseert het project de veelomvattende vernieuwing van heel Bos en Lommer. Het wachten is op het effect van de impuls die met het project aan de ontwikkeling van het gebied rond de westelijke ringweg is gegeven.

between central government, Amsterdam city council and private enterprise was crucial to the success of the project. For the district, its importance lies in the urbanistic connection of the two neighbourhoods on either side of the road and in the creation of a new, well-organized urban centre. The project symbolizes the comprehensive renewal of the whole of Bos en Lommer. The effect of the impetus this project will give to the development of the area around the western ring road remains to be seen.

Noten

23. Daaraan zouden zogenaamde centrumzones moeten bijdragen: goed bereikbare zones met gemengde functies die zowel aan de west- als aan de oostkant van de weg aansluiten op andere gemengde gebieden. Woonwijken en grote groengebieden moesten onderling beter met elkaar verbonden worden door groene routes. Zie: *Plan Amsterdam*, 'Ringzone West, Modellen voor overbouwing van de A10', Sacha Maarschall, DRO Amsterdam, juni 2000.

24. Hugo de Clercq (Faro Architecten), Jeroen Geurst (Geurst & Schulze), René Steevensz (PPKS Architeccts) en Vera Yanovshtchinsky (Vera Yanovshtchinsky Architecten).

Literatuur

H. Hellinga, W. Duyff et.al, *Algemeen Uitbreidingsplan Amsterdam 50 jaar. 1935/1985*, Amsterdamse Raad voor de Stedebouw, Amsterdam, 1985.
Plan Amsterdam, 'Ringzone West, Modellen voor overbouwing van de A10', Sacha Maarschall, juni 2000.
'Stedenbouwkundig Plan Bos en Lommerplein en omgeving', *Het hart aan de A10*, Stadsdeel Bos en Lommer, 2001.

Notes

23. So-called centre zones were to contribute to this: easily accessible zones with a mix of functions which link up with other mixed areas on both the east and the west side of the road. Residential developments and large areas of green space were to be interconnected by means of green routes. See: *Plan Amsterdam* 'Ringzone West, Modellen voor overbouwing van de A10', Sacha Maarschall, DRO Amsterdam, June 2000.

24. Hugo de Clercq (Faro Architects), Jeroen Geurst (Geurst & Schulze), René Steevensz (PPKS Architects) and Vera Yanovshtchinsky (Vera Yanovshtchinsky Architects).

Wonen in het water

Haveneiland &
Rieteilanden

Living in water

De eerste plannen voor een woonwijk in het IJmeer dateren van halverwege de jaren zestig, toen de architecten Van den Broek en Bakema hun visionaire ontwerp 'Stad op Pampus' presenteerden. Het was een plan voor een stad met een centrum met 'wolkenkrabbers' van 24 tot 40 verdiepingen, ontsloten via veertien verkeersbanen op verschillende niveaus en omringd door drie stadswijken. Deze 'megastructuur' zou plek bieden aan circa 350.000 inwoners. Hoewel het plan onrealistisch en onuitvoerbaar werd gevonden, zette het wel het denken over een stad in het IJ in gang.

In de jaren die volgden kreeg de stad te kampen met een toenemend woningtekort. Ondanks het feit dat veel bewoners vertrokken naar omliggende steden zoals Almere, Zaanstad en Purmerend, moest de gemeente plannen maken voor nieuwe stadsuitbreidingen. In dat kader werd een uit de jaren tachtig daterend ontwerp voor 'Nieuw Oost', een plan voor een uitbreidingswijk voor vijftigduizend mensen in het buiten-IJ, in de jaren negentig uitgewerkt tot een ontwerp voor de grootste VINEX-wijk van Nederland.[25] Op een eilandenrijk zouden 18.000 woningen voor bijna 40.000 mensen kunnen worden gebouwd. In 1996 stemde de gemeenteraad in met de bouw van de inmiddels tot 'IJburg' omgedoopte woonlocatie, wat veel beroering in de stad teweegbracht. In de media barstte een strijd los tussen verdedigers van de natuur in het IJmeer en voorstanders van de uitbreidingswijk. Deze media-aandacht was in 1997 aanleiding tot het organiseren van een referendum. Toen daarbij bleek dat de tegenstand niet doorslaggevend kon worden genoemd, kon de planvorming voor IJburg van start gaan.[26]

Frits Palmboom van het bureau Palmboom en van den Bout werd aangetrokken voor het

The first plans for a residential development in IJmeer date from the mid sixties when the architects Van den Broek and Bakema presented their visionary scheme 'City on Pampus'. This was a scheme for a city, with skyscrapers ranging in height from 24 to 40 storeys, accessed via fourteen traffic lanes on different levels and surrounded by three districts. This 'megastructure' was to house approximately 350,000 inhabitants. Although the scheme was deemed unrealistic and unworkable, it did spark off thinking about a city in the IJ.

In the years that followed, Amsterdam was faced with a growing housing shortage. Despite the fact that many inhabitants moved to surrounding towns such as Almere, Zaanstad and Pumerend, the council had to make plans for new urban expansions. In the eighties, a scheme was drawn up for 'Nieuw Oost' (New East), an expansion area for 50,000 people in the outer IJ. In the nineties, this was worked up into a scheme for the largest VINEX development in the country.[25] On a cluster of islands, 18,000 dwellings were to be built for some 40,000 people. In 1996, the city council approved the construction of this residential district (renamed 'IJburg'), which provoked an uproar in the city. A war erupted in the media between conservationists campaigning to preserve the nature in the IJmeer and supporters of the expansion area. This media attention resulted in a referendum in 1997. When it became apparent that there was not enough opposition to the scheme, IJburg was given the go-ahead.[26]

Frits Palmboom of the office Palmboom and Van den Bout was engaged to draw up the overall urban design scheme. Palmboom designed an archipelago of six artificial islands in the IJmeer, three parallel to Diemerzeedijk and three at

maken van een globaal stedebouwkundig plan. Hij ontwierp een archipel bestaande uit zes kunstmatig aangelegde eilanden in het IJmeer, drie evenwijdig aan de Diemerzeedijk en de overige haaks daarop. De situering van de verschillende eilanden werd gebaseerd op een 'waterontwerp'. Windrichtingen en stroomrichtingen van het water bepaalden de contouren van het eilandenrijk. Daarnaast hadden belangrijke zichtlijnen invloed op de clustervorm. In het hele verdere planproces heeft het ambitie-niveau een grote rol gespeeld. In een vroeg stadium werd vastgelegd dat IJburg meer moest zijn dan een gemiddelde VINEX-wijk. Er moest geen uitbrei-dingswijk, maar een complete stadswijk gemaakt worden, met behalve woningen ook bedrijven, scholen, winkels en recreatiemogelijkheden. Hierbij is de bereikbaarheid cruciaal: de A1 en A10 zijn dichtbij, een sneltram zorgt ervoor dat de nieuwe stadswijk in een ruim kwartier vanaf het Centraal Station te bereiken is. Tegelijkertijd wordt rekening gehouden met het feit dat mensen zich in toene-mende mate over een grotere afstand bewegen, en grotere afstanden tussen wonen en werken afleg-gen. Om die reden is IJburg nadrukkelijk in regionaal perspectief ontworpen. Bovendien worden ook de kwaliteitseisen betreffende de architectuur hoog gesteld. Een kwaliteitsteam onder supervisie van Kees Rijnboutt kreeg de opdracht om de gemeente te adviseren over de kwaliteit van de stedebouw-kundige plannen voor de afzonderlijke eilanden en over de plannen voor de openbare ruimte. De beoor-deling van de bouwplannen kwam zoals gebruikelijk bij Welstand te liggen. Voor de realisatie sloot de gemeente in 1998 een samenwerkingsovereenkomst met ontwikkelaars. De verhoudingen keerden om: de gemeente zorgde voor het gereedmaken van de grond en de hoofdontsluiting, terwijl de markt de verantwoordelijkheid kreeg voor de woongebie-den en de openbare ruimte. Omdat hierbij een gefaseerde uitvoering belangrijk was, werd het eilandenrijk opgedeeld in drie plandelen die ieder een ander karakter en voorzieningenniveau krijgen. Het westelijke plandeel wordt gevormd door Zee-burgereiland en Steigereiland, het oostelijke door Centrumeiland, Strandeiland, Middeneiland en Buiteneiland en het middelste door Haveneiland en de Rieteilanden. Haveneiland en Rieteilanden vormen samen het eerste deelplan van IJburg dat is uitgewerkt en in ontwikkeling is genomen.[27]

Het door Felix Claus, Frits van Dongen, en Ton Schaap van DRO, ontworpen stedebouwkundig plan

right angles to it. The positioning of the various islands was based on a 'water scheme'. Wind directions and the directions of water currents determined the contours of this cluster of islands. In addition, the main sight lines influenced the cluster's form.

The high level of ambition played a major role in the entire planning process. It had been decided at an early stage that IJburg should be more than an average VINEX development. It was to be a complete city district with in addition to housing, businesses, schools, shops and recreational facilities. Accessibility was crucial: the A1 and the A10 were close by and the new district would be fifteen minutes from Amsterdam's Central Station by high-speed tram. At the same time, the scheme took account of the fact that increasingly people were travelling greater distances, particularly commuting distances. For this reason, IJburg was emphatically designed in a regional context. Moreover, the architecture had to meet stringent design standards. A quality control team, under the supervision of Kees Rijnboutt, was commissioned to advise the council on the quality of the urban design schemes for the individual islands and of the plans for the public space. In accordance with standard practice, the amenities inspectorate evaluated the plans. In 1998, the council entered into a cooperation agreement with the developers. The roles were reversed: the council prepared the site for develop-ment and built the main access route, while private enterprise was given responsibility for the residen-tial areas and the public space. Because a phased development was important, IJburg was divided into three planning sections, each with a different character and level of facilities. The western section comprises Zeeburgereiland and Steigereiland, the eastern section comprises Centrumeiland, Strand-eiland, Middeneiland and Buiteneiland and the middle section comprises Haveneiland and the Rieteilanden. The scheme for Haveneiland and Rieteilanden was the first to be fleshed out and this was the first section to be developed.[27]

The urban design scheme drawn up by Felix Claus, Frits van Dongen, and Ton Schaap of the city's planning department (DRO) was laid down by the city council in February 2000. The presentation was accompanied by a 'Manifesto for the ordinary' in which the designers made a plea for sustainable urbanism. This was a reaction to what they saw as the discipline's fixation on change, on being

Het opspuiten van het land voor IJburg, 1999 /
Depositing dredged sand for IJburg, 1999.

Haveneiland, Rieteilanden en Diemerpark (links), 2004 /
Haveneiland, Rieteilanden and Diemer Park (on the left), 2004.

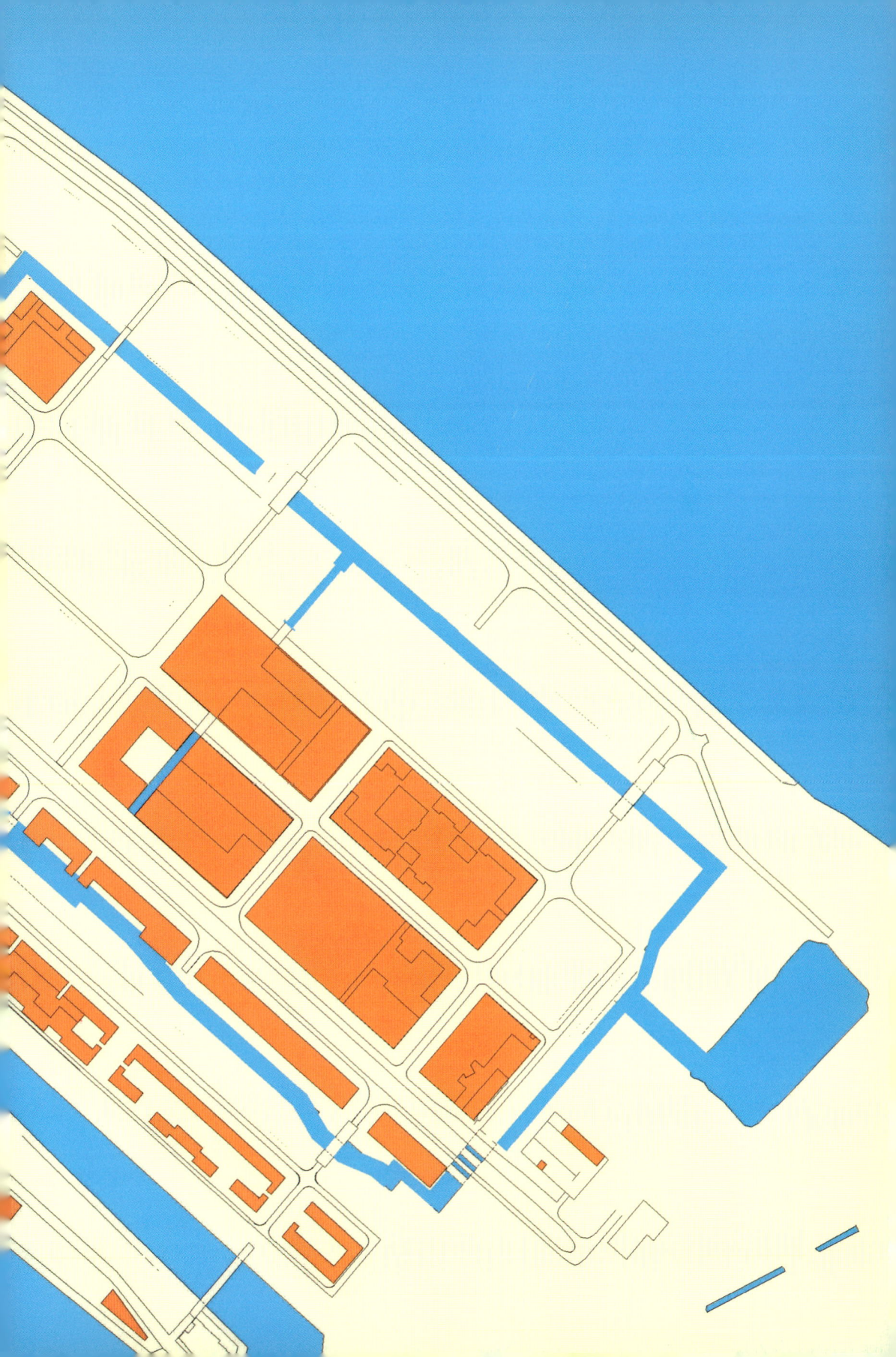

werd in februari 2000 door de gemeenteraad vastgesteld. Bij de presentatie ging het vergezeld van een 'Manifest voor het gewone' waarin de ontwerpers een pleidooi hielden voor duurzame stedebouw, een reactie op de in hun ogen overheersende fixatie in de discipline op verandering, 'anders' en 'origineel' zijn. Stedebouw zou juist gericht moeten zijn op constanten in de samenleving en het faciliteren van comfort.

De opdracht voor Haveneiland en Rieteilanden behelsde het onderbrengen van ruim 7.000 woningen en voorzieningen op 150 hectare grond. Voor Haveneiland werd een lineair stratenpatroon ontworpen, ondersteund door twee waterstroken die het eiland over de lengte doorsnijden. Daartussen is een fijnmazig patroon van straten en sloten ontworpen waarmee een rechthoekig patroon van kavels is gevormd. Een aantal kavels wordt gebruikt voor het maken van pleinen of parken, het overige deel wordt bebouwd met compacte bouwblokken. Deze worden op verschillende wijzen uitgewerkt door een team van architecten (per blok) waarvan er steeds één optreedt als coördinerend architect of 'blokhoofd'. Hiermee wordt gestreefd naar een balans tussen het neutrale, regelmatige stratenpatroon en variatie in de bebouwing. De bebouwing van de kavels moet aan een aantal regels voldoen. De blokken hebben alle een breedte van 175 meter, de diepte varieert van 90 meter in het middengebied tot 70 meter aan het water. Voor de blokranden is een minimale hoogte van tien meter en een maximale bouwhoogte van 24 meter vastgelegd. In ieder blok moeten ongeveer 200 woningen in verschillende woningcategorieën, in combinatie met bedrijfsruimten, voorzieningen en parkeerplaatsen, worden gerealiseerd. Een deel van de woningen moet als vrije kavel in het blok worden opgenomen. De opgave is gecompliceerd doordat het programma te groot is om alleen in bebouwing op de randen van de kavels onder te brengen. Hierdoor worden de architecten bewust uitgedaagd om met creatieve oplossingen voor de verkaveling te komen.

Om de levendigheid te vergroten zijn de gebouwen zo veel mogelijk op de straat gericht en is ruimte voor tuinen en stoepen tussen de blokken en de openbare ruimte gecreëerd. Hoge verdiepingen op de begane grond maken diverse vormen van gebruik mogelijk. De drie Rieteilanden liggen tussen Haveneiland en het Diemerpark. De naar verhouding kleine eilanden worden hoofdzakelijk met laagbouwwoningen in kleine dichtheden bebouwd. Op het Kleine Rieteiland kunnen particuliere

'different' and 'original'. Rather, urbanism should focus on constants in society and on facilitating comfort.

The brief for Haveneiland and Rieteilanden called for the construction of some 7,000 dwellings together with facilities on 150 hectares of land. On Haveneiland, a linear street pattern is supported by two strips of water which bisect the island lengthways. In between is a fine-meshed pattern of streets and drainage channels, giving rise to a rectangular pattern of plots. Squares or parks are to be created on some of the plots, compact blocks will be built on the rest. These are being fleshed out in different ways by a team of architects (for each block), with one architect acting as coordinating architect or 'head of block'. The aim is to achieve a balance between the neutral, regular street pattern and variation in the development. The blocks have to meet a number of requirements. All of the blocks are 175 metres wide, while their depth varies from 90 metres in the central area to 70 metres at the water's edge. A minimum building height of ten metres and a maximum height of 24 metres has been stipulated for the edges of the blocks. Approximately 200 dwellings in various dwelling categories, together with commercial space, facilities and parking spaces, are to be realized in each block. A percentage of the dwellings are to be included in the block as private plots. The project is complex because the programme is too large to be accommodated in development on the edges of the plots. As a result, the architects are being challenged to come up with creative solutions for the plot layouts. In order to increase vibrancy, the buildings are orientated to the street wherever possible and space has been created for gardens and paths between the blocks and the public space. High storeys on the ground floor make various types of use possible. The three Rieteilanden are situated between Haveneiland and Diemerpark. The comparatively small islands will have mainly low-rise housing at low densities. On Kleine Rieteiland, private individuals will be able to buy a plot and build a dwelling designed by an architect or by themselves.

The first dwellings were completed on Haveneiland West in 2002. Large parts of this island and the Rieteilanden have now been developed. One of this plan's achievements is already visible: the neutral, imageless urbanistic underpinning has resulted in the greatest possible architectural variation. With the construction of IJburg, a new eastern 'lobe' is in

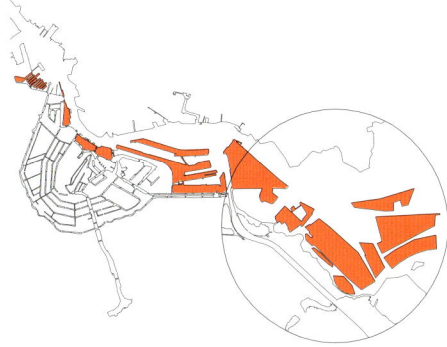

159

Schets stedebouwkundig
plan IJburg, Palmboom en
van den Bout.

Sketch urban design
scheme IJburg, Palmboom
and Van den Bout.

Ligging IJburg.

Location IJburg.

Toekomstbeeld Haven-
eiland en Rieteilanden.

Future image Haveneiland
and Rieteilanden.

opdrachtgevers een kavel kopen en een zelf-, of door een architect ontworpen huis bouwen.

In 2002 werden de eerste woningen op Haveneiland West opgeleverd en inmiddels zijn grote delen van dit eiland en van de Rieteilanden bebouwd. Een van de verworvenheden van het plan is nu al zichtbaar: de neutrale, beeldloze stedebouwkundige onderlegger heeft geleid tot de grootst mogelijke variatie in de architectuur.
Met de bouw van IJburg is een nieuwe oostlob van Amsterdam in wording. Deze uitbreiding is niet alleen passend bij de lobbenstructuur van de bestaande stad, maar schaart zich ook in een eeuwenoude Amsterdamse traditie van het aanleggen van kunstmatige eilanden voor bewoning. Interessant in dit kader is dat IJburg zich tevens voegt in de meest recente ontwikkelingen, namelijk op het gebied van de regionale planning en de netwerkstad. De wijk heeft een belangrijke positie in de regio en kan, zeker wanneer een voor de hand liggende, directe verbinding met Almere tot stand komt, uitgroeien tot een moderne 'netwerk-lob' van Amsterdam.

the making. This urban expansion is in keeping not only with the lobate structure of the existing city, but also with a centuries-old Amsterdam tradition of constructing artificial islands for housing. Furthermore, IJburg also fits in with the most recent developments in the field of regional planning and the network city. The district is strategically located in the region and, certainly if a direct link with Almere is realized, could develop into a modern 'network lobe'.

Noten

25. In de *Vierde Nota Ruimtelijke Ordening Extra* (VINEX, 1990) werd een beleid uitgestippeld dat gericht was op het concentreren van compacte nieuwbouwwijken in en rond de steden. Hiertoe werden in het hele land door de overheid zogenaamde VINEX-locaties aangewezen waarbij de betrokken gemeenten op financiële steun van de overheid konden rekenen.

26. Bij het referendum van 19 maart 1997 stemde het merendeel van de stemmers tegen de aanleg van IJburg maar werd het benodigde aantal kiezers niet gehaald. IJburg kon worden gebouwd.

27. Op Steigereiland is de bouw ook al gestart. De stedebouwkundige plannen voor Centrumeiland en Middeneiland zijn in juli 2004 door de gemeente goedgekeurd.

Literatuur/Literature

Frits van Dongen, Felix Claus, Ton Schaap, *Stedebouwkundig Plan Haveneiland en Rieteilanden West*, 2000.
Hans van der Toorn (red.), *IJburg, een terugblik*, Schoep & Van der Toorn, Amsterdam, 1997.
Hans Ibelings, Harm Tilman e.a., *IJburg, Haveneiland en Rieteilanden*, Uitgeverij 010, Rotterdam, 2001.

Noten

25. The policy outlined in the *Fourth Report on Spatial Planning Extra* (VINEX, 1990) was directed towards concentrating compact new housing developments in and around cities. To this end, so-called VINEX sites, for which local authorities would receive financial assistance from central government, were designated at various locations across the country.

26. In the referendum of 19 March 1997, the majority of voters said no to the construction of IJburg, but the requisite number of voters was not achieved. IJburg could go ahead.

27. Construction work has also started on Steigereiland. The urban design schemes for Centrumeiland (Centre Island) and Middeneiland (Middle Island) were approved by the council in July 2004.

IJburg, 2005.

Journalist en publicist op
onder meer het terrein van
stedebouw en ruimtelijke
ordening

Journalist and writer in the
fields of urban and spatial
planning

Ruimte Spellen
Fred Feddes
Spelling Space

Bij de voorbereiding voor
de eventuele komst van de
Olympische Spelen naar
Amsterdam werd het
nieuwe stadion gepland bij
metrostation Strandvliet.
Omdat de gemeente
Ouder-Amstel de bouw
niet toestond werd het
zuidwaarts verplaatst.

Burgemeester Ed van Thijn
(rechts), joggend met zijn
chauffeur in Lausanne,
een paar dagen voor de
bekendmaking dat de
Olympische Spelen naar
Barcelona gingen en
niet naar Amsterdam,
12 oktober 1986.

In the preparations for the
possibility of Amsterdam
hosting the Olympic
Games, the new stadium
was planned near Strand-
vliet metro station. Because
the municipality of Ouder
Amstel did not approve
construction, it was
relocated southwards.

Amsterdam's mayor Ed van
Thijn (right), jogging with
his chauffeur in Lausanne,
a few days before the
announcement that
Barcelona, and not
Amsterdam, would be
hosting the Olympic
Games, 12 October 1986.

Stedebouw is geen pannenkoek De Nederlanders spannen zich bijna net zo hard in om hun taal te ordenen en te herordenen, als ze met hun ruimte doen.

De spelling van het Nederlands is niet eens zo moeilijk, maar toch wordt tweemaal per eeuw geprobeerd haar nog eenvoudiger te maken. Nieuwe regels en uitzonderingen vervangen oude regels en uitzonderingen, waarna het redekavelen opnieuw kan beginnen.

De jongste spellingshervorming vond plaats in 1995 en betrof onder meer het probleem van samengestelde woorden. Door de nieuwe regels veranderde 'pannekoek' in 'pannenkoek' en 'stedebouw' in 'stedenbouw'. De pannenkoekbakkers van Nederland protesteerden kortstondig – ze moesten hun uithangborden overschilderen – maar onder stedebouwkundigen riep de ogenschijnlijk futiele verandering een professioneel verzet op dat tien jaar na dato nog steeds niet is weggeëbd. Om dit te begrijpen moeten we teruggaan naar de jaren twintig en dertig van de twintigste eeuw.

Tot die tijd schreef men 'stedenbouw', te vertalen als 'het bouwen van steden'. Maar inmiddels strekte het stedenbouwkundige werkterrein zich uit buiten de traditionele stadsgrenzen, doordat die grenzen zelf vervaagden en ook door nieuwe inzichten. Stedenbouwkundigen als H.P. Berlage en C. van Eesteren dachten na over bijvoorbeeld streekplannen, het ontwerp van autowegen en het belang van natuur- en landschapsbehoud voor de stedelijke samenleving. Ze bemoeiden zich met de nieuwe IJsselmeerpolders, die volgens hen geen exclusief agrarisch domein mochten worden, maar moesten worden ingericht in samenhang met het grotere verband van een verstedelijkend Nederland.[1]

Bij deze ontwikkeling van het vak paste een subtiele naamsverandering. De Nederlandse taal maakte die mogelijk dankzij het middeleeuwse woord 'stede'. Stedebouw werd stedebouw, 'het bouwen aan de menselijke woonstede', en het vak verwierf aldus voor de prijs van één n een reusachtige branche-uitbreiding.[2] De spellingsverandering van 1995 ging voorbij aan dit inhoudelijke verschil tussen de twee schrijfwijzen. Stede(n)bouw is niet vergelijkbaar met een panne(n)koek. Maar het protest baatte niet en de extra n werd officieel. Sindsdien is een scheiding van de geesten opgetreden. Velen, ook binnen het vak, hebben zich aan de nieuwe spelling geconformeerd, maar een niet onaanzienlijke groep hanteert nog altijd 'stedebouw', en hun verzet lijkt niet met de tijd te slijten. Gespecialiseerde uitgevers laten de spellingskeuze aan de individuele auteur over. Het vakblad *Stedebouw & Ruimtelijke Ordening* is trots blijven heten zoals het heette.

Het stedelijk veld Het is ironisch dat de spellingsverandering zich halverwege de jaren negentig voltrok, want juist in deze periode kregen de achterliggende gedachten nieuwe actualiteit.

Het besef dat steden niet afzonderlijk kunnen bestaan maar in een groter verband moeten worden beschouwd, was altijd levend gebleven. Maar wat waren die grote verbanden dan? Hoe groot zijn ze? Noemen we ze regio's, stadsgewesten, agglomeraties, metropolissen, stedelijke systemen, stedelijke netwerken, stedelijke velden, stadslandschappen, verstrooide steden? Wat moet je je erbij voorstellen, in het veld en op de kaart?

In de jaren zestig deed zelfs het begrip 'megalopolis' zijn intrede: een groot stedelijk gebied met soms tientallen miljoenen inwoners, dat dankzij goede massavervoerssystemen binnen een halve dag kan worden doorkruist.

Urban planning is not a pancake The Dutch put almost as much effort into ordering and reordering their language as they do their space. Dutch spelling is not that difficult, but nevertheless twice a century they try to make it even more simple. New rules and exceptions replace old rules and exceptions, after which the arguing can begin again.

The last spelling reform took place in 1995 and concerned, among other things, the problem of compound words. As a result of the new rules, 'panne-koek' (pancake) became 'pannenkoek' and 'stedebouw' (urban planning) became 'stedenbouw'. Dutch pancake bakers protested only briefly against the added 'n' – they had to repaint their signboards – but the seemingly trifling change provoked an outcry among urban planners, which, ten years on, has still not subsided. In order to understand this, we have to go back to the 1920s and '30s.

Up until then, the word had been spelled 'stedenbouw', which literally translates as 'the building of cities'. However, urban planning's area of operation now extended beyond the traditional city boundaries, because those boundaries themselves had blurred and also because of new perceptions. Urban planners such as H.P. Berlage and C. van Eesteren concerned themselves with, for example, regional plans, the design of highways and the importance of nature and landscape conservation for urban society. They involved themselves in the new IJsselmeer polders, which in their view should not be exclusively for agriculture, but rather should be organized in relation to the larger context of the urbanizing country.[1]

A subtle change of name was needed for this development of the profession. The Dutch language made this possible thanks to the medieval word 'stede' (stead, as in homestead). 'Stedenbouw' became 'stedebouw', the construction of the human habitat, and so for the price of one 'n', the profession greatly expanded its area of operation.[2] The spelling change of 1995 ignored this intrinsic difference between the two spellings. 'Stede(n)bouw' is not comparable to a 'panne(n)koek'. However, the protests were to no avail and the extra 'n' became official. Since then there has been a divergence of opinion. Many, within the profession too, have conformed to the new spelling, but quite a considerable group still writes 'stedebouw', and their resistance does not seem to be diminishing with time. Specialized publishers leave the choice of spelling to the individual author. The professional journal *Stedebouw & Ruimtelijke Ordening* has proudly continued to call itself what it is called.

The urban field It is ironic that the change of spelling took place in the mid 1990s, because in that period the ideas behind it acquired a new topicality.

The idea that cities cannot exist in isolation, but have to be viewed in a larger context, had always prevailed. But what were those larger contexts? How big are they? Should we call them regions, urban districts, agglomerations, metropolises, urban systems, urban networks, urban fields, urban landscapes, dispersed cities? What should one visualize, in the field and on the map?

In the sixties, the concept of 'megalopolis' was introduced: a large urban area with in some cases tens of millions of inhabitants, which thanks to good mass transport systems could be traversed in half a day. In Western Europe, this applied to the Rhine megalopolis from the western Netherlands to Berlin and Paris, to England and to northern Italy. Together, these three urbanized areas had almost 100 million inhabitants.[3]

In West-Europa gold dat voor de Rijn-megalopool van West-Nederland tot Berlijn en Parijs, voor Engeland, en voor Noord-Italië. Samen hadden deze drie verstedelijkte gebieden toen al bijna 100 miljoen inwoners.[3]

Het was een duizelingwekkende gedachte, en wie zich de relatief kleine steden in Nederland met hun nog tamelijk agrarische randgebieden voorstelde, kon gemakkelijk tot de conclusie komen dat het een overdreven gedachte was. Toch was er moeilijk iets tegenin te brengen. Het leven van mensen bestaat voor een belangrijk deel uit beweging, uit mobiliteit, en terwijl de tijd die hieraan wordt besteed ongeveer gelijk blijft – een à anderhalf uur per dag – zijn de snelheid, de actieradius en de massaliteit van het vervoer drastisch toegenomen. En dat heeft vroeg of laat en direct of indirect invloed op het gebruik, de inrichting en de beleving van de ruimte.

In feite vormde de verzameling steden, dorpen, landschappen en infrastructuur die we nu 'Randstad Holland' noemden, al eeuwenlang een stedelijk systeem; veel kleiner dan de Rijn-megalopool als we de omvang in kilometers uitdrukken, maar vergelijkbaar in reistijden. In 1820 kostte het ruim acht uur om van Amsterdam naar Utrecht te reizen; nu kunnen we in dezelfde tijd vrijwel alle Europese steden en een groot deel van hun achterland bereiken, zelfs inclusief incheck- en overstaptijden. De Europese megalopool is net zo reëel als de Randstad – en in veel opzichten net zo moeilijk voorstelbaar en net zo controversieel.[4]

De megalopolis is vooral een academisch begrip gebleven, dat nooit echt is doorgebroken in het overheidsbeleid, vermoedelijk omdat de werkelijkheid waarnaar het verwijst gewoon te groot is om hanteerbaar te zijn. Maar het kreeg wel navolgers. Veel succes had DATAR, de Franse tegenhanger van de Rijksplanologische Dienst, met een simpel en pakkend kaartbeeld uit 1989: het complexe stedelijke systeem van Manchester tot Milaan was grafisch gereduceerd tot een banaan. Die is inmiddels veranderd in het plectrumvormige 'Pentagon'.[5]

Ook binnen Nederland vlamde de discussie op over hoe de veranderende constellatie van stedelijke en landelijke gebieden moest worden geïnterpreteerd. Klopt de naam 'Randstad' eigenlijk wel? Kunnen we die rare stedenverzameling niet beter 'metropool' noemen? Maar hoe zit het dan met het 'Groene Hart', en met de florerende stedelijke uitlopers naar Arnhem in het oosten en Brabant in het zuidoosten? Het ging in die discussies niet alleen over definities en analyses maar ook over concepten en toekomstig overheidsbeleid. Er stond behoorlijk wat op het spel.

De discussie vond plaats aan de hand van onder meer het pamflet *Randstad Holland* (1994) van de Amsterdamse architectuurhistoricus en Van Eesteren-kenner Vincent van Rossem. Voor een beter inzicht in de werkelijkheid van het Hollandse stedengebied beval hij een vergelijking aan met Los Angeles. Dat vestigde meteen ook weer eens de aandacht op de doorslaggevende invloed van (auto)mobiliteit op ruimtegebruik, schaal en dichtheid.[6]

Al voor 1930 was de auto in Los Angeles het dominante vervoermiddel geworden, en daarmee de maat voor ruimtegebruik en ruimtebeleving; de rest van de VS volgde enkele decennia later. Even belangrijk als de personenwagen was de vrachtauto, die het bedrijfsleven een uitweg bood tussen paard-en-wagen en trein. Het ruimtelijke gevolg was een verregaande deconcentratie. Het stedelijke leven dat voorheen had plaatsgevonden op

It was a staggering idea, and anyone who visualized the relatively small cities in the Netherlands with their still quite agricultural urban fringes, could easily come to the conclusion that it was a far-fetched idea. Even so, it was difficult to refute it. People's lives consist in large part of movement, of mobility, and while the time spent on this remains approximately the same – an hour to an hour and a half a day – the speed, the radius of action and the massiveness of transport has increased drastically. And sooner or later that has a direct or indirect effect on the use, the organization and the experience of space.

In fact, the collection of cities, villages, landscapes and infrastructure which we now call 'Randstad Holland' had been an urban system for centuries; much smaller than the Rhine megalopolis if we express its size in kilometres, but comparable as regards journey times. In 1820, it took some eight hours to travel from Amsterdam to Utrecht; today, in that same amount of time we can reach virtually all European cities and a large part of their hinterland, and that's including checking-in and transfer times. The European megalopolis is just as real as the Randstad – and in many respects it is just as incredible and just as controversial.[4]

The megalopolis has remained primarily an academic concept. It has never really become part of government policy, probably because the reality to which it refers is simply too large to be manageable. It did, however, have followers. DATAR, the French National Planning Agency, had considerable success with a simple and arresting map image of 1989: the complex urban system from Manchester to Milan was graphically reduced to a banana. Today, this area's emblem is a plectrum-shaped 'Pentagon'.[5]

In the Netherlands, too, there was a lively debate about how the changing constellation of urban and rural areas should be interpreted. Is the name 'Randstad' correct really? Wouldn't it be better to call this strange collection of cities 'metropolis'? But what about the 'Green Heart' then, and the flourishing urban offshoots towards Arnhem in the east and Brabant in the southeast? These discussions were not only about definitions and analyses, they were also about concepts and future government policy. There was a great deal at stake.

The debate was fuelled by, among other things, the pamphlet 'Randstad Holland' (1994) by the architectural historian and authority on Van Eesteren, Vincent van Rossem. For a better understanding of the reality of the Dutch urban area, he suggested a comparison with Los Angeles. This immediately focused attention once again on the decisive influence of (auto)mobility on the use of space, scale and density.[6]

Even before 1930, the car had become the dominant mode of transport in Los Angeles, and as a result a measure of the use and experience of space; the rest of the United States followed several decades later. The lorry, which offered trade and industry an alternative to the horse and cart and the train, was just as important as the private car. The spatial consequence was a far-reaching deconcentration. Urban life, which previously had taken place within a few square kilometres, spread out over an infinitely larger area, like thin porridge with here and there a lump.[7]

It took a while, but the Netherlands, too, has become a nation of car owners. For decades, everyone saw it coming. According to an official government forecast in 1966, 'In 1980, the Netherlands will probably have

'Megalopolises'
A.D. 1966-2000' (1966).
Uit: Gwen Bell, Jacqueline
Tyrwhitt (ed.), *Human
Identity in the Urban
Environment*,
Harmondsworth, 1972.

'Dorsale Européenne'
(DATAR, 1989).
Uit: Ministerie van VROM,
*Ruimtelijke verkenningen
1999*.

Afstandsveranderingen
door de TGV.
Uit: Ministerie van VROM,
*Ruimtelijke verkenningen
1999*.

'Amsterdam Internet
Exchange: de digitale
mainport?'
Uit: Ministerie van
Economische Zaken, *Nota
Ruimtelijk Economisch
Beleid; Dynamiek in
Netwerken*, Den Haag,
1999.

'Megalopolises
A.D. 1966-2000' (1966).
From: Gwen Bell,
Jacqueline Tyrwhitt
(ed.), *Human Identity in
the Urban Environment*,
Harmondsworth, 1972.

'Dorsale Européenne'
(DATAR, 1989).
From: Ministry of Housing,
Spatial Planning and the
Environment (VROM),
*Ruimtelijke verkenningen
1999*.

Changes in distances due
to the TGV.
From: Ministry of Housing,
Spatial Planning and the
Environment (VROM),
*Ruimtelijke verkenningen
1999*.

'Amsterdam Internet
Exchange: de digitale
mainport?'
From: Ministry of Economic
Affairs, *Nota Ruimtelijk
Economisch Beleid;
Dynamiek in Netwerken*,
The Hague, 1999.

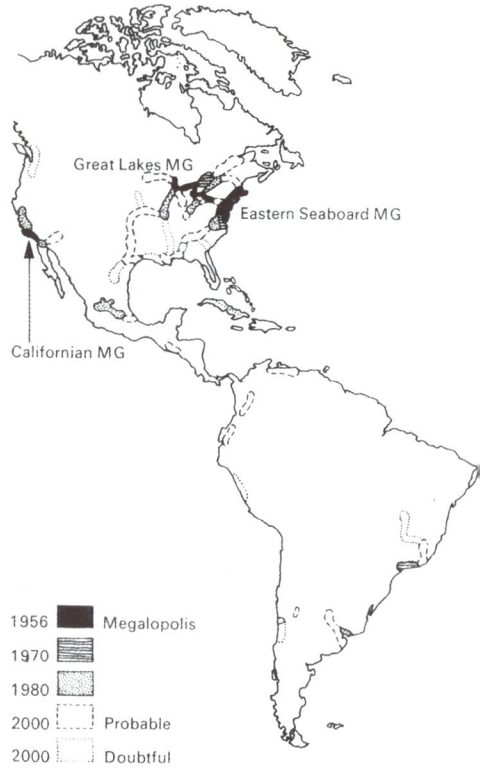

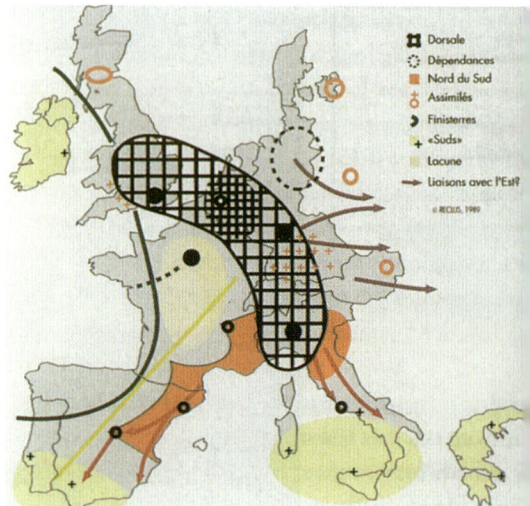

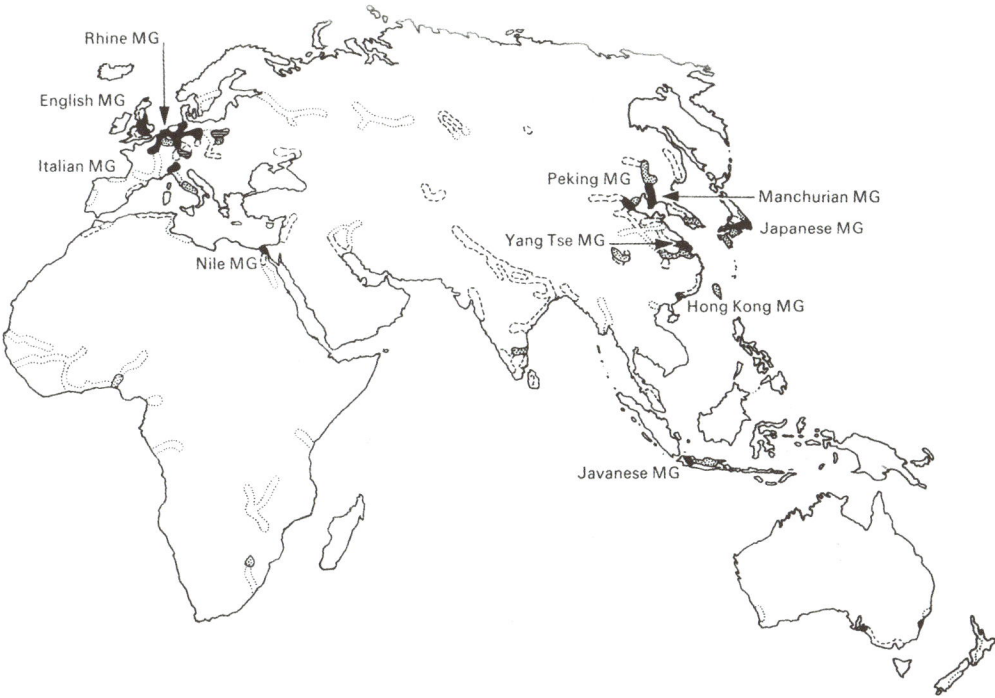

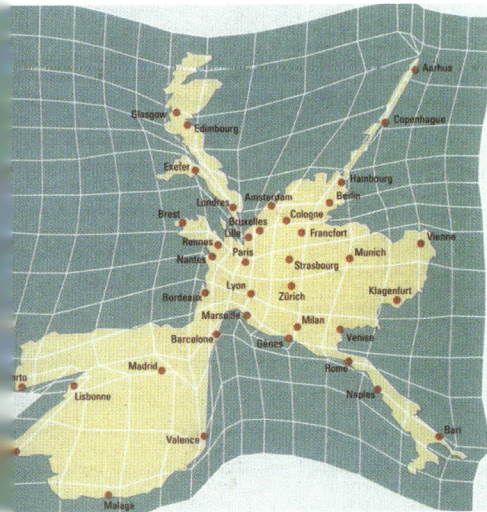

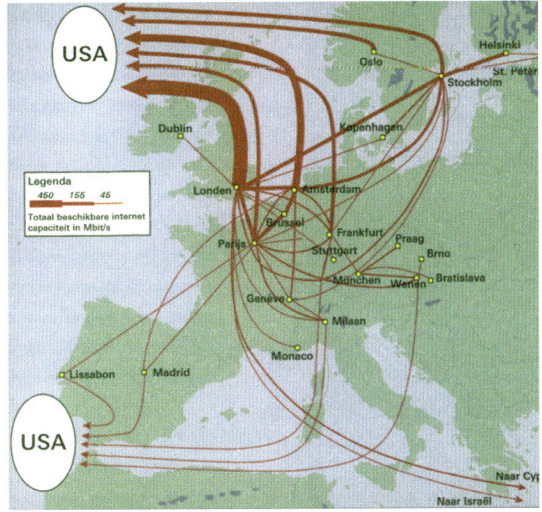

een paar vierkante kilometer, verspreidde zich over een eindeloos veel groter oppervlakte, als dunne pap met hier en daar een klont.[7]

Het heeft even geduurd, maar ook Nederland is een autoland geworden. Iedereen kon het tientallen jaren zien aankomen. 'Waarschijnlijk zal Nederland in 1980 4 mln personenauto's tellen' en 'rond de eeuwwisseling [moet] op 6 à 7 mln personenauto's worden gerekend', aldus een officiële regeringsprognose in 1966. En zo is het, met een marge van slechts enkele honderdduizenden, exact gegaan. Op iedere vierkante kilometer staan nu 160 auto's, en dat is bijna driemaal zoveel als het Europese gemiddelde.[8]

Niet alleen is de groei van de automobiliteit voortgegaan, ook de sfeer is in de laatste kwarteeuw veranderd. Onthullend is de vraag waarop mensen willen bezuinigen als het economisch slecht gaat. In 1982 zou een op de vier Nederlanders bezuinigen op de auto, in 1993 een op de zeven, nu nog maar een op de elf. Oftewel: de auto is voor velen geen luxe meer maar een levens-noodzaak en een onmisbaar bestanddeel van de sociale status.[9] De ideolo-gische strijd voor of tegen het autogebruik is verzwakt, fietsen dient voor velen nog slechts een recreatief doel, het openbaar streekvervoer is in grote delen van het land gedecimeerd. De Nederlandse Spoorwegen ogen als een kwetsbare moloch, een reus van leem die een zware verbouwingsperiode poogt te overleven, maar die ook maar zó zou kunnen verpulveren, zoals dat eerder gebeurde met het ooit heel behoorlijke openbaarvervoersysteem van Los Angeles.

Nederland zal er nooit helemaal uitzien als Los Angeles; daarvoor is het bestaande stedelijke patroon te taai. Toch werken de deconcentrerende krachten van het massale automobilisme ook hier gestaag in op de ruimte-lijke orde. Een indicatie hiervoor is het toenemende woon-werkverkeer. In 1947 had slechts 14 procent van de actieve beroepsbevolking een baan buiten de eigen woongemeente; sindsdien is dit gestegen tot 21 procent in 1960, ruim 30 procent in 1971 en 51 procent in 2001. De overheid heeft aan deze tendens tot *sprawl* lange tijd dapper tegenwicht geboden in de vorm van stedelijk bundelingsbeleid – in de jaren negentig heette dat de 'com-pacte stad', met een locatiebeleid voor bedrijven en de VINEX-wijken voor de woningbouw - maar dat kon de dominante stroom hoogstens kanaliseren of corrigeren, en het netto-effect is gering. Uit de jongste regeringsnota, de *Nota Ruimte* (2004), blijkt minder animo dan ooit om tegen de stroom in te gaan.[10]

Wat zou je in Nederland zien met een geoefende Amerikaanse blik? Ongeveer de gehele provincie Groningen en half Drenthe bevindt zich op minder dan een half uur rijden van de stad Groningen, en kan dus als woon-plaats in aanmerking komen voor wie in de stad werkt. Hier ontwikkelt *suburbia* zich als levenswijze en mobiliteitspatroon, ook al ziet het er anders, dorpser, 'Nederlandser' uit dan de Amerikaanse of Australische suburbs.

Ook in West-Nederland zijn de patronen te herkennen, al zijn ze er minder eenduidig. De Amsterdamse regio, oftewel de Noordvleugel van de Randstad, kent een bonte waaier van suburbane gebieden met elk een eigen karakter. De oudste forenzenplaatsen, zoals Bloemendaal, Heemstede en Bussum, vervullen deze taak nog steeds met een zekere chique. Voor de smallere beurs is sinds de jaren zeventig massaal gebouwd in onder meer Purmerend, Hoorn en vooral Almere. Voor Amsterdamse woningzoekenden met een hang naar burgerlijke rust is naast Amstelveen de gerespecteerde oude stad Haarlem een serieuze optie. Wie meer te besteden heeft kan

4 million cars' and 'around the turn of the century we can expect 6 to
7 million cars'. And, give or take a few hundred thousand, that is exactly
what has happened. There are now 160 cars per square kilometre, and that
is almost three times the European average.[8]

Not only has the increase in car use continued, the mood has also changed
in the last quarter of a century. The question as to what people would economize on should there be a downturn in the economy is revealing. In 1982,
one in four Dutch people said they would economize on the car, in 1993 that
was one in seven, and today only one in eleven. In other words: for many
people the car is no longer a luxury but a necessity and an essential part of
their social status.[9] The ideological debate on car use has diminished, for
many people cycling serves a recreational purpose only, regional public
transport has been decimated in many parts of the country. Nederlandse
Spoorwegen (Dutch Rail) looks like a frail moloch, a clay giant which is
endeavouring to survive a difficult period of restructuring but which could
also simply pulverize, which is what happened to the once very considerable
public transport system in Los Angeles.

The Netherlands will never look quite like Los Angeles; the existing urban
pattern is too rigid for that. Nevertheless, here too, the deconcentrating
forces of mass car use are steadily impacting on the spatial order. Increasing
commuter traffic is an indication of this. In 1947, only 14 per cent of the
active labour force worked outside their place of residence; that rose to
21 per cent in 1960, more than 30 per cent in 1971 and 51 per cent in 2001.
The government has for many years valiantly endeavoured to counteract
this tendency towards sprawl by means of an urban concentration policy
– in the 1990s, this was called 'compact city', with a location policy for companies and the VINEX districts for housing – but at best that could only
channel or correct the dominant current, and the net effect has been limited.
The latest government report, the *Nota Ruimte* ('Report on Space', dubbed
the *National Spatial Strategy*) of 2004, shows less inclination than ever to go
against the current.[10]

What would the Netherlands look like seen through a practised American
eye? Almost the entire province of Groningen and half of Drenthe are less
than half an hour's drive from the city of Groningen, and can thus be considered as a place of residence for those who work in that city. Here, suburbia
is developing as a way of life and as a mobility pattern, even though it looks
different, more rustic, 'Dutcher', than American or Australian suburbs.

In the western Netherlands, too, these patterns can be discerned, although
here they are less unambiguous. The Amsterdam area, or rather the Noordvleugel (Northern Wing) of the Randstad, has a wide range of suburban
areas, each with its own character. The oldest commuter towns, such as
Bloemendaal, Heemstede and Bussum, retain a certain chic. For the less well-
off, since the seventies there has been mass house-building in, for example,
Purmerend, Hoorn and particularly Almere. For Amsterdam's house-seekers
with a predilection for bourgeois peace and quiet, Amstelveen and the
respectable old city of Haarlem are serious options. Those who have more
to spend can choose the picturesque villages of Durgerdam, Den Ilp and
Ransdorp in the thinly populated and carefully protected Waterland: outer
suburbs complete with rural scenery. Abcoude is popular with medical
specialists at the Amsterdam Medical Centre in Amsterdam Zuidoost;
Vinkeveen with the rather loud section of the nouveau riche.[11]

terecht in de pittoreske dorpen Durgerdam, Den Ilp en Ransdorp in het dunbevolkte en goed beschermde Waterland: *outer suburbs* compleet met boerenlanddecor. Abcoude is populair onder de medisch specialisten van het AMC en Amsterdam Zuidoost, Vinkeveen onder het enigszins schreeuwerige deel van de *nouveau riche*.[11]

De stedelijke invloed is tot ver buiten de stad merkbaar. Natuurgebieden worden beschermd dankzij acties en giften van stedelingen. De grondprijzen op het platteland worden tegenwoordig niet primair bepaald door de agrarische gebruikswaarde, maar door de nabijheid van de stad en van stedelijke uitbreidingsplannen. Zo staat bijna heel Nederland onder diepgaande stedelijke invloed.

De consequenties hiervan, en de plannings- en ontwerpopgaven die eruit voortvloeien, zijn in de afgelopen vijftien jaar voortdurend onderwerp geweest van stedebouwkundige studies, debatten, prijsvragen en publicaties, vaak op initiatief van ontwerpers. Ze bogen zich over de vraagstukken van stad en land, water en natuur, concentratie en spreiding, mobiliteit en rust, plaats en netwerk, en daarbij reikten als vanzelf de geijkte stadsgrenzen uit het zicht.[12]

Veel van deze kwesties waren zeventig jaar eerder ook al benoemd, door de stedebouwkundigen die net hun 'n' hadden afgeschud en die ook toen al goed naar Amerika keken. Toen deden ze dat om een indruk te krijgen van de eigen mogelijke toekomst; inmiddels is die toekomst binnengeslopen en moet ze beantwoord worden. Om te beginnen door onder ogen te zien dat ons leven zich niet meer in afzonderlijke steden afspeelt, maar in iets groters dat we misschien een polinucleair stedelijk veld moeten noemen.

Intussen werd het ook op wereldschaal, in het mondiale economische systeem, moeilijker om afzonderlijke steden te onderscheiden. Veel Europese steden beleefden in de jaren zeventig en tachtig het vertrek van de massaindustrie. De textiel verdween uit Twente, de elektronica uit Eindhoven, de scheepsbouw en de zware industrie uit Rotterdam, Liverpool, het Roergebied. Wat overbleef, onderging radicale mechanisering en automatisering en verhuisde uit het stadscentrum naar de periferie.

Honderden steden verloren zo hun vertrouwde economische bestaansgrond en veel werkgelegenheid, maar ook de hoeksteen van hun identiteit als werkstad. Ze moesten allemaal op zoek naar nieuwe economische motoren en een nieuwe identiteit, en werden daarbij elkaars ergste concurrenten. Het leek op kluitjesvoetbal; ieder wierp zich op dezelfde kansen, vooral in wat toen de 'Nieuwe Economie' heette, in de dienstensector, de ICT, de creatieve sectoren, de distributie, de kenniseconomie en het toerisme, dit alles opgefleurd met een dotje kunst en cultuur.

Veel van deze economische activiteiten waren *footloose*: waar ze neerstreken hing minder af van topografische kenmerken dan van de ligging in vervoers- en communicatienetwerken. Iedere plaats kon in beginsel voor iedere vestiging in aanmerking komen, zij het dat er uiteindelijk toch maar één winnaar zou zijn en vele verliezers. En dus steeg de koorts op menig stadhuis tussen Hamburg en Lissabon elke keer als er een Japans of Amerikaans hoofdkantoor of distributiecentrum boven de Europese markt hing; hier zij vermeld dat Nederland, en vooral de Amsterdamse regio, er heel wat in de wacht sleepte.[13] De concurrentie werd nog scherper door het wegvallen van de Europese binnengrenzen in 1992 en door de doctrine van de 'terug-

Urban influence extends well beyond the city. Nature areas are protected thanks to campaigns by and donations from city-dwellers. Nowadays, proximity to the city and to urban expansion areas, rather than agricultural usage value, determine land prices in the countryside. Thus, virtually the whole of the Netherlands is under a profound urban influence.

The consequences of this, and the planning and design tasks which arise from it, have for the past fifteen years been the subject of planning studies, debates, competitions and publications, often on the initiative of designers. They have addressed the issues of town and country, water and nature, concentration and decentralization, mobility and tranquillity, place and network, and in doing so, they extended their focus far beyond the traditional city boundaries.[12]

Many of these issues had already been touched on seventy years previously by the urban planners who had just cast off the 'n' and who were looking closely at America. They analysed American developments in order to get an idea of their own possible future; that future has now arrived and has to be responded to. To begin with, by recognizing that our lives are no longer played out in individual cities, but rather in something larger, which we should perhaps call a polynuclear urban field.

Meanwhile, worldwide, too, in the global economic system, it was becoming increasingly difficult to distinguish individual cities. In the 1970s and '80s, many European cities experienced the departure of large-scale industry. Textiles disappeared from Twente, the electronics industry from Eindhoven, shipbuilding and heavy industry from Rotterdam, Liverpool and the Ruhr. What remained underwent a radical mechanization and automation and relocated from the city centre to the periphery.

Hundreds of cities thus lost their economic raison d'être and considerable employment, but also the cornerstone of their identity as a work city. They were all forced to go in search of new economic engines and a new identity, and so became each other's rivals. It was like a scrummage; they all pounced on the same opportunities, particularly in what was then called the 'New Economy', in the service sector, ICT, the creative sectors, distribution, the knowledge economy and tourism; all of this pepped up with a dash of art and culture.

Many of these economic activities were footloose: where they located depended less on topographical characteristics than on the location in transport and communication networks. Every city could in principle be considered as a location for every business, although at the end of the day there would be only one winner and many losers. And so there was feverish activity in many a town hall between Hamburg and Lisbon, every time a Japanese or American company was seeking to locate its headquarters or a distribution centre in the European market; it has to be said that the Netherlands, and the Amsterdam area in particular, landed a goodly share.[13]

Competition became even fiercer as a result of the removal of Europe's internal borders in 1992 and the doctrine of 'reducing the role of government'. The Dutch government's *Fourth Policy Document on Spatial Planning* (1988) shows where this led. The government sought to pursue a selective city policy, with priority being given to a small number of cities capable of competing on an international level. Initially, there were to be seven 'urban nodes', but as a result of pressure from local lobbies twice as many were

tredende overheid'. Waartoe dit leidde laat de *Vierde Nota over de Ruimte-lijke Ordening* (1988) van de rijksoverheid zien. Eigenlijk wilde de regering een selectief stedenbeleid voeren, met voorrang voor een klein aantal steden die op internationaal niveau konden concurreren. Aanvankelijk zouden er zeven 'Stedelijke knooppunten' komen, maar onder druk van lokale lobby's werden het er uiteindelijk tweemaal zo veel. Van de ordenende of arbitre-rende macht van de rijksoverheid bleef dus weinig over; de steden moesten het onderling uitvechten.[14]

Onder deze neurotische omstandigheden poogden steden zichzelf te 'ver-markten' en te 'profileren' – en zo deed een heel nieuw jargon zijn intrede, met begrippen die inmiddels zo vanzelfsprekend klinken dat het lijkt alsof ze er altijd zijn geweest.

Om mee te kunnen in het internationale strijdperk, moest een stad in ieder geval goed bereikbaar zijn. Dat was een gemakkelijke en daardoor ook weer moeilijke eis: *onbereikbare* steden bestaan niet meer en bereik-baarheid is dus nauwelijks nog een onderscheidende kwaliteit. Steden moesten zich grote inspanningen getroosten om nét iets bereikbaarder te zijn dan anderen.

En dus werd gehamerd op uitbreiding van het wegennet om 'Nederland Distributieland' niet te laten vastlopen. De Nederlandse Spoorwegen begon-nen aan een langjarig programma om de railinfrastructuur te verbeteren, wat overigens werd gecompliceerd door een moeizame privatisering die juist tot ernstige onderhoudsachterstanden leidde. Frankrijk had in de jaren tachtig een voorsprong genomen in de aanleg van een netwerk voor hoge-snelheidstreinen, en de uitbreiding hiervan over heel Europa, inclusief Nederland, werd gezien als een ingrijpende herschikking van de steden-hiërarchie – al is de precieze omvang van die aardverschuiving nog niet helemaal duidelijk. Rotterdamse havenbaronnen wisten intussen de lande-lijke regering zo gek te krijgen dat er een nieuwe onrendabele spoorlijn voor vrachtvervoer tussen de haven en de Duitse grens werd aangelegd, de Betuwelijn.

Verder streden veel steden mee in de concurrentieslag op de groeimarkt van het luchtverkeer. Omstreeks 1990 deed de theorie van de 'hubs and spokes' opgang: er zou een tweedeling ontstaan tussen een klein aantal zeer grote, internationale luchthavens, en een groot aantal van niet meer dan regionaal belang. *Grow or perish*, groeien of verschrompelen – een tussen-weg was er niet. Of het klopte, is de vraag, maar de theorie kreeg een grote aanhang onder lands- en stadsbestuurders. In Nederland voedde ze een krachtig groeibeleid voor de Amsterdamse 'mainport' Schiphol.

En dan was er de nieuwe digitale infrastructuur, die zich in een verbluf-fend tempo over de wereld verspreidde als de drager van een revolutionaire Nieuwe Economie, vol flitskapitaal en een schier oneindige communicatie-capaciteit. De groei ging gepaard met euforische stuipen, een onvermijde-lijke terugval, en driftig onderzoek naar het succesrecept in de digitale stedenstrijd. 'Nederland heeft goede uitgangspunten om zich te ontwik-kelen tot een knooppunt in de mondiale telecommunicatie-netwerken', schreef het ministerie van Economische Zaken in 1999 opgewekt. Vooral de regio Amsterdam was 'op ICT-gebied een speler van wereldformaat', aldus een onderzoek van het adviesbureau KPMG. En het was de opgave om die gunstige positie te behouden en te versterken.[15]

finally chosen. So, little remained of the regulative or arbitrative power of central government; the cities had to fight it out among themselves.[14]

Under these neurotic circumstances, cities sought to market themselves and to raise their profile - and so a completely new jargon came into being, with concepts which are now so self-evident that it's as if they've always existed.

In order to be able to compete in the international arena, a city had to be easily accessible. That was an easy and therefore also difficult requirement: inaccessible cities no longer existed and accessibility was therefore scarcely a distinguishing quality anymore. Cities had to go to great lengths in order to be just that bit more accessible than the others.

And so the message was hammered across that expansion of the road network was necessary in order to prevent the 'Netherlands, Land of Distribution' from grinding to a halt. Dutch Rail launched a long-term programme aimed at improving the rail infrastructure. This was complicated by a privatization process which resulted in a serious maintenance backlog. In the 1980s, France had taken the lead in constructing a high-speed rail net-work, and its extension across Europe, including the Netherlands, was seen as a radical reordering of the hierarchy of cities – although the precise extent of this upheaval is still not entirely clear. Meanwhile Rotterdam's port barons succeeded in persuading central government to construct a new, unprof-itable rail link between the port and the German border, the Betuwe Line.

In addition, many cities competed in the growth market in air traffic. Around 1990, the theory of 'hubs and spokes' took root: there was to be a divide between a small number of extremely large, international airports and a large number of small airports of no more than regional importance. Grow or perish - there was no middle course. Whether that held water is a moot point, but the theory found considerable support among national and municipal governments. In the Netherlands, it fuelled a powerful policy of growth for Amsterdam's 'mainport' Schiphol.

And then there was the new digital infrastructure, which spread across the globe at an incredible speed as the bearer of a revolutionary New Economy, awash with venture capital and a well-nigh infinite communication capacity. This growth was accompanied by euphoric convulsions, an inevitable spin, and a frenzied search for the recipe for success in the digital competition between cities. 'The Netherlands has an excellent basis in order to develop into a node in the global telecommunications networks,' wrote the Ministry of Economic Affairs in buoyant mood in 1999. The Amsterdam area in partic-ular was 'a world-class player in the field of ICT', according to a study by the consultancy KPMG. And the task was to maintain and strengthen this advantageous position.[15]

How could this be achieved? Spatial-economic concepts were devised with 'prime sites' and 'corridors' and 'nodes' in the 'networks', and the buzz word was 'business climate'. In order to be able to compete internationally, a country or city had to have an 'excellent' or 'attractive' business climate. That could include anything: excellent infrastructure, excellent commercial accommodation or locations, an attractive financial and fiscal climate, good, affordable housing for employees, cultural and recreational facilities, green space, and an excellent or at any rate attractive image. And it not only had to be present in reality, it also had to be sold or 'communicated' by means of city branding and city marketing.

Hoe zou dat kunnen? Er werden ruimtelijk-economische concepten uitge-
dacht met daarin 'toplocaties' en 'corridors' en 'knopen' in de 'netwerken',
en het toverwoord was 'vestigingsklimaat'. Om succesvol internationaal te
concurreren moest een land of stad een 'excellent' of 'wervend' vestigingsklimaat hebben. Dat kon van alles inhouden: excellente infrastructuur,
excellente bedrijfsgebouwen of locaties, een wervend financieel en fiscaal
klimaat, betaalbare en prettige woningen voor werknemers, culturele en
recreatieve voorzieningen, groen, en een excellent of althans, wervend
imago. En het moest niet alleen feitelijk aanwezig zijn, het moest ook
worden verkocht of 'gecommuniceerd' door middel van *city branding* en
city marketing.

Het begrip vestigingsklimaat maakte het mogelijk om vrijwel álles wat
in de ruimtelijke ordening speelt, in het licht te plaatsen van de eisen en
wensen van het internationale economische krachtenveld. Het 'Rijks' en
het 'Van Gogh' waren niet langer alleen maar bekende musea, je kon ze
ook inzetten als unieke *assets* van het A-merk Amsterdam.

Ook stedebouw kreeg een nieuwe betekenis: het is bouwen aan de stad
en de menselijke woonstede, maar vooral aan een gunstig vestigingsklimaat.
Van de stedebouwkundige werden steeds vaker wervende plaatjes of 'verleidelijke stadsbeelden' verwacht, zo schreef de architectuurhistoricus Koos
Bosma in 1990. Hij vroeg zich af of deze 'imagologie' te combineren was met
de eigenlijke, minder modieuze taak van de stedebouwkunde als 'een voor-
bereidende activiteit die conceptuele patronen en regels aan het gebruik
van de aardbodem oplegt'. Die vraag is sindsdien actueel gebleven.[16]

Wijkenbouwkunde Terwijl de stedebouw met weidse gedachten en grote
gebaren uitwaaierde, werd er ook gewoon in en aan de stad gebouwd.
Dat kunnen we stedenbouw noemen, mét 'n', en in de praktijk kan het ook
wijkenbouwkunde heten. Want de concrete ontwerpopgaven van de jaren
negentig hadden vooral de maat van een buurt of wijk.

Nederland heeft in de twintigste eeuw een grote reputatie opgebouwd
met het bouwen van nieuwe woonwijken. Amsterdam biedt vele voorbeelden van deze publieke cultuur van buurten- en wijkenbouw: Tuindorp
Oostzaan, Spaarndammerbuurt, Berlage's Plan Zuid, Westelijke Tuinsteden,
Buitenveldert, Bijlmer, Nieuw Sloten, IJburg en vele andere. Deze cultuur
kon bestaan dankzij goede ontwerpers, maar ook dankzij opdrachtgevers
die hen over een lange periode de gelegenheid gaven om te bouwen en
hun vak verder te ontwikkelen, zoals de vooroorlogse wethouders Wibaut
en De Miranda.

In de stadsvernieuwing vanaf de jaren zeventig raakte de inbreng van
stedebouwkundigen op de achtergrond. De opgave was nu niet het ontwerp
van geheel nieuwe wijken op een maagdelijk vel papier, maar het herstel en
de vernieuwing van reeds bestaande wijken, in intensieve samenspraak met
reeds bestaande bewoners. En dat was niet de sterkste kant van de historisch
gegroeide stedebouwkunde; sociologen en welzijnswerkers namen haar
centrale taak over. Haveloze negentiende-eeuwse arbeidswijken zoals de
Dapperbuurt en de Staatsliedenbuurt werden opgeknapt of gesloopt en
vervangen door nieuwbouw.

In de loop van de jaren tachtig dienden zich nieuwe stedebouwkundige
opgaven aan. Een daarvan was het hergebruik van centrale locaties in de
stad, de 'stedelijke leegten' van verlaten spooremplacementen, fabrieks-
en haventerreinen. De nieuwe generatie stadsuitbreidingen, de zogeheten

The concept of business climate made it possible to place virtually everything that plays a part in spatial planning in the light of the demands and requirements of the international economic force field. The Rijksmuseum and the Van Gogh Museum were no longer simply famous museums, you could also deploy them as unique assets of the premium brand Amsterdam.

Urban planning, too, acquired a new meaning: it was now the construction of the city and the human habitat, but above all a favourable business climate. Increasingly, urban planners were expected to produce promotional images or 'seductive cityscapes', wrote the architectural historian Koos Bosma in 1990. He asked himself whether this 'imagology' could be combined with the real, less fashionable task of urban planning as 'a preparatory activity which imposes conceptual patterns and rules on the use of the earth's surface'. This question has remained topical ever since.[16]

District planning While urban planning fanned out with high-flown ideas and grand gestures, construction was still taking place in the city. We can call this 'stedenbouw' with an 'n', and in practice it could also be called district or neighbourhood planning. Because the specific design tasks of the 1990s were primarily the size of a neighbourhood or district.

In the twentieth century, the Netherlands acquired a major reputation for constructing new residential districts. Amsterdam has many examples of this public culture of neighbourhood and district planning: the garden village of Oostzaan, the Spaarndammerbuurt neighbourhood, Berlage's Plan Zuid, Westelijke Tuinsteden (Western Garden Suburbs), the suburbs of Buitenveldert, Bijlmer and Nieuw Sloten, IJburg and many others. This culture was able to exist thanks to first-class designers, but also thanks to commissioners, such as the prewar aldermen Wibaut and De Miranda, who gave the designers the opportunity over a lengthy period to build and to develop their profession further. In the 1970s, the contribution of urban planners to urban renewal faded into the background. The task now was not the design of completely new districts on a virgin sheet of paper, but rather the renovation and renewal of existing districts, in intensive consultation with residents. And that was not urban planning's strongest point; sociologists and social workers took over its main task. Rundown nineteenth-century working-class districts such as the Dapperbuurt and Staatslieden-buurt were refurbished or demolished and replaced by new-build.

During the 1980s, new urban planning tasks presented themselves. One such task was the re-use of central sites in the city, the 'urban voids' of redundant railway yards, factory sites and dock areas. The new generation of urban expansions, the so-called VINEX developments, constituted the second task. Later, a third task arose; the renewal or restructuring of residential districts built in the 1950s and '60s. However, the circumstances had changed. Urban planners were used to drawing up schemes with the government as the initiator, client and financier; in short, as the undisputedly most powerful party. The government no longer wanted this role, under the slogan 'less government, more market'. These words were applied almost literally in the inner-city projects, for which, around 1990, the Anglo-Saxon formula of the public-private partnership was introduced. The government now provided a much smaller proportion of the funding for a project than had been the case previously, and private sector funding increased. This opened up new collaborative possibilities and offered the promise of 'support', 'commitment' and 'win-win situations'. At the same time, projects

VINEX-wijken, vormden een tweede opgave. Later kwam er nog een derde bij, namelijk de vernieuwing of herstructurering van woonwijken uit de jaren vijftig en zestig.

Maar de omstandigheden waren veranderd. Stedebouwkundigen waren eraan gewend om plannen te maken met de overheid als vanzelfsprekende initiator, opdrachtgever en financier, kortom, als de onbetwist machtigste partij. Inmiddels wilde de overheid dat niet meer, onder het motto 'minder overheid, meer markt'.

Die woorden werden bijna letterlijk toegepast op de binnenstedelijke projecten, waarvoor rond 1990 de Angelsaksische formule van de publiek-private samenwerking (PPS) opgeld deed. De overheid deed nu een veel kleiner deel van de investeringen dan ze voorheen zou hebben gedaan, en het bedrijfsleven een groter deel. Dat opende nieuwe samenwerkings-mogelijkheden en bood de belofte van 'draagvlak', 'commitment' en 'win-win situaties'. Tegelijkertijd werden projecten er organisatorisch en contractueel een stuk ingewikkelder door. 'Procesmanagement' en 'supervisie' werden een vak op zich. En als er een impasse optrad, kon die heel diep zijn en lang duren, zoals bij de jarenlang slepende vernieuwingsplannen voor het stationsgebied in Utrecht. De overheid was niet langer de baas van het proces, maar vervulde hooguit, met een te lichtvaardig gebruikte theater-metafoor, de 'regiefunctie'.

Ook in de woningbouw veranderde de financiële systematiek radicaal, en daarmee de planningspraktijk. Hoe noodzakelijk de stadsvernieuwing ook was als een vorm van groot onderhoud, gaandeweg zwol de kritiek aan op de armoeiige architectuur van de nieuwbouw. Dat culmineerde aan het eind van de jaren tachtig in de *Werkgroep 5x5*, die meer cultureel bewustzijn in de stadvernieuwing bepleitte, en in een regeringsbeleid ter bevordering van architectonische kwaliteit. Maar in dezelfde tijd, in 1989, kondigde de regering de afschaffing aan van de bouwsubsidies voor sociale woningbouw; vijf jaar later was dit een feit. Ook hier moest voortaan de markt het werk doen. De woningcorporaties, die vroeger als non-profit organisaties een semi-overheidstaak vervulden, gingen bedrijfsmatiger werken en drukten voortaan samen met echt commerciële bedrijven hun stempel op de woningbouw. Directeuren van woningcorporaties hadden in die tijd een druk bijscholingsprogramma: eerst op architectuurcursus, en dan als de wiede-weerga naar managersles.

Of de invloed van de burger op het wonen door deze grotere marktwer-king is toegenomen, is nog maar de vraag. Er klonken allengs pleidooien voor meer particulier opdrachtgeverschap, voor het 'wilde wonen' en in het algemeen voor meer macht aan de wonende burger of de 'wooncons-ment'. Na een eeuw massawoningbouw bleek het echter moeilijk om de draad van de kleinschalige, particuliere 'Belgische' woningbouw weer op te pikken.

De praktijk van de wijkenbouw is dus grootschalig gebleven, maar intussen sterk veranderd. De overheid kon zich vroeger een onzeker rendement op haar investeringen veroorloven. De kosten van een nieuwe wijk hoefden niet meteen te worden terugverdiend, en ze hoefden ook niet per se in geld te worden uitgedrukt. Goede woningbouw en een goede 'stede' waren immers *merit goods* waarmee maatschappelijk rendement werd beoogd voor een lange termijn.

became considerably more complex, organizationally and contractually, as
a result. 'Process management' and 'supervision' became professions in their
own right. And if there was an impasse this could be very deep and lengthy,
as in the case of the renewal plans for the station area in Utrecht. The government was no longer in charge of the process; at most it fulfilled a 'stage-
managing' role – a flippantly used theatre metaphor.

In house-building, too, the financial system changed radically, and so did
planning practice. However necessary urban renewal was as a form of major
maintenance, criticism of the aesthetically impoverished architecture of
new-build gradually mounted. This culminated in the late 1980s in the '
Werkgroep 5x5' (Working Group 5x5), which called for greater cultural
awareness in urban renewal and a government policy aimed at promoting
architectural quality. However, in that same period, in 1989, the government
announced that it would be ending subsidies for the construction of social
housing; five years later this was a reality. From now on, here too, the private
sector had to do the work. The housing corporations, which as non-profit
organizations had previously fulfilled a semi-governmental role, became
more business orientated and, together with real commercial companies,
set their stamp on house-building. The directors of housing corporations
now had a busy extra training programme: first to architecture classes before
rushing off to a management course.

It is debatable whether the influence of the citizen on housing increased
as a result of the greater role played by market forces. There were calls for
more private commissioning, for deregulated housing construction and in
general for more power for the 'housing consumer'. After a century of
mass-produced housing, however, it proved difficult to pick up the thread
of small-scale, private 'Belgian' housing.

The practice of constructing neighbourhoods therefore continued to be on
a large scale, but it changed considerably in the meantime. The government
had previously been able to allow itself an uncertain return on its investments. The cost of a new district need not be recovered immediately, nor
did it necessarily have to be expressed in terms of money. Good housing and
a good habitat were after all merit goods, aimed at generating long-term
social returns.

Commercial property developers cannot operate like this. They have a
much shorter time horizon and they have to express their returns primarily
in terms of money. This means that all the components of an urban design
scheme which cost rather than generate money, such as the public space,
are under pressure. If they are not paid for by government, they are depen-
dant on an internal 'equalization', whereby the loss-making green space or
parking garage is paid for from the profits of lucrative offices or expensive
housing. Because opportunities for this were limited, the residential schemes
became tauter, with less over-measure and less vacant space for future needs.
The volatile land market, in which prices in the second half of the 1990s
rocketed, was also a contributory factor.

The short time frame had other consequences: the property developer
has to know at an early stage that the commercial spaces are lettable and
the housing has to be sold preferably even before construction begins. In
the design, emphasis is placed on immediate marketability. In this phase,
expectations of the 'working environment' or 'living environment' are raised

Commerciële projectontwikkelaars kunnen zo niet opereren. Zij hebben een veel kortere tijdshorizon en ze moeten hun rendement primair in geld uitdrukken. Dat betekent dat alle onderdelen van een stedenbouwkundig plan die geld kosten in plaats van opleveren, zoals de openbare ruimte, onder druk komen te staan. Als ze niet door de overheid worden betaald zijn ze afhankelijk van een interne 'verevening', waarbij het verliesgevende groen of een parkeergarage wordt betaald uit de opbrengst van lucratieve kantoren of dure woningen. De mogelijkheden daartoe zijn beperkt, waardoor de wijkontwerpen strakker worden, met minder overmaat en minder onbestemde ruimte voor toekomstige noden. Ook de onrustige grondmarkt, waar in de tweede helft van de jaren negentig de prijzen onstuimig stegen, werkt hieraan mee.

De korte tijdshorizon heeft nog meer gevolgen: de projectontwikkelaar moet al in een vroeg stadium weten dat de bedrijfsruimten verhuurbaar zijn en de woningen moeten liefst al vóór de bouw zijn verkocht. In het ontwerp komt de nadruk te liggen op de onmiddellijke 'vermarktbaarheid'. In deze fase worden de verwachtingen van het 'werkmilieu' of 'woonmilieu' hoog opgeschroefd, vaak met wervende referentiebeelden van 'uitstraling', 'allure' en lommerrijk wonen aan het water; en als retro in de mode is, wordt er naar hartelust geschmierd met historische stijlfiguren. Of het allemaal ook op langere termijn courant zal blijven, is binnen deze tijdshorizon van ondergeschikt belang.

De speelruimte voor het stedenbouwkundig ontwerp wordt verder beperkt door veiligheids- en hinderregels. Daarnaast deden in de jaren negentig enkele thematische eisen opgang, zoals duurzaamheid, ecologie, meervoudig ruimtegebruik, ruimtelijke kwaliteit en cultuurhistorie, die allemaal een plaats bevochten in het programma van eisen.

Hier ligt een groot deel van de stedenbouwkundige praktijk, en Nederlandse ontwerpers hebben in de afgelopen jaren een grote virtuositeit ontwikkeld in het spelen met de beperkingen. Veel jongere architecten scheppen er genoegen in om een bijna verstikkend programma van eisen als uitgangspunt te nemen voor ingenieuze wijkenarchitectuur. De prijs hiervan is een verlies aan overmaat en flexibiliteit. Het past precies, maar veel meer ook niet. Er zit weinig rek in, weinig ruimte voor verrassingen en toekomstige veranderingen. Dat geldt voor de kantoor- en woningtypen, voor de wijken, en ook voor de projectontwikkelings- en financieringsconstructies. Een voorbeeld is het onderwijs in het Oostelijk Havengebied. Volgens de prognoses zouden er vooral tweeverdieners zonder kinderen gaan wonen. Toen de tweeverdieners veel meer kinderen bleken te krijgen, kon in de nauwgezet ontworpen wijk maar moeilijk ruimte worden gevonden voor een extra school.

Overigens is woningbouw onder marktomstandigheden door zijn aard conjunctuurgevoeliger dan woningbouw onder overheidsleiding. Het mag dan ook niet verbazen dat de nieuwbouwcijfers inmiddels, in een economische *basse*, een vrije val hebben gemaakt naar een naoorlogs dieptepunt.

Dat beïnvloedt ook de herstructurering van naoorlogse wijken, zoals de Westelijke Tuinsteden. Het idee was hier dat probleemwijken met te veel bewoners met een te laag inkomen worden verbeterd door een deel van die bewoners naar elders te laten vertrekken, waarna nieuwe woningen worden gebouwd voor hogere inkomensgroepen, zodat er, in ieder geval statistisch, een gemengdere bevolking ontstaat. Tegelijkertijd kunnen de corporaties

considerably, often with promotional referential images of 'aura', 'style' and leafy waterside living; and if retro is in fashion, historical metaphors abound. Whether this will remain marketable in the long term, is of secondary importance within this time frame. The urban design scheme is further constrained by safety and nuisance regulations. In addition, in the 1990s, several thematic requirements came into vogue, such as durability, ecology, multiple use of space, spatial quality and cultural history, all of which vied for a place in the programme of requirements.

This forms a large part of urban planning practice, and Dutch designers have in recent years developed considerable virtuosity in playing with the constraints. Many younger architects derive pleasure from taking an almost suffocating programme of requirements as a departure point for inventive neighbourhood architecture. The price is a loss of over-measure and flexibility. It fits exactly, but that's about all. There is little room for manoeuvre, and scarcely any space for surprises and future changes. This applies to office and dwelling types, to districts, and also to property development and financing set-ups. One example is education in the Oostelijk Havengebied (Eastern Harbour District). According to forecasts, mainly dual-income couples without children would go and live there. When these dual earners had more children than had been predicted, it was difficult to find space in the meticulously designed district for an extra school.

Furthermore, housing construction under market conditions is by its nature more sensitive to economic fluctuations than it is under government direction. It is not surprising therefore that, because of the economic downturn that began in 2000, the new-build figures have now, in this economic downturn, plummeted to a postwar all-time low. This also impacts on the restructuring of postwar districts, such as the Westelijke Tuinsteden. The idea was that deprived areas with too many residents with a low income would be improved by moving some of those residents elsewhere. New housing would then be built for higher income groups, thereby creating, at any rate statistically, a more mixed population. At the same time, the housing corporations would be able to clear out old stock by demolishing dwellings, while the continuation of the construction industry would be safeguarded. This massive operation was launched when the market for owner-occupied housing appeared to be insatiable, but this market is now faltering and the rationale behind the restructuring is once again under discussion.

Another downside of neighbourhood architecture is the blurring of urban planning's area of operation. Urban planning crept up close to architecture – many high-profile schemes were not drawn up or supervised by urban planners but by architects – while the architecture it crept up to itself became more subject to fashion, with a greater focus on transient image quality. As a result, the specific time horizon of urban planning, which is traditionally geared to a longer term than architecture, shrank twice. What is its area of operation then?

Crisis Urban planning was, as we have seen, operating on two fronts. It sought (without the 'n') to fathom the ever more complex pattern of the human habitat, as a result of which it almost merged with the allied disciplines of spatial planning, landscape architecture, infrastructure design, hydraulic engineering and water management. Meanwhile, it worked (with an 'n') on specific projects on a local scale, as a result of which it more than once appeared to coalesce with architecture and marketing. However, the

hun exploitatie opschonen door oude woningen te slopen, terwijl ook de continuïteit van de bouwindustrie is gewaarborgd. Tot deze zeer groot-schalige operatie is besloten toen de markt voor koopwoningen nog onver-zadigbaar leek, maar inmiddels stokt die markt en staat de ratio van de herstructurering weer ter discussie.

Nog een keerzijde van de wijkenarchitectuur is de vervaging van het eigen werkterrein van de stedebouwkunde. De stedenbouw kroop dicht tegen de architectuur aan – veel spraakmakende plannen werden niet door steden-bouwkundigen maar door architecten getekend of gesuperviseerd – terwijl de architectuur waartegen ze aankroop zelf ook modegevoeliger werd, met meer aandacht voor een vluchtiger beeldkwaliteit. Daarmee is de specifieke tijdshorizon van de stedebouw, die vanouds gericht is op een langere termijn dan de architectuur, dubbel gekrompen. Wat is dan nog haar eigen werk-terrein?

Crisis De stede(n)bouwkunde was, zo zagen we hiervoor, op twee fronten actief. Ze probeerde – zonder 'n' – het almaar complexere patroon van de menselijke woonstede te doorgronden, waarbij ze bijna oploste in de ver-wante vakgebieden van ruimtelijke ordening, landschapsarchitectuur, infra-structuurontwerp en waterstaat. Intussen werkte ze – met 'n' – aan concrete projecten van lokale schaal, waarbij ze meer dan eens leek te stollen tot architectuur en marketing.

Maar het hart van het stedebouwkundige vak zit *tussen* die twee uitein-den, en met dat hart ging het in de jaren negentig niet goed. Er werd ernstig gesproken over crisis in de stedebouwkunde. Het vak maakte 'rampzalige' jaren door, meende de stedebouwkundige Yap Hong Seng. De architect Rem Koolhaas betoogde zelfs dat het complete beroep van de stedebouwer in rook was opgegaan: 'We hebben het eigenlijk over een voormalig beroep en het is buitengewoon belangrijk dat beroep opnieuw uit te vinden.'[17]

De stedebouwkundige discipline had in veel plaatsen haar vanzelf-sprekende positie aan de zijde van het openbaar bestuur verloren. Neder-land had een lange traditie van stevige gemeentelijke stedebouwkundige diensten, waar driekwart van de stedebouwkundigen emplooi vond. Nu werden tal van diensten opgeheven of ingekrompen, waarna de gemeente per klus externe deskundigen inhuurde. De continuïteit in de eigen kennis verdween. De stedebouwkundige praktijk werd fragmentarischer, meer op de korte termijn gericht.

De stedebouwkunde deelde in het neoliberale wantrouwen tegen de overheid. Het geloof in de maakbare samenleving was verzwakt en dat werkte door in het vak dat bij uitstek de maakbaarheid van de stad poneer-de. 'Minder overheid, meer markt' betekende minder plaats voor de zo sterk aan de overheid gelieerde stedebouwkunde, terwijl een andere stede-bouwkunde nog moest worden uitgevonden.

Op de achtergrond speelde een diepgaande verandering in de maat-schappelijke verhoudingen in Nederland. De welvaartsstaat was lange tijd gebaseerd op het zogeheten 'Rijnlandse' model, met een ruime collectieve zorg voor de zwakkeren en met veel aandacht en geld voor publieke voor-zieningen zoals openbare ruimte en openbaar vervoer. Deze maatschappe-lijke arrangementen zijn in de afgelopen twintig jaar drastisch versoberd. De samenleving wordt 'Angelsaksischer', competitiever en met een lager niveau van publieke voorzieningen. Daarin past het snijden in de sociale zekerheid, maar ook de privatisering van het openbaar vervoer en het

heart of the urban planning profession lies between these two extremes, and all was not well with that heart in the 1990s. There was serious talk of a crisis in urban planning. The profession went through a 'disastrous' period, according to the urban planner Yap Hong Seng. The architect Rem Koolhaas even argued that the entire profession of the urban planner had evaporated into thin air: 'We are in effect talking about a former profession and it is vital that the profession be reinvented.'[17]

In many places, the discipline of urban planning had lost its self-evident position alongside the public administration. The Netherlands had a long tradition of substantial municipal planning departments, where three quarters of urban planners were employed. Now, numerous departments were axed or downsized. Henceforth, external experts were engaged for each project. The continuity in knowledge disappeared. Urban planning practice became more fragmented, more geared to the short term.

Urban planning shared the neo-liberal distrust of government. Belief in the makeability of society had diminished and that impacted on the profession that had been at the forefront in postulating the makeability of the city. 'Less government, more market' meant less space for an urban planning that was so closely allied to the government, while a new urban planning had yet to be invented.

At the same time, a fundamental change was taking place against the background of a fundamental change in the social system in the Netherlands. The welfare state had for many years been based on the so-called 'Rhineland' model, with generous collective provision for the weaker members of society and with a strong focus on and resources for public facilities such as the public space and public transport. There have been drastic reductions in these social provisions over the past twenty years. Society is becoming more 'Anglo-Saxon', more competitive and with a lower level of public facilities. Cutbacks in social security, privatization of public transport and the commercialization of the urban space are all part of this trend. The government has hived off responsibilities to the private sector, and it is seeking to carry out those responsibilities it has retained in a more market-orientated way.

Reinventing urban planning; in the 1990s that had to be an urban planning which accorded with the mores and devices of the market. An urban planning which was subservient to the competition between cities, which operated within the parameters of the public-private partnership, and which also adopted the language of the market, in the same way that it had previously adopted, for example, sociological idiom. While municipal planning departments were shrinking, there was an increase in the number of independent urban planning offices (and architectural offices providing urban planning services). They competed with each other for government commissions and sought to distinguish themselves in competitions. In order to brush up on Anglo-Saxon practice, many Dutch planners and city councillors visited London's Docklands and American residential districts built by property developers. The fascination with a wide range of capitalist development models, from Los Angeles to Singapore, fitted into this pattern.

The focus shifted from overall area plans to targeted, concentrated projects which were designed to bring about further urban development. That is: 'strategic interventions' which were expected to have a 'multiple effect' and a 'leverage effect'. Usually this strategy involved the government investing in a problematic area – with infrastructure, a municipal office, a

'vermarkten' van de stedelijke ruimte. De overheid stoot taken af naar de markt, en voor zover ze taken zelf behoudt, probeert ze ook die meer marktconform uit te voeren.

De stedebouw opnieuw uitvinden, dat moest in de jaren negentig dan ook een stedebouw zijn in overeenstemming met de mores en de middelen van de markt. Een stedebouw die dienstbaar is aan de concurrentiestrijd op de stedenmarkt, die zich schikt binnen de marges van de publiek-private samenwerking, en die zich ook het taalgebruik van de markt toeëigent zoals dat eerder met bijvoorbeeld het sociologische idioom was gebeurd. Tegenover de krimp bij gemeentelijke diensten stond een groei onder zelfstandige stedebouwkundige bureaus (en architectenbureaus met stedebouw in hun pakket), die onderling om de overheidsopdrachten streden en zich ook in prijsvragen probeerden te onderscheiden. Om hun kennis van de Angelsaksische praktijk bij te spijkeren gingen veel Nederlandse stedebouwkundigen en stadsbestuurders op excursie naar de Londense Docklands en Amerikaanse projectontwikkelaarswoonwijken. Ook de fascinatie voor uiteenlopende kapitalistische ontwikkelingsmodellen, van Los Angeles tot Singapore, past in dit patroon.

Het zwaartepunt verschoof van omvattende gebiedsplannen naar trefzekere, geconcentreerde projecten die bedoeld waren om een verdere stedelijke ontwikkeling teweeg te brengen. Oftewel: 'strategische interventies' waarvan een 'multiple effect' en een 'hefboomwerking' werd verwacht. De strategie bestond er meestal uit dat de overheid als eerste in een problematisch gebied investeerde – met infrastructuur, een gemeentekantoor, een museum of een gerechtsgebouw – in de hoop dat marktpartijen vanzelf zouden volgen. Voorbeelden zijn het stadhuis in Den Haag, ontworpen door Richard Meier, en het gerechtsgebouw in Den Bosch van Charles Vandenhove. Zo'n strategie bood geen volledige garantie op succes, maar de kansen konden worden verhoogd met slimme psychologie en marketing. Stedebouw werd verbonden met het scheppen van vertrouwen en optimisme, waardoor investeerders, burgers en anderen zich graag tot een draagvlak aaneensloten. Tot de gereedschapskist van de stedebouwkundige moesten nu ook peptalk en verleiding behoren.

In de stedenstrijd werd naarstig gezocht naar winnende formules, zoals het 'waterfront' (een nieuwe zakenwijk met luxe appartementen en enkele culturele functies aan het water) dat omstreeks 1990 een mondiale stedenbouwkundige rage was. Opvallende architectuur diende als icoon of stadsembleem. Velen watertandden bij het succes van het Guggenheim-museum waarmee het Spaanse lelijke eendje Bilbao zich ineens in de kijker wist te spelen, en probeerden het te evenaren. Groningen scoorde met zijn nieuwe museum, Rotterdam met de Erasmusbrug. Maar het werkt niet altijd. Het stedebouwkundig plan van William Alsop voor het station Rotterdam Centraal (2000), met als blikvanger een bebouwing in de vorm van reusachtige champagneglazen, ging roemloos ten onder.

Ook de persoon van de stedebouwkundig ontwerper kon uitgroeien tot een logo voor succes. Zoals toparchitecten wereldwijd werden ingevlogen om meesterwerken uit de mouw te schudden, zo gebeurde dat op bescheidener schaal met Nederlandse stedebouwkundigen als Riek Bakker, Ashok Bhalotra en Sjoerd Soeters. Ze werden van anonieme werkers tot een soort *celebrities* met wie de vaak onzekere gemeentebestuurders in den lande zich graag associeerden. Ieder van hen had een eigen recept, imago en

museum or law courts – in the hope that market players would automatically follow suit. Examples include the City Hall in The Hague designed by Richard Meier and the Law Courts in Den Bosch by Charles Vandenhove. Such a strategy did not guarantee success, but the chances could be increased with clever psychology and marketing. Urban planning became associated with the creation of confidence and optimism, so that investors, citizens and others were eager to join forces to support a project. The urban planner's tool kit now had to include pep talk and seduction.

In the competition between cities, winning formulas were diligently sought; such as, for example, the 'waterfront' (a new business district with luxury apartments and a few waterside cultural functions). In 1990, this was all the rage in urban planning worldwide. Eye-catching architecture served as an icon or city emblem. The success of the Guggenheim Museum, with which Spain's ugly duckling Bilbao suddenly sprang to prominence, whetted the appetites of many, and many tried to emulate it. Groningen scored a success with its new museum, Rotterdam with its Erasmus Bridge. But it doesn't always work. William Alsop's urban design scheme for Rotterdam's Central Station (2000) with, as an eye-catcher, buildings shaped like gigantic champagne glasses met an inglorious end.

The individual urban designer could also become a logo for success. Just as star architects were flown in to locations around the world in order to dash off a masterpiece, in the Netherlands – albeit on a more modest scale – Dutch urban planners such as Riek Bakker, Ashok Bhalotra and Sjoerd Soeters rose from anonymity to become celebrities, as it were, with whom city administrators were eager to associate. Each had his/her own recipe, image and market segment: Bakker meant a forceful approach like a crowbar in difficult situations, particularly in the existing urban area; with Bhalotra, a client got socially committed poetry, which nevertheless was realizable, and Soeters formed the missing link between urban planning and cabaret.

Such strategic approaches required skills which Dutch urban planners did not traditionally possess. Not everyone could or wanted to make this turn-about, but some did it with verve. Not only urban planners were involved in this reinvention of urban planning; architects contributed their ability to create seductive images, landscape architects their familiarity with uncertain and changeable processes, and others, too, took part in the debate on urban planning, such as, for example, regional planners, infrastructure designers, ecologists, property experts, social scientists, historians and philosophers. So that, out of the period of crisis, gradually a new type of urban planning came into being.

Amsterdam after Lausanne Many of these developments in Dutch urban planning since the 1980s can also be seen in Amsterdam, while at the same time this city is atypical.

Amsterdam is the *primus inter pares* of Dutch cities. No other city is so many-sided, has so much cultural clout and is so internationally famous, not least thanks to its historic urbanistic achievements. The long tradition of collective concern for urban development has also survived the latest wave of liberalization; over the years, the city's planning department has maintained a high level of quality. The most fundamental difference between Amsterdam and the rest of the Netherlands, with far-reaching consequences, is land ownership. Amsterdam has a ground lease system whereby the council owns a large part of the land and retains ownership if

marktsegment: Bakker betekende een stoere aanpak als breekijzer in moeizame situaties, vooral in bestaand stedelijk gebied, met Bhalotra haalde een opdrachtgever sociaal bewogen poëzie in huis die toch goed uitvoerbaar was, en Soeters vormde de *missing link* tussen stedenbouw en cabaret.

Voor dergelijke strategische benaderingen waren andere vaardigheden nodig dan de ambtelijke Nederlandse stedebouwkunde vanouds bezat. Niet iedereen kon of wilde de ommezwaai maken, maar sommigen deden het met verve. Bij de heruitvinding van de stede(n)bouw waren niet alleen stedebouwkundigen betrokken; architecten droegen hun vermogen tot verleidelijke beelden bij, landschapsarchitecten hun vertrouwdheid met onzekere en veranderlijke processen, en in het debat over de stedebouw deden ook anderen mee, zoals planologen, infrastructuurontwerpers, ecologen, vastgoeddeskundigen, sociale wetenschappers, historici en filosofen. Zodat er, uit de periode van crisis, gaandeweg een nieuw soort stedebouwkunde kon ontstaan.

Amsterdam na Lausanne Veel van deze ontwikkelingen in de Nederlandse stede(n)bouw vanaf de jaren tachtig zijn ook in Amsterdam terug te vinden, en tegelijkertijd is deze stad atypisch.

Amsterdam is de *primus inter pares* in het Nederlandse stedenland. Geen andere stad is zo veelzijdig, heeft zoveel cultureel gewicht en is internationaal zo bekend, niet in de laatste plaats dankzij haar historische stedebouwkundige prestaties. De lange traditie van collectieve zorg voor de stadsontwikkeling heeft ook de jongste liberaliseringsgolf doorstaan; de gemeentelijke Dienst Ruimtelijke Ordening is door de jaren heen behoorlijk op peil gebleven. Het hardste verschil tussen Amsterdam en de rest van Nederland, met verstrekkende gevolgen, is het grondeigendom. Amsterdam kent een systeem van erfpacht waarbij de gemeente eigenaar is van een groot deel van de grond, en dat ook blijft als de grond wordt bebouwd. Dat zorgt voor continuïteit. De grote onrust op de grondmarkt die elders voor veel onzekerheid zorgde, ging dan ook grotendeels aan Amsterdam voorbij. Al met al is de overheidsbemoeienis ook in Amsterdam minder geworden, en de marktwerking sterker, maar de verschuiving is minder ingrijpend dan elders in het land.

De stad had intussen andere sores. Amsterdam had na de Tweede Wereldoorlog lange tijd afgekoerst op *cityvorming*. Brede verkeerswegen zouden diep in de oude stad doordringen om haar bereikbaar te houden, geflankeerd door moderne kantoren en woningbouw met veel licht en lucht. De as Wibautstraat-Weesperstraat-IJtunnel is hiervan het meest compleet uitgevoerd. Aanzwellend protest maakte daar in de jaren zeventig een eind aan; althans in de bestaande stad, daarbuiten ging bijvoorbeeld de bouw van de Bijlmer gewoon door. Vanaf 1975 leek er voortdurend te worden gevochten in en om de stad. De Nieuwmarktrellen over de metroaanleg, de stadsvernieuwing, de kraakbeweging, de Stopera, de straatgevechten tijdens de kroning van Beatrix in 1980 onder het motto 'geen woning, geen kroning' – steeds vond het conflict een aanleiding in de stadsontwikkeling en de volkshuisvesting. De imposante planningsmachine werd nu gezien als een technocratische moloch die zich weinig gelegen liet aan de bevolking. De ergernissen stapelden zich op, in formaat variërend van het Mr. Visserplein tot de Bijlmermeer. Het stadsbestuur blunderde met de Stopera, de combinatie van stadhuis en opera waarvan de kosten tussen 1979 en 1987 volledig uit de hand liepen zonder dat er een enigszins toonbaar gebouw

the land is built on. That provides continuity. So Amsterdam was largely unaffected by the turmoil in the land market which caused great uncertainty elsewhere in the country. All in all, in Amsterdam, too, government involvement decreased while the private sector played a greater role, but the shift was less far-reaching than in the rest of the country.

Meanwhile the city had other worries. After the Second World War, Amsterdam had for many years steered towards urban core formation. Wide thoroughfares, flanked by modern offices and light, airy housing, were to penetrate into the heart of the old city in order to keep it accessible, such as the axis Wibautstraat-Weesperstraat-IJ Tunnel. In the seventies, mounting protests put an end to this type of intervention in the existing city, while outside, construction, for example, of the Bijlmer, went ahead. From 1975 onwards, it seemed as if there was continuous fighting in and around the city. The Nieuwmarkt riots over the construction of the metro, urban renewal, the squatters' movement, the Stopera, the riots during the coronation of Queen Beatrix in 1980, under the slogan 'geen woning, geen kroning' ('no housing, no coronation') - in each case the conflict was sparked by urban development and public housing. The impressive planning machine was now seen as a technocratic moloch, which largely ignored the city's population. The annoyances mounted, ranging in size from Mr. Visserplein to the Bijlmermeer. The city council made a major blunder with the Stopera, the town hall-cum-opera house, whose cost spiralled out of control between 1979 and 1987. It didn't even result in a presentable building, and that didn't make things any better.

New-build projects in the historic city never went smoothly and were often synonymous with disturbances. Amsterdam seemed to be burdened by its historical heritage, by its grand words without deeds, and by the most assertive citizens in the country. The urbanistic tradition was derailed for many years. For the time being, priority was given to the urgently needed renovation of the existing city; an extensive urban renewal operation was launched, as well as numerous projects on a scale between architecture and urban planning, such as the recycling of military buildings and sites on Sarphatistraat, the Westergasfabriek former gasworks site and Westerpark, the GWL site and the redevelopment project 'Tussen de bogen' ('Between the Arches') for the spaces underneath the railway viaduct on Haarlemmer Houttuinen.

The distrust of major schemes continued for many years. As late as 1995, for example, a proposal for the Amsterdam area to become a metropolitan province was rejected in a referendum. If cities become increasingly interwoven in an 'urban field', then it is obvious that administratively and urbanistically, too, work and thinking will be on a regional scale. From the seventies on, therefore, plans for metropolitan provinces were being prepared for the urban areas of Amsterdam and Rotterdam – until the population voted no in 1995. The administrative hangover was huge and urban planning shared in the defeat. The need for regional visions and plans has not diminished since, but in practice it is a question of making do; with voluntary consultation in the Amsterdam Regional Body (ROA), with the often difficult interaction between municipalities and the province, and with time-consuming inter-municipal partnerships in which process managers and lawyers play just as decisive a role as urban planners and landscape architects.

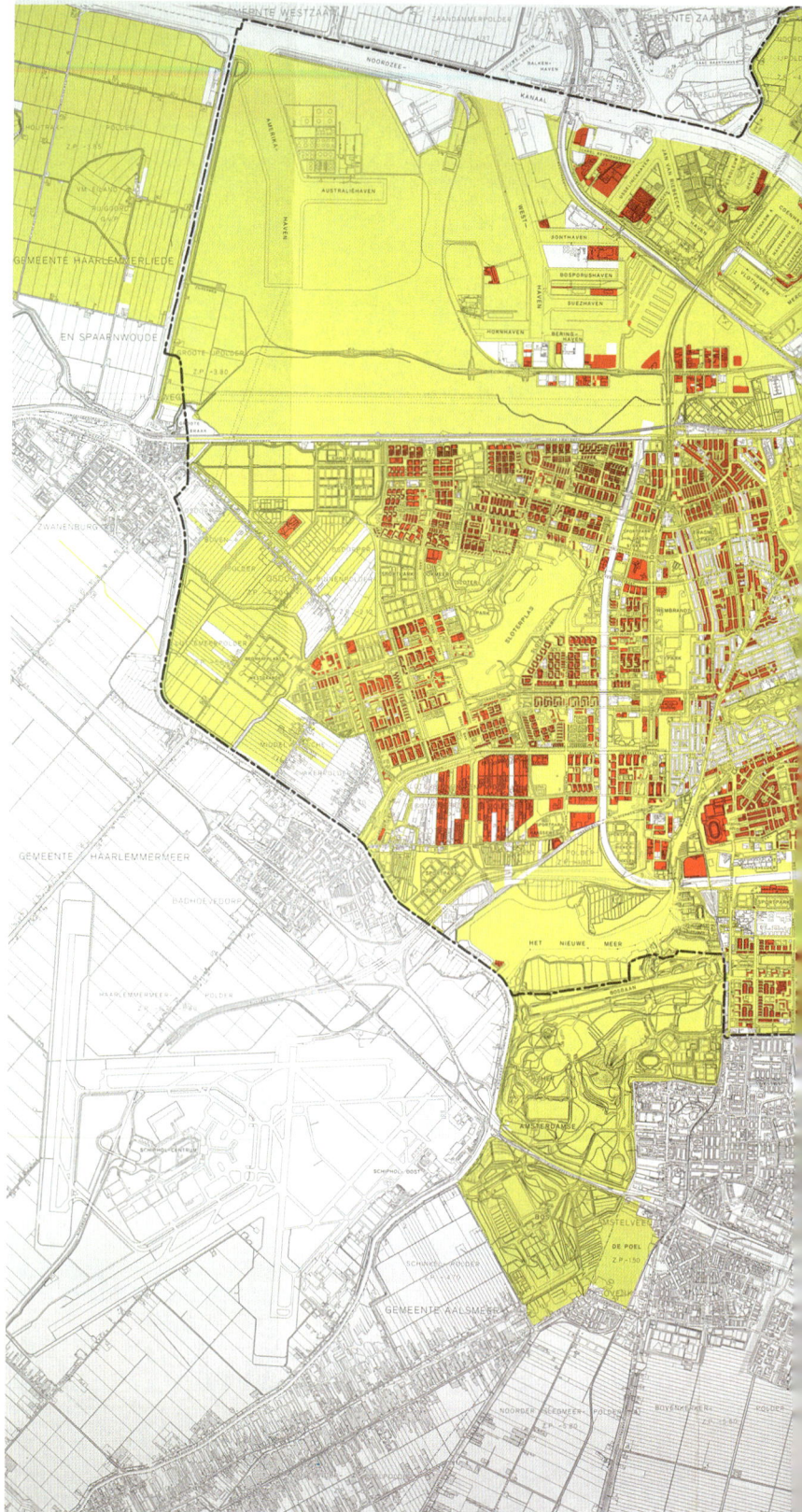

De Erfpachtkaart Grond-
bedrijf (1973-1996) laat
zien hoeveel grond de
gemeente in eigendom
heeft en in erfpacht heeft
uitgegeven.

– · – Gemeentegrens

Grond in eigendom van de
gemeente Amsterdam

Erfpachtsterreinen

The City Development
Department Ground Lease
Map (1973-1996) shows
how much land the council
owns and has leased out.

– · – Municipal boundaries

Land owned by the city
of Amsterdam

Land under the lease-hold
system

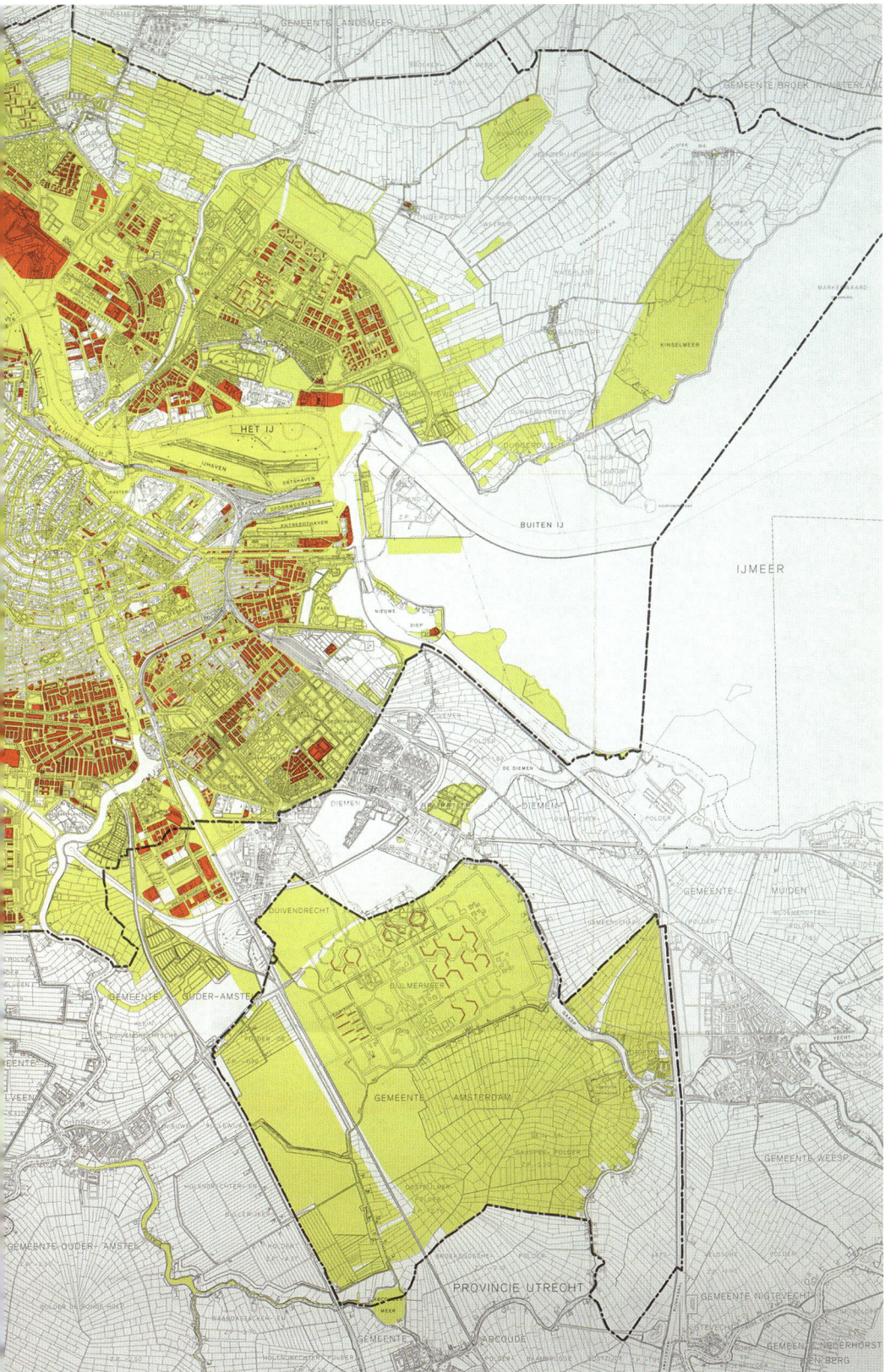

tegenover stond, en dat maakte het er niet beter op. Nieuwbouw in de historische stad ging nooit vanzelf en was vaak synoniem met onlust. Amsterdam leek gebukt te gaan onder z'n historische last, onder grote woorden zonder daden, en onder de assertiefste burgers van het land. De stedebouwkundige traditie raakte een tijdlang in het ongerede. Het hoog-nodige herstel van de bestaande stad kreeg voorlopig voorrang, met een omvangrijke stadsvernieuwingsoperatie maar ook met tal van projecten op een schaalniveau tussen architectuur en stedebouw, zoals het hergebruik van militaire gebouwen en terreinen aan de Sarphatistraat, het Westergas-fabriekterrein en het Westerpark, het GWL-terrein en het herbestemmings-project 'Tussen de Bogen' voor de ruimten onder het spoorviaduct langs de Haarlemmer Houttuinen.

De sfeer van argwaan jegens grote plannen bleef lang voortbestaan. Nog in 1995 sneuvelde het voornemen om van de Amsterdamse regio een formele stadsprovincie te maken. Als steden steeds meer verweven raken in een 'stedelijk veld', dan ligt het voor de hand dat er ook bestuurlijk en stedebouwkundig op regionale schaal wordt gedacht en gewerkt. Al vanaf de jaren zeventig waren daarom stadsprovincies in voorbereiding voor de stedelijke gebieden van Amsterdam en Rotterdam – totdat de bevolking het plan in 1995 in een referendum afwees. De bestuurlijke kater was groot en de stedebouwkunde deelde in het echec. De noodzaak van regionale visies en plannen is sindsdien niet verminderd, maar in de praktijk blijft het behel-pen, met het vrijwillige overleg in het Regionaal Orgaan Amsterdam (ROA), met de vaak stroeve wisselwerking tussen gemeenten en provincie, en met omslachtige intergemeentelijke samenwerkingsvormen waarin proces-managers en juristen zeker zo'n bepalende rol spelen als stedebouwkun-digen en landschapsarchitecten.

Terwijl het Stopera-debacle zich begon te ontrollen, besloot de stad in 1984 mee te dingen naar de Olympische Spelen van 1992. Volgens de socioloog Abram de Swaan kon dat heilzaam zijn voor de gekwetste relatie tussen de Amsterdammers en hun stadsbestuur; een gezamenlijk doel zou de argwaan en de agressie doen vergeten. Dat bleek te optimistisch. Het stadsbestuur had te weinig krediet om het vertrouwen te herwinnen en het plan werkte zelfs averechts. De politiek actievoerster Saar Boerlage kon onder deze omstandigheden uitgroeien van een betrekkelijke eenling tot een effectieve tegenspeelster van het stadsbestuur. Een zware Amsterdamse afvaardiging, onder leiding van burgemeester Van Thijn, reisde af naar de beslissende vergadering van het Internationaal Olympisch Comité in Lausanne, in 1986, en wachtte daar een jammerlijke afgang.

Hoe het wél kon, liet Barcelona zien. Die stad bouwde met zijn olympische aspiraties voort op een gestage stedelijke vernieuwing, die al tien jaar aan de gang was, met kleine stapjes waarvan het profijt voor iedere burger zicht-baar was. Barcelona had eerst het vertrouwen van de burgers gewonnen en waagde daarna de olympische sprong, in plaats van andersom.

Achteraf beschouwd was het olympische plan een oefening in de inter-nationale prestigestrijd, een inspanning om de bevolking te mobiliseren, en een poging om meerdere ruimtelijke ontwikkelingen met elkaar te ver-binden en op een hoger plan te brengen. Ook al faalde deze poging, het stadsbestuur probeerde het meteen opnieuw met de IJ-as. Dat leidde in de late jaren tachtig tot enerverende discussies, misschien wel juist doordat

While the Stopera debacle was beginning to unfold, in 1984 the city decided to put forward a bid to host the 1992 Olympic Games. According to the sociologist Abram de Swaan, this could help to heal the damaged relationship between Amsterdammers and their city council; a collective aim would make everyone forget the distrust and the aggression. That proved to be overly optimistic. The city council did not have enough the credibility to be able to regain the trust of citizens and the plan backfired. Under these circumstances, the political activist Saar Boerlage was able to develop from rather a lone wolf into an effective opponent of the city council. A heavyweight Amsterdam delegation, led by mayor Van Thijn, travelled to the decisive meeting of the International Olympic Committee in Lausanne in 1986, but their mission was a failure.

Barcelona showed how it could be done. With its Olympic aspirations, that city had built upon a gradual urban renewal. This had begun ten years previously with small steps, and the benefits were visible to every citizen. Barcelona had first won the trust of its citizens and had then taken the Olympic plunge, rather than the other way round.

In retrospect, the Olympic project was an exercise in the international battle of prestige, a bid to mobilize the population, an attempt to interconnect a number of spatial developments and to elevate them to a higher plane. Even though this attempt failed, the city council immediately tried again with the IJ-as (IJ Axis). This resulted in the late 1980s in enervating discussions; perhaps precisely because it was such a hybrid idea, for at least three motives underlay the IJ-as.

Firstly, the council wanted to lump the existing individual schemes together under a single name. In many places along the IJ, something new was needed following the departure of the port activities. In 1980, Rem Koolhaas designed the residential area IJ-plein on the north bank. On the south side, the Oostelijk Havengebied former docklands area was being considered as a possible site for new housing development, as was Nieuw Oost, the future IJburg. Further westwards, 'Teleport' near Sloterdijk Station was under construction and the council meanwhile had plans to deal with the degeneration of De Ruyterkade behind Central Station. Could, then, the entire strip along the IJ not be seen as a coherent whole?

Secondly, around 1987 it became clear that powerful developments were taking place along the ring road, particularly in the corridor-shaped area along the southern rail and motorway cluster, which extended from Holendrecht in the southeast via the WTC to Schiphol in the southwest. Even though its economic potential was huge, the council feared that growth would be at the expense of the city centre. The view was that balance had to be restored to the city and so a splendid IJ Axis appeared on the map as a pendant to the Zuidas (South Axis).[18]

Thirdly, like so many cities, Amsterdam had been bitten by the craze for waterfront development. A couple of North American cities had succeeded in revitalizing dilapidated waterside districts, and many other cities, including Amsterdam, hoped to be able to repeat that success. Amsterdam did its upmost to get enthusiastic about the IJ.

The still virtual IJ Axis generated unprecedented excitement and creativity. In conformity with the latest public-private partnership thinking, an Amsterdam Waterfront Finance Company was set up. Rem Koolhaas was then engaged to draw up a 'spatial scenario' for the central section of the

Toekomstbeeld van de
Zuidelijke IJ-oevers.

'De IJ-as als complement
van de Zuid-as', 1987.

Ruimtelijk Scenario voor
de IJ-oevers, OMA, 1992.

Future image of the
Southern IJ Waterfront.

'The IJ Axis as a comple-
ment to the South Axis',
1987.

Spatial Scenario for the
IJ Waterfront, OMA, 1992.

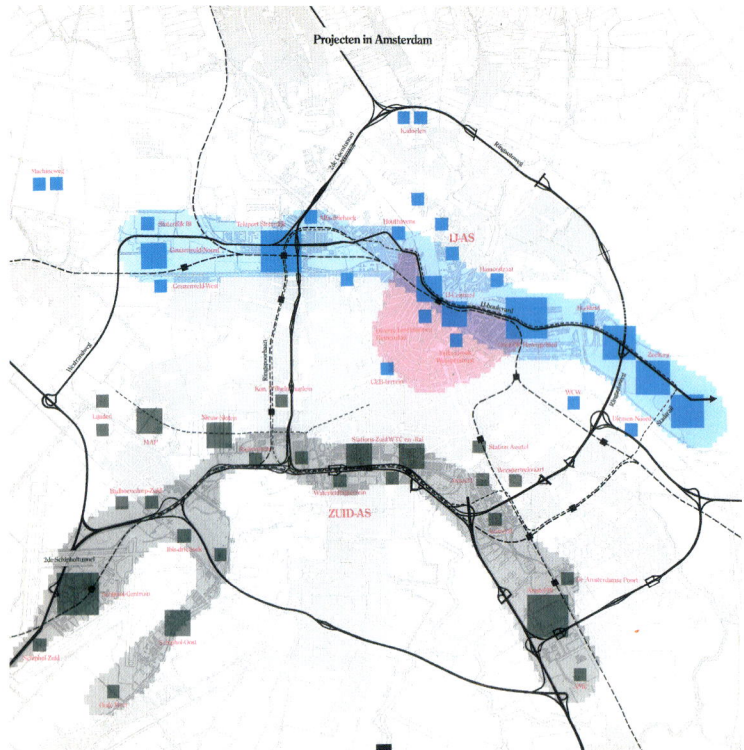

Projecten in Amsterdam

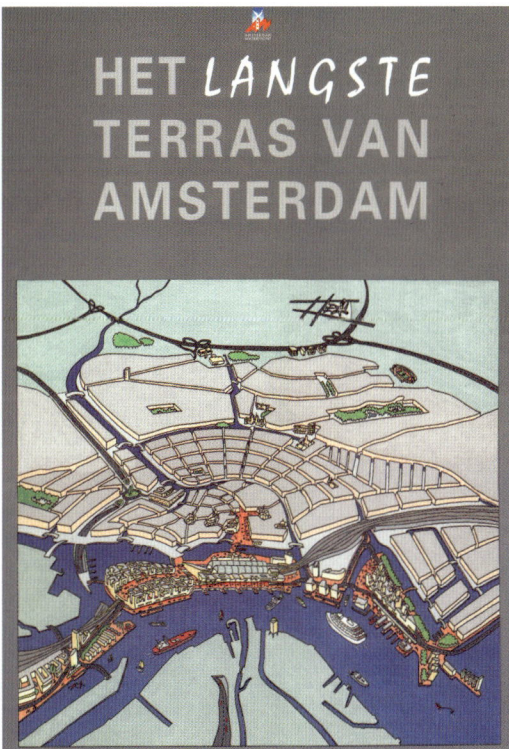

HET LANGSTE
TERRAS VAN
AMSTERDAM

het zo'n hybride idee was, want achter de IJ-as waren tenminste drie drijf-
veren te herkennen.

In de eerste plaats wilde de gemeente bestaande, losse plannen onder één
noemer brengen. Op veel plaatsen langs het IJ moest iets nieuws gebeuren
na het vertrek van de havenactiviteiten. In 1980 ontwierp Rem Koolhaas op
de noordoever de woonwijk IJ-plein. Aan de zuidzijde was het Oostelijk
Havengebied in beeld als potentiële woningbouwlocatie, evenals Nieuw
Oost, het latere IJburg. Verder naar het westen werd gebouwd aan 'Teleport'
bij station Sloterdijk, en intussen wilde de gemeente de verloedering van de
De Ruyterkade achter het Centraal Station aanpakken. Zou de hele strook
langs het IJ dan niet als een samenhangend geheel kunnen worden gezien?

In de tweede plaats werd omstreeks 1987 duidelijk dat zich krachtige ontwikkelingen voordeden langs de ringweg, en vooral in het corridorvormige
gebied langs de zuidelijke spoor- en snelwegenbundel die reikt van Holendrecht in het zuidoosten via het WTC tot en met Schiphol in het zuidwesten.
Ook al was de economische potentie groot, de gemeente vreesde vooral
dat de groei ten koste zou gaan van de binnenstad. Het evenwicht in de stad
moest worden hersteld, was de gedachte, en zo verscheen een fraaie IJ-as
op de kaart als pendant van de Zuidas.[18]

En in de derde plaats was Amsterdam als zovele steden aangestoken door
de *waterfront*-rage. In een paar Noordamerikaanse steden was het gelukt
om vervallen stadsdelen aan het water te revitaliseren, en sindsdien hoopten
vele andere steden dat succes te herhalen. Inclusief Amsterdam, dat uit alle
macht probeerde om enthousiast te worden over het IJ.

De vooralsnog virtuele IJ-as maakte ongekende opwinding en creativiteit
los. Conform de jongste PPS-inzichten kwam er een *Amsterdam Waterfront
Financieringsmaatschappij*, die Rem Koolhaas inhuurde om voor het centrale
deel van de IJ-as, het zogeheten IJ-oeversproject, een 'ruimtelijk
scenario' te maken. Koolhaas kwam met een zó verbluffend plan dat zijn
opdrachtgevers terugdeinsden.

De IJ-as is, achteraf gezien, een schoolvoorbeeld van een zwak idee met
sterke gevolgen. Zwak was de relatie tussen de deelgebieden, en ook hun
relatie met de aangrenzende bestaande wijken. Zwak was de suggestie
dat de Zuidas en de IJ-as min of meer gelijkwaardig konden zijn, terwijl in
feite hun dynamiek onvergelijkbaar was. Waarom het erg zou zijn dat de
binnenstad door de Zuidas veranderde, werd nooit helemaal duidelijk. Zwak
was ook het idee dat de tochtige zuidoever van het IJ ooit een verleidelijke
boulevard zou kunnen zijn; de waterkant zou onvermijdelijk in de schaduw
liggen van z'n eigen bebouwing.

Maar toch. 'Plannen die niet doorgaan hebben soms de verdienste dat
ze mensen op alternatieve ideeën brengen, die misschien aanzienlijk levens-
vatbaarder zijn', schreven vijf sociologen in hun discussiebijdrage *Flaneren
langs het IJ*. En inderdaad vormden alle discussies, ontwerpen, inventiviteit
en branie uiteindelijk een reservoir van nieuwe gedachten over de stad, rijp
en groen, waaruit naderhand op een bescheidener schaal kon worden geput
voor deelplannen tussen Sloterdijk en IJburg. Datzelfde gold trouwens voor
het olympische avontuur: ook daar zijn losse onderdelen gewoon uitgevoerd, zoals de Amsterdam ArenA, de Ringlijn en de wijk Nieuw Sloten die
als Olympisch Dorp was bedoeld. Belangrijk was ook dat Amsterdam voor
architecten en stedebouwkundigen weer interessant was om in te werken.[19]
Van de schijntegenstelling tussen IJ-as en Zuidas is weinig overgebleven.

IJ Axis, the so-called IJ Waterfront Project. Koolhaas presented such an amazing scheme that his clients got cold feet.

In retrospect, the IJ Axis was a classic example of a weak idea with strong consequences. The relationship between the individual areas was weak, as was the relationship with the neighbouring existing districts. The suggestion that the Zuidas and the IJ Axis could be more or less comparable was also weak, because in fact their dynamics were very different. It never became entirely clear why it would be so undesirable for the Zuidas to change the city centre. And the idea that the windy south bank of the IJ could become an alluring boulevard was weak; the waterside would inevitably lie in the shadow of its own buildings.

For all that: 'Plans that are dropped can sometimes be of value in giving people alternative ideas, which are perhaps considerably more feasible', wrote five sociologists in their contribution to the debate 'Flaneren langs het IJ' ('Promenading along the IJ'). And indeed, all the discussions, designs, creativity and daring eventually formed a reservoir of new ideas about the city, ripe and green, which were later used for individual plans on a more modest scale between Sloterdijk and IJburg. The same applied to the Olympic adventure: here, too, individual components were realized, such as the Amsterdam ArenA, the Ring Line and the residential district Nieuw Sloten, which had originally been intended as the Olympic Village. In addition, it was important that Amsterdam was now once again an interesting city for architects and urban planners to work in.[19]

Little remains of the spurious contrast between the IJ Axis and the Zuidas. On the IJ, the emphasis is on residential and cultural functions; on the Zuidas, commercial activity, which is largely connected with Schiphol, predominates. Remarkably enough, many schemes along the IJ, particularly on Oostelijke Handelskade and Oosterdok, have succeeded in turning away from the IJ: they prefer to stand with their faces towards the sunny south. Meanwhile, even the business district Zuidoost, where for many years, with minimal urbanistic effort, the council earned the money it needed for the IJ waterfront, is coming of age, partly thanks to a new urban centre near the ArenA.

The developments along the IJ and on the Zuidas are illustrative of Amsterdam's resilience. The city went through a very difficult period and yet managed to recover. In the second half of the 1990s the city flourished, thanks to the global economic boom, but also to its own favourable economic and cultural conditions, such as the proximity of Schiphol, an attractive business climate for foreign companies and their employees, and a well-educated and culturally diverse population. Amsterdam's citizens are still distrustful of the city council, but in recent years they have been prepared to give it the benefit of the doubt; controversial schemes such as IJburg and the North-South Line (a new metro line) now survive referendums.

Things went almost too well for Amsterdam. Urban core formation had been halted, but many then feared the opposite; namely a museumification of the historic city, in which everything is given a historicizing face-lift and dissonant elements are removed. Property prices rose to an international level, as a result of which large areas of the city became too expensive for key workers such as teachers, nurses and police officers, and also for 'breeding grounds' for young creative talent, which is precisely one of this city's most attractive qualities. Many informal areas or untidy zones have been straightened out in recent years in order to build housing; for example,

Aan het IJ ligt de nadruk op wonen en culturele functies, aan de Zuidas op bedrijvigheid die grotendeels met Schiphol is verbonden. Opmerkelijk genoeg slagen veel plannen langs het IJ erin, vooral aan de Oostelijke Handelskade en het Oosterdok, om zich van het IJ af te wenden: ze staan toch liever met hun gezicht naar het zonnige zuiden. Intussen is zelfs het bedrijvengebied Zuidoost, waar de gemeente jarenlang met minimale stedebouwkundige inspanningen het geld verdiende dat aan de IJ-oevers kon worden uitgegeven, bezig volwassen te worden, mede dankzij een nieuw centrumgebied bij de ArenA.

De ontwikkelingen langs het IJ en aan de Zuidas zijn exemplarisch voor de Amsterdamse veerkracht. De stad ging door een diep dal en krabbelde toch weer op. In de tweede helft van de jaren negentig volgde een sterke bloei-periode, dankzij de mondiale hoogconjunctuur maar ook geholpen door de eigen gunstige economische en culturele condities, zoals de nabijheid van Schiphol, een aantrekkelijk vestigingsklimaat voor buitenlandse bedrijven en hun medewerkers, en een hoog opgeleide en cultureel diverse bevolking. De Amsterdamse bevolking kijkt ook nu nog argwanend naar haar stads-bestuur, maar is de laatste jaren bereid het 't voordeel van de twijfel te gunnen; controversiële plannen als IJburg en de Noord/Zuidlijn overleven nu wél het referendum.

Het ging bijna te goed met Amsterdam. De *cityvorming* was gestopt maar nu vreesde menigeen het tegenovergestelde, namelijk een musealisering van de historische stad, waarin alles historiserend is opgepoetst en dissonanten zijn verwijderd. De woningprijzen stegen naar een internationaal niveau, waarmee grote delen van de stad te duur werden voor bijvoorbeeld onder-wijzers, verplegend personeel en politieagenten, en ook voor 'broedplaat-sen' van jong creatief talent die nu juist een van de aantrekkelijke kwali-teiten van de stad zijn. Veel informele gebieden of rommelzones zijn in de afgelopen jaren strakgetrokken ten behoeve van woningbouw, zoals de havengebieden en het Swammerdam-instituut, een voormalig medisch researchgebouw uit de jaren zestig dat een tijd lang bij kunstenaars in gebruik was en in 2004 is gesloopt. In zijn jacht op woningbouwlocaties probeerde het stadsbestuur ook het oog te laten vallen op sportterreinen en volkstuinen. De resterende rafelgebieden liggen steeds verder uit het stadscentrum, en voor een deel over de gemeentegrens, bijvoorbeeld op het grondgebied van Aalsmeer of Zaandam.

De veerkracht geldt niet alleen voor Amsterdam zelf, maar ook voor de wijdere omgeving, de Noordvleugel van de Randstad. Die staat er, ondanks de zwakke plekken en problemen, aanmerkelijk florissanter voor dan de Zuidvleugel, zo merkte de landschapsarchitect Adriaan Geuze op tijdens een jubileumsymposium van de 75-jarige Dienst Ruimtelijke Ordening. Geuze's professionele en persoonlijke loyaliteiten pendelen tussen noord en zuid, tussen Amsterdam en Rotterdam, maar hij kon niet anders dan concluderen dat Amsterdam telkens opnieuw als winnaar komt bovendrijven.[20]

Natuurlijk, de DRO was jarig, en in een feestrede horen mooie woorden, maar het is waar. In welke nesten het zich ook werkt, Amsterdam blijft een witte raaf onder de Nederlandse steden.

the dockland areas and the Swammerdam Institute, a former medical research building built in the sixties, which for many years had been used by artists and was demolished in 2004. In its search for sites for new housing developments, the city council even turned its attention to sports grounds and allotment gardens. Increasingly, the remaining ragged areas are to be found further and further from the city centre, and some are over the municipal boundary, in Aalsmeer and Zaandam for example.

The resilience applies not only to Amsterdam itself, but also to the wider area, the Northern Wing of the Randstad. Despite its weak points and problems, it is in far better shape than the Southern Wing, as the landscape architect Adriaan Geuze observed during a jubilee symposium to mark the seventy-fifth birthday of Amsterdam's planning department. Geuze's professional and personal loyalties are divided between north and south, between Amsterdam and Rotterdam, but he could not help but conclude that Amsterdam always comes out on top.[20]

Of course, the city's planning department was celebrating its birthday, and laudatory words belong in a celebratory speech. But it's true; whatever fix it gets itself into, Amsterdam remains a rarity among Dutch cities.

Noten

1 Zef Hemel, *Het landschap van de IJsselmeerpolders; Planning, inrichting en vormgeving*, Rotterdam, 1994.

2 Arnold van der Valk, *Planologie en natuurbescherming in historisch perspectief*, Den Haag, 1982.

3 De Rijn-megalopool omvatte een gebied waar 60 miljoen mensen woonden, Engeland 30 miljoen, Noord-Italië bijna 5 miljoen. Andere voorbeelden omstreeks 1970 waren de Tokaido-megalopool in Japan, een stedelijke strook van zo'n 500 km lengte met daarin onder meer Tokyo en Osaka (69 miljoen inwoners); en het Boswash-gebied in de Verenigde Staten, van Boston via New York tot aan Washington (37 miljoen). Zie: Gwen Bell, Jacqueline Tyrwhitt (ed.), *Human Identity in the Urban Environment*, Harmondsworth, 1972 (p.31-35).

4 Over de Randstad als historisch stedelijk systeem, zie: Ed Taverne, 'Randstad Holland; Horizons van een verstrooide stad', in: *Archis*, 1994, nr.7 (p.27-51). Reistijd 1820 ontleend aan: *Atlas van Nederland; Deel 2, Bewoningsgeschiedenis*, 's-Gravenhage, 1984 (p.15).

5 Voor de banaan of 'dorsale' zie: Ministerie van VROM/RPD, *Ruimtelijke Perspectieven in Europa; Ruimtelijke Verkenningen 1999*, Den Haag, 1999. (p.25). Het Pentagon-gebied komt voor op officiële ruimtelijke-ordeningskaarten van het European Spatial Planning Observation Network (ESPON). Zie: www.espon.lu.

6 Vincent van Rossem, *Randstad Holland; Variaties op het thema stad*, Rotterdam, 1994.

7 Ter illustratie: op dit moment telt Nederland ongeveer een auto per 2,4 inwoners; deze autodichtheid was in Los Angeles reeds voor 1925 bereikt. Voor Los Angeles zie o.m.: Scott Bottles, *Los Angeles and the Automobile; The Making of the Modern City*, Berkeley and Los Angeles, 1987.

8 *Tweede Nota over de Ruimtelijke Ordening in Nederland*, 's-Gravenhage, 1966 (p.124).

9 Cijfers over bezuinigingsbereidheid uit onderzoek CBS naar 'Consumentenvertrouwen, economisch klimaat en koopbereidheid' (2003). Zie www.cbs.nl en *Algemeen Dagblad*, 5-8-2003.

10 Cijfers over woonwerkverkeer: zie *NRC Handelsblad*, 30-8-2004, gebaseerd op de 'virtuele volkstelling' 2001 door het CBS. Het mobiliteitseffect van de VINEX wordt kritisch geëvalueerd in: *Notie van ruimte; Op weg naar de Vijfde Nota ruimtelijke ordening*, Parlementaire werkgroep Vijfde Nota ruimtelijke ordening, 's-Gravenhage, 2000 (p.152-154). De *Nota Ruimte* (2004) is de nieuwe versie van de *Vijfde Nota over de Ruimtelijke Ordening* (2001), die op een aantal punten zo zeer van de vorige versie verschilt, dat hij ook de Vijfeneenhalfde of zelfs Zesde Nota zou kunnen heten. De eerste landelijke ruimtelijkeordeningsnota verscheen in 1960, de tweede in 1966, de derde verspreid over de jaren zeventig, de vierde in 1989. In 1993 verscheen de *Vierde Nota Extra* (VINEX), die aanzienlijk van de vierde verschilde en dus ook als de vijfde had kunnen worden gepresenteerd, maar om

politieke redenen is daarvan afgezien. De *Vijfde Nota* kende een moeizame aanloop en heeft uiteindelijk de parlementaire afhandeling niet gehaald. In 2004 brak het kabinet met de gewoonte om de opeenvolgende nota's te nummeren, vandaar de kale aanduiding 'Nota Ruimte'.

11 De Noordvleugel is ruwweg het gebied op de *ARCAM KAART*, Amsterdam, 1995.

12 Zoals Nederland Nu als Ontwerp, Ontwerpen aan Nederland, Het Metropolitane Debat, Eo Weijers-prijsvragen, Keuning-congressen, de Visie Stadslandschappen, Nederland 2030, Keijenberg, de ARCAM KAART, de Nieuwe Kaart van Nederland, en de Vereniging Deltametropool.

13 'Nederland is het belangrijkste vestigingsland voor Europese hoofdkantoren afkomstig uit Amerika en Japan', kon de regering melden in de *Nota Ruimtelijk Economisch Beleid* van het ministerie van Economische Zaken (1999). Ook in de strijd om distributiecentra en, in mindere mate, productievestigingen had ons land een fors marktaandeel.

14 Voor de geschiedenis van de stedelijke knooppunten zie: *Notie van ruimte; Op weg naar de Vijfde Nota ruimtelijke ordening*, Parlementaire werkgroep Vijfde Nota ruimtelijke ordening, 's-Gravenhage, 2000 (p.39-45).

15 Ministerie van Economische Zaken, *Nota Ruimtelijk Economisch Beleid; Dynamiek in Netwerken*, Den Haag, 1999 (p.93), en: KPMG Bureau voor Economische Argumentatie, *ICT in Amsterdam en Haarlemmermeer; Hun uitgangspositie vergeleken met New York, Londen, Frankfurt en Stockholm*, Hoofddorp, 2000 (p.2).

16 Koos Bosma (red.), *Verleidelijk stadsbeeld; Ontwerpen voor stedelijke vernieuwing*, Rotterdam, 1990 (p.7).

17 Yap Hong Seng was een van de geïnterviewden in: Ivan Nio, Arnold Reijndorp, *Groeten uit Zoetermeer; Stedebouw in discussie*, Rotterdam, 1997 (p.226). De uitspraak van Rem Koolhaas is te vinden in: Stefan Gall (e.a., red.) *Stedebouw in beweging*, Rotterdam, 1993 (p.147).

18 Zie o.m. Maarten Kloos, Onno Vlaanderen (red.), *Boomtown Amsterdam. Ontwerpen om de stad*, Amsterdam, 1988, en Han Meyer, 'Het fragment en de stad. Stedebouwkundige transformatieprojecten in Rotterdam, Antwerpen en Amsterdam, in: *Archis*, 1993, nr.6 (pp. 62-80).

19 *Flaneren langs het IJ. Een opstel over problemen en pretenties van het IJ-oeverproject*, Centrum voor Grootstedelijk Onderzoek, Amsterdam, 1990. Het opstel werd geschreven door Lodewijk Brunt, Léon Deben, Inge Drontman, Arnold Reijndorp en Dick van der Vaart.

20 Adriaan Geuze tijdens het symposium 'Grenzen aan de groei', georganiseerd door de Dienst Ruimtelijke Ordening, Amsterdam, 3-9-2003. Bij het DRO-jubileum verscheen: Allard Jolles e.a. (red.), *Stadsplan Amsterdam. Toekomstvisies op de ruimtelijke ontwikkeling van de stad 1928-2003*, Rotterdam, 2003.

Notes

1 Zef Hemel, *Het landschap van de IJsselmeerpolders: Planning, inrichting en vormgeving*, Rotterdam, 1994.

2 Arnold van der Valk, *Planologie en natuurbescherming in historisch perspectief*, The Hague, 1982.

3 The Rhine megalopolis covered an area in which 60 million people lived, England 30 million, northern Italy almost 5 million. Other examples around 1970 were the Tokaido megalopolis in Japan, an urban strip some 500 kilometres in length, which includes the cities of Tokyo and Osaka (69 million inhabitants); and the Boswash area in the United States, from Boston via New York to Washington (37 million). See: Gwen Bell and Jacqueline Tyrwhitt (eds), *Human Identity in the Urban Environment*, Harmondsworth, 1972 (pp.31-35).

4 On the Randstad as historical urban system, see: Ed Taverne, 'The Randstad; Horizons of a diffuse city', in *Archis*, no. 7, 1994 (pp. 27-51). Journey time 1820 taken from: *Atlas van Nederland; Deel 2, Bewoningsgeschiedenis*, The Hague, 1984 (p.15).

5 For the banana or 'dorsal' see: Ministry of Housing, Spatial Planning and the Environment (VROM)/ National Spatial Planning Agency (RPD), *Ruimtelijke Perspectieven in Europa; Ruimtelijke Verkenningen 1999*, The Hague, 1999 (p.25). The Pentagon area is shown on the official spatial planning maps of the European Spatial Planning Observation Network (ESPON). See: www.espon.lu.

6 Vincent van Rossem, *Randstad Holland; Variaties op het thema stad*, Rotterdam, 1994.

7 By way of illustration: the Netherlands currently has approximately one car per 2.4 inhabitants; this car density was reached in Los Angeles before 1925. For Los Angeles see, for example: Scott Bottles, *Los Angeles and the Automobile; The Making of the Modern City*, Berkeley and Los Angeles, 1987.

8 *Tweede Nota over de Ruimtelijke Ordening in Nederland*, The Hague, 1966 (p.124).

9 Data on willingness to economize from a Statistics Netherlands (CBS) study, 'Consumentenvertrouwen, economisch klimaat en koopbereidheid' (2003). See www.cbs.nl and *Algemeen Dagblad*, 5-8-2003.

10 Data on commuter traffic: see *NRC Handelsblad*, 30-8-2004, based on the 'virtual census' by Statistics Netherlands (CBS). The impact of VINEX on mobility is critically evaluated in *Notie van ruimte; Op weg naar de Vijfde Nota ruimtelijke ordening*, Parliamentary Working Group on the Fifth National Policy Document on Spatial Planning, The Hague, 2000 (pp.152-154). The *Nota Ruimte* (2004) is the new version of the *Fifth National Policy Document on Spatial Planning* (2001), which differs to such an extent from the previous version on a number of points that it could be called the Fifth and a Half or even Sixth Report. The first national policy document on spatial planning appeared in 1960, the second in 1966, the third spread over the 1970s, the fourth in 1989. The *Supplement to the Fourth Policy Document on Spatial Planning* (VINEX) was published in 1993. This differed considerably from the fourth and thus could have been presented as the fifth, but this was not done for political reasons. The preparation of the *Fifth National Policy Document* was beset with problems and it never reached parliament. In 2004, the cabinet broke with the practice of numbering the reports, hence the document's new designation.

11 The Northern Wing is roughly the area on the ARCAM MAP, Amsterdam, 1995.

12 Such as Nederland Nu als Ontwerp (The Netherlands Now as Design), Ontwerpen aan Nederland (Designing the Netherlands), Het Metropolitane Debat (The Metropolitan Debate), Eo Weijersprijsvragen (Eo Weijers competitions), Keuningcongressen (Keuning conferences), de Visie Stadslandschappen (the Urban Landscapes Vision), Nederland 2030 (The Netherlands 2030), Keijenberg, de ARCAM KAART (the ARCAM MAP), de Nieuwe Kaart van Nederland (the New Map of the Netherlands), and de Vereniging Deltametropool (the Delta Metropolis Society).

13 'The Netherlands is the preferred location for the European headquarters of American and Japanese companies,' according to the government in the *Nota Ruimtelijk Economisch Beleid* (1999) by the Ministry of Economic Affairs. The country also had a substantial share of the market in the competition for distribution centres and, to a lesser extent, production plants.

14 For the history of the urban nodes see: *Notie van ruimte; Op weg naar de Vijfde Nota ruimtelijke ordening*, Parliamentary Working Group on the Fifth National Policy Document on Spatial Planning, The Hague, 2000 (pp.39-45).

15 Ministry of Economic Affairs, *Nota Ruimtelijk Economisch Beleid; Dynamiek in Netwerken*, The Hague, 1999 (p.93), and: KPMG Office for Economic Argumentation, *ICT in Amsterdam en Haarlemmermeer; Hun uitgangspositie vergeleken met New York, Londen, Frankfurt en Stockholm*, Hoofddorp, 2000 (p.2).

16 Koos Bosma (ed.), *Verleidelijk stadsbeeld; Ontwerpen voor stedelijke vernieuwing*, Rotterdam, 1990 (p.7).

17 Yap Hong Sen was one of the interviewees in Ivan Nio and Arnold Reijndorp, *Groeten uit Zoetermeer, Stedebouw in discussie*, Rotterdam, 1997 (p.226). The statement by Rem Koolhaas can be found in Stefan Gall (ed.) et al., *Stedebouw in beweging*, Rotterdam, 1993 (p.147).

18 See, for example, Maarten Kloos and Onno Vlaanderen (ed.), *Boomtown Amsterdam. Ontwerpen om de stad*, Amsterdam, 1988, and Han Meyer, 'City and fragment. Urban transformation projects in Rotterdam, Antwerp and Amsterdam', in *Archis*, no. 6, 1993 (pp.62-80).

19 Lodewijk Brunt, Léon Deben, Inge Drontman, Arnold Reijndorp and Dick van der Vaart, *Flaneren langs het IJ. Een opstel over problemen en pretenties van het IJ-oeverproject*, Centre for Metropolitan Research, Amsterdam, 1990.

20 Adriaan Geuze during the symposium 'Grenzen aan de groei' (Limits to growth), organized by the Physical Planning Department (DRO), Amsterdam, 3-9-2003. Allard Jolles et al. (eds), *Planning Amsterdam. Scenarios for urban development 1928-2003*, Rotterdam, 2003, was published to coincide with the DRO's jubilee.

Legenda bij de projectkaarten Legend to the project maps

Bij het maken van de kaarten behorend bij de projecten in het tweede deel 201
van deze publicatie, stond de onderlinge vergelijkbaarheid van de projecten
voorop. Om die reden zijn alle kaarten met de noord-peil naar boven
getekend en is gekozen voor een schaal van 1 : 5.000 (Ring A10 1 : 50.000).
Bovendien is geprobeerd in alle kaarten een zo precies mogelijke weergave
van de situatie begin 2005 te geven. Adviseurs bij het samenstellen van het
kaartmateriaal waren Maike van Stiphout, Michael van Gessel, Maurits de
Hoog en Hans van der Made.

In producing the maps of the projects in the second part of this publication,
the mutual comparability of the projects was paramount. For this reason,
all of the maps have been drawn with the north arrow pointing upwards
and a scale of 1 : 5.000 (Ring Road 1 : 50.000) has been chosen. Moreover,
in all of the maps we have endeavoured to give as precise a representation
as possible of the situation in early 2005. Maike van Stiphout, Michael van
Gessel, Maurits de Hoog and Hans van der Made advised on the map
material.

Openbare ruimte / Public Space

Sporen en industrie / Rail roads and industry

Bebouwing / Built-up area

Sportterreinen / Sports grounds

Groen / Greenery

Bosschage / Shrubland

Autosnelweg / Motorway

Water / Water

Afbeeldingen Illustrations

Artica press 43, 131 (above)   203

Aviodrome Luchtfotografie, Lelystad 59 (above), 83 (above), 91 (above),

   99 (above), 115 (above),

Archief DRO 67 (above), 107 (above)

Theo Baart 103 (middle)

Hans Brons, Rovorm 43 (below), 47 (below), 67 (below), 75 (below), 83 (below),

   87 midden, 91 (below), 99 (below), 131 (below), 139 (below), 147 (below),

   155 (above), 155 (below)

Marlies Buurman 79 (below), 95 (above), 95 (below), 143 (below)

Peter Elenbaas 51 (below), 59 (below), 123 (below)

Jan Erik Fokke (FokkeWubbelts) 179

Gemeentearchief Amsterdam 22, 23, 75 (above), 123 (above), 139 (above), 147 (above)

Luuk Kramer 144

Jannes Linders 127

Jeroen Musch 151

Collectie Spaarnestad Fotoarchief /ANP 162 (below)

Theo van Leur 159 (below)

Bureau Mijksenaar 36 (below)

Peter de Ruig fotografie 103 (below)

Wim Ruigrok 56, 63, 64, 71, 72, 119 (below)

Jan Schot 161

Alle overige afbeeldingen zijn verstrekt door de betreffende architecten en
stedebouwkundig ontwerpers / illustrations not mentioned above have been
supplied by the respective architects and urban planners.

Colofon Colophon

Productie en redactie Production and Editing
Marlies Buurman
Maarten Kloos

Kaarten projecten Maps projects
Dick Wetzels (DRO)

Vertaling Translation
Jane Zuyl Moores

Redactie vertaling Editing translation
Andrew May

Vormgeving Design
Typography Interiority & Other Serious Matters, Den Haag

Drukwerk Printing
Meester & de Jonge

Uitgever Publisher
ARCAM / Architectura & Natura Press, Amsterdam

© De auteurs en ARCAM / The authors and ARCAM, 2005

Gepubliceerd met financiële steun van het Stimuleringsfonds voor Architectuur en de
sponsors van ARCAM. Met speciale dank aan de Dienst Ruimtelijke Ordening Amsterdam /
Published with the financial support of the Netherlands Architecture Fund and ARCAM's
sponsors. With special thanks to Amsterdam's Physical Planning Department.

ISBN 90 76863 19 9

ARCAM ontvangt financiële steun van ARCAM receives financial support from

Gemeente Amsterdam:

Dienst Wonen

Dienst Ruimtelijke Ordening

Sector Ruimtelijke Ontwikkeling, Infrastructuur en Beheer

Dienst Maatschappelijke Ontwikkeling Amsterdam, afdeling Kunst en Cultuur

Amsterdams Fonds voor de Kunst, Amsterdam

Stimuleringsfonds voor Architectuur, Rotterdam

A+D+P Architecten, Amsterdam

Algemene Woningbouwvereniging, Amsterdam

AM Wonen, Amsterdam

AMVEST, Amsterdam

ARCADIS, Hoofddorp

De Architectengroep, Amsterdam

Architectuurcentrale Thijs Asselbergs, Haarlem

Atelier Zeinstra van der Pol, Amsterdam

Gerard W. Bakker Projectadviezen BV, Amsterdam

Koninklijke BAM Groep NV, Bunnik

Benthem Crouwel Architekten, Amsterdam

Blauwhoed Vastgoed, Rotterdam

Boer & Croon Ruimtelijke Investeringen BV, Amsterdam

Boer Hartog Hooft, Amsterdam

Bouwfonds Property Development, Hoevelaken

BPF Bouwinvest, Amsterdam

Claus en Kaan Architecten BNA BV, Amsterdam

de Dageraad, Amsterdam

Delta Forte, Amsterdam

Duinker Van der Torre, samenwerkende architecten, Amsterdam

Dura Bouw Amsterdam BV, Amsterdam

Eigen Haard Olympus Wonen, Amsterdam

Eiso Bergsma BV, Amsterdam

ERA Bouw BV, Zoetermeer

G&S Vastgoed, Amsterdam

Hillen en Roosen Planontwikkeling, Amsterdam

Ingenieursbureau Amsterdam (IBA), Amsterdam

ING Real Estate Development, Den Haag

Jones Lang LaSalle, Amsterdam

Johan Matser Projectontwikkeling, Hilversum

De Key/De Principaal BV, Amsterdam

Köther & Salman Architecten, Amsterdam

Kristal BV, Amsterdam

MAB Groep BV, Den Haag

Moes Bouwbedrijf BV, Zwolle

Het Oosten Woningcorporatie, Amsterdam

Rabo Vastgoed, Utrecht

Rodamco Europe, Amsterdam

Rijnja-Repro, Amsterdam

Smit's Bouwbedrijf BV, Beverwijk

Soeters Van Eldonk Ponec Architecten, Amsterdam

SV Interieurgroep, Rotterdam

Rudy Uytenhaak Architectenbureau BV, Amsterdam

Van der Leij Groep BV, Amsterdam

Vesteda Management BV, Maastricht

De Woonmaatschappij, Hoofddorp

Stichting Ymere, Amsterdam

Zwarts & Jansma Architecten, Amsterdam